ON

LIBERTY

BY

JOHN STUART MILL.

LONDON:
JOHN W. PARKER AND SON, WEST STRAND.
M.DCCC.LIX.

LONDON:
SAVILL AND EDWARDS, PRINTERS, CHANDOS STREET,
COVENT-GARDEN.

자유론

On Liberty

존 스튜어트 밀 지음

김희상 옮김

더스토리

존 스튜어트 밀(John Stuart Mill)

**"이 책이 펼치는 모든 논증은
인류가 그 풍부한 다양성을 마음껏 발휘하면서
발전할 수 있어야 한다는 중요한 원칙의 확인으로
곧바로 수렴된다."**

— 빌헬름 폰 훔볼트, 『정부의 범위와 의무』* —

* Wilhelm von Humboldt(1767~1835)는 독일의 철학자, 교육학자, 정치가로 당대의 진정한 만물박사라는 찬사를 받은 인물이다. 베를린 대학교의 공동설립자이기도 하다. 『국가 효능의 한계 설정 시도(Ideen zu einem Versuch, die Gränzen der Wirksamkeit des Staats zu bestimmen)』는 1792년에 쓴 원고를 사후인 1851년에 출간한 책이다. 이 책이 영국에서 1854년에 번역되며 『Sphere and Duties of Government』라는 제목이 붙었다. 이 책에서 훔볼트는 국가의 역할을 개인 자유의 보호에만 국한해야 한다고 주장한다. - 옮긴이

존 스튜어트 밀과
그의 아내이자 『자유론』 저술에 깊은 영향을 미친
해리엇 테일러(Harriet Taylor)

| 헌정사 |

내가 쓴 글 가운데 가장 좋은 모든 문장에 영감을 주었으며, 부분적으로 함께 쓰기도 한 그녀를 향한 사랑과 애석한 추억을 담아 이 책을 그녀에게 바친다. 친구이자 아내였던 그녀는 진실과 정의를 가려 읽는 탁월한 감각으로 나에게 강력한 자극을 주었다. 그녀의 칭찬이야말로 내가 누린 최고의 보상이었다. 오랜 세월 동안 써온 모든 글과 마찬가지로 이 글 역시 나의 작품인 동시에 그녀의 작품이다. 하지만 이 글은 그녀의 검토와 수정을 거치는 귀중한 혜택을 전혀 누리지 못했다. 가장 중요한 몇몇 부분은 좀 더 세심한 검토를 받았으면 하고 남겨두었지만, 그런 은혜를 맛볼 운명이 아니었던 모양이다. 그녀의 무덤에 묻힌 탁월한 생각과 고결한 감정을 절반만이라도 세상에 전해줄 수 있다면, 나는 세상에 더 큰 유익을 전파하는 매개체가 될 수 있으리라. 하지만 그녀의 비할 데 없는 지혜의 자극이나 도움을 받지 못하고 쓰는 글은 그런 유익을 주지 못하는 게 아닌지 염려를 누를 수 없다.*

---

* 이 글에서 '그녀'는 잉글랜드 출신의 철학자이자 여성 권리를 주장한 Harriet Taylor(1807~1858)이다. 존과 해리엇은 사회의 통념을 뛰어넘어 지고지순한 사랑을 나누었다. 처음 만났을 때 해리엇은 이미 세 자녀를 가진 유부녀였다. 존과 '플라토닉 러브'를 나누면서 해리엇은 가정을 절대 포기하지 않았다. 1849년 첫 남편과 사별한 해리엇은 2년을 기다렸다가 존과 결혼했다. 그녀가 병사한 1858년까지 7년 동안 존과 해리엇은 함께 왕성한 집필활동을 벌였다. 존은 자신이 쓴 거의 모든 책에서 해리엇을 향한 사랑을 절절히 표현한다. – 옮긴이

차 례

『자유론』을 읽기 전에 먼저 알아두면 좋은 키워드들

존 스튜어트 밀(John Stuart Mill, 1806~1873)은 (양적) 공리주의자인 아버지 제임스 밀(James Mill)이 천재로 길러낸 19세기 질적 공리주의자이자 자유사회주의 정치철학자다. 밀은 18세기 후반 산업혁명과 계몽주의, 토머스 홉스(Thomas Hobbes)부터 존 로크(John Locke)를 거쳐 장 자크 루소(Jean Jacques Rousseau)에 이르는 자연법사상과 사회계약론, 미국의 독립과 민주공화정 수립, 프랑스혁명 등 격변의 시대적 파도를 잘 타고 넘은 19세기 영국에서 태어났다.

왕과 귀족이 온갖 특권을 독점하는 절대군주정은 역사의 뒤안길로 멀어지고, '왕은 군림하지만 통치하지 않는다'라는 입헌군주제와 의원내각제가 정착하면서 부르주아 시민계급이 성장하여 '대중'이라는 이름으로 여론을 형성하고 막강한 영향력을 행사하는 시대였다. 또한 존 로크의 민권 사상*과 애덤 스미스(Adam Smith)의 자유시장경제**가 떠받치고 있던 고전적 자유주의의 부작용이 사회문제로 대두됐다.

정치적 방임, 산업자본가와 노동자계급 사이의 극심한 빈부 격차(불균형한 소득분배)에 따른 대립과 반목, 실업과 공해 같은 폐해들을 극복하기 위해 수정적 자유주의자들이 등장했다. 그들은 부르주아 개인주의를 타파하고 이상적 공공사회를 건설하는 것이 목표였다. 개인의 자유를 존중하는 것이 기본이지만, 국가의 역할은 작은 정부를 지향했던 이전보다 커질 수밖에 없었고 공공의 선이 우선하기도 했다. 밀도 수정적 자유주의자들 중 한 사람으로, 『자유론』은 그런 시대적 분위기에서 쓰였다.

밀이 진단하기에 여전히 개인의 자유는 완전하게 보장받지 못했다. 왕을 중심으로 한 지배층의 폭정에서는 벗어난 듯 보이나, 시민은 국가와 사회라는 또 다른 형태의 통제 속에서 주

---

* 모든 인간은 태초의 자연 상태에서 사회적 신분이나 제약으로부터 자유로운 존재인 '개인'으로 동등한 자연권을 가지고 평등하게 존재한다. '국가'는 이성적 존재인 인간이 개인의 생명과 자유와 재산을 안전하게 보호하기 위한 계약의 산물로서 개개인의 동의를 토대로 국가의 기초가 마련되므로 국가가 개인 위에 군림하지 않는다.

** 자기 이익을 추구하는 개인의 '이기심'과 신의 섭리인 '보이지 않는 손'에 따라 정부의 간섭 없이 조화롭게 발전하는 자유방임의 자본주의 시장경제.

류 다수의 관습에 순응하도록 압박받고 있었다. 이는 개인과 사회의 발전에 가장 중요한 토대이자 인간다운 삶을 행복하게 영위하기 위한 기본 조건인 '개별성'까지 빼앗는 것으로, 『자유론』에서 별개의 장(章)으로 따로 구별하여 중요하게 다룬다.

개인의 개별성은 '진보하는 존재로서 인간이 추구하는 항구적 이익'으로서의 질적 공리주의 효용(utility), 즉 사회적 공공선에도 기여한다. 개인이 자유롭게 생각하고 행동하고 토론하고 단결할 자유를 절대적으로 보호받아야 하지만, '다른 사람에게 해를 끼치지 않는다면'이라는 단서가 반드시 붙게 되는 이유다. 타인의 자유에 간섭하여 그의 개별성을 해치는 자유는 인정받지 못한다. 밀은 개인의 자유와 개별성을 강력하게 옹호하지만 인간이 사회적 존재임을 잊지 않았다.

밀의 『자유론』을 좀 더 쉽고 분명하게 읽어내는 데 도움이 될 만한 키워드를 몇 가지 골라서 간단히 정리해둔다.

질적 공리주의

밀은 아버지 제임스 밀과 아버지의 정신적 동지이자 친구인 제러미 벤담(Jeremy Bentham)의 교육 덕분에 양적 공리주의의 영향을 직접적으로 받았다. 양적 공리주의는 쾌락과 행복을 추구하는 개인의 이기심을 보편적인 불변의 인간 본성으로 바라본다. 즉 쾌락(효용)은 선이고 고통(비효용)은 악이라는 전제에서 인간은 그 각각의 양을 계산하여 쾌락의 극대화를 추구하는 방향으로 행동한다는 것이다. 이때 공리주의적 계산에 따라 쾌락의 양만 동일하다면 모든 쾌락은 동등한 가치를 지닌다.

그러나 밀은 이처럼 하나의 단순한 원리에 따라 인간이 움직인다는 생각에는 동의하기 어려웠다. 밀은 벤담과 아버지의 공리주의가 다양한 욕구와 동기를 지니는 인간의 개별성과 사회성을 간과하고 있을 뿐만 아니라 쾌락 자체의 질적인 차이도 외면하고 있다고 생각했다.*

밀은 쾌락 자체의 질에 따라 '저급한 쾌락(만족, content)'과 고급한 쾌락(행복, happiness)'으로 나누어 "만족한 돼지보다 불만족한 인간이 되는 편이 낫고, 만족한 바보보다 불만족한 소크라테스가 되는 편이 낫다"라고 표현했다. 양적 공리주의와 달리 밀의 질적 공리주의에 따르면 인간은 자기 이익만 추구하는 존재가 아니다. 타고난 사회적 감정으로 행위 당사자의 행복뿐만 아니라 모든 관련 당사자의 행복까지 고려하는 존재로 인류 전체의 행복을 자기 행복과 동일시할 수 있다.

---

* 밀 이전의 공리주의자들도 육체적 쾌락보다는 정신적 쾌락이 우월하다고 여겼지만 그것은 영속성, 안전성, 저렴성 등의 측면에서 정신적 쾌락이 뛰어나다고 계산했기 때문이다.

사회적 감정(사회성)

아이러니하게도 밀의 『자유론』은 기본적으로 '사회성'을 전제한다. 사회성을 직접적으로 언급하지는 않지만, 밀은 인간이 '사회적 감정(social feeling)'을 타고난다고 말한다. 인간은 서로 협력하며 살아가는 존재로 이웃이나 동료와 하나가 되고자 하는 일체감을 지닌다는 것이다. 인간은 물리적으로든 정신적으로든 사회 속에서 다른 사람과 사회적 관계를 맺지 않고는 살아갈 수 없다. 밀은 사회가 개개인의 필요에 따라 계약에 의해 임의로 만들어진 것이 아니라는 점을 분명히 한다.

인간의 본성상 사회 속에서 살아갈 수밖에 없는 한, 다른 사람들과 발전적으로 공존하기 위해서는 일정한 행동 규칙을 준수해야 한다. 사회 속에서 개인이 절대적으로 누릴 수 있는 자유의 영역이 구체적으로 명시돼야 하는 이유다. 이는 개인의 자유를 제한하기 위해서가 아니라, 개인의 자유를 최대로 보장하는 동시에 그 자유를 국가나 사회가 함부로 침해할 수 없도록 하기 위해서다.

자유의 원칙

밀은 "다른 사람에게 해를 끼치지 않는다면 개인의 자유는 절대적으로 보장돼야 한다"라고 주장한다. 즉 자신에게만 관계되는 행위에 대해서는 타인 혹은 국가나 사회의 제재를 받지 않을 자유를 가져야 한다는 것이다. 이 절대적 권리는 나뿐만 아니라 타인도 지니고 있으므로 타인의 자유도 같은 원칙하에서 존중해줘야 한다. 타인을 위한다는 선의로도 자신의 자유로운 의사에 반하여 간섭해서는 안 된다.

타인의 자유를 침해할 수 있는 경우는 오직 그의 행동으로부터 자신을 보호해야 할 때, 그의 행동이 당장에 직접적으로 다른 사람에게 해를 가하리라는, 혹은 그 자신에게도 해가 되리라는 근거가 분명할 때뿐이다. 이 같은 '위해의 원리(harm principle)'는 개인적 차원의 자유를 추구하는 과정에서 타인의 자유와 상충하게 될 경우 국가나 사회의 적절한 개입을 요청한다.

사회와 국가와 개인

'시민의 사회적 자유'를 주제로 '사회가 개인에게 정당하게 행사할 수 있는 권력의 특성과 그 한계'에 대해 논하고자 한 결과물이 바로 『자유론』이다. 이처럼 밀은 '사회'와 '개인'의 영역으로 분리하여 개인의 자유에 대해 고찰한다. 이때 '사회'는 '넓은 의미의 사회'로, '국가'와 '좁은 의미의 사회'를 포괄한다. 국가는 법의 물리적 처벌을 통해, 사회는 여론의 도덕적 비난을 통해 개인에게 강제력을 행사한다.

개인을 강력하게 구속할 뿐만 아니라 대중적 여론의 토대가

되기도 하는 요소로서 밀은 '관습'도 제시한다. 관습은 제2의 천성으로 개개인에게 작용하지만, 이성이 뒷받침되지 않으면 다수의 감정과 기호와 선호에 불과할 뿐이다. 밀은 국가의 정치적 탄압, 즉 공권력 행사보다 대중이라는 이름으로 개인에게 파괴적으로 가해지는 다수의 횡포(tyranny of the majority)를 더욱 염려했다. 대중은 엄중한 형벌을 내리지는 않지만, 개인의 사생활에 침투하여 그 영혼까지 통제하고 노예화하기 때문이다. 주류 다수의 대중은 자신들이 근거로 삼는 관습과 통설이 절대적으로 옳다는 착각에 빠져 비주류 소수의 이설을 용납하지 않는다. 그들은 자신들과 다른 개인의 개별성까지 자신들의 기준에 맞춰 획일화하려 한다.

개별성

『자유론』은 빌헬름 폰 훔볼트의 제사(題詞)부터 시작하여 궁극적으로는 인간의 개별성을 열렬히 옹호하는 책이라고 말해도 무방할 것이다. 인간은 이미 정해진 모형대로 만들어져서 미리 정해진 일을 정확하게 해내는 기계가 아니라고 밀은 말한다. 오히려 자신을 살아 있는 존재로 만들어주는 내면의 힘을 따라 스스로 자라고 발전하려 하는 나무와 같아서, 인간은 자기 삶을 자신이 원하는 방식대로 살아가는 것이 가장 바람직하다는 것이다. 우리의 육체나 정신에 대해서는 각자가 최고의 주권자이고 본인보다 자기 자신을 위하는 사람은 없기 때문이다.

인간은 자기 방식대로 살다가 고통을 당하게 되더라도 궁극적으로는 타인에게 억지로 끌려가는 길에서보다 자신이 선택한 길에서 더 많은 것을 얻는 존재라고 밀은 열정적으로 주장한다. 그러므로 밀에 따르면 개별성은 인간다운 삶을 행복하게 영위하기 위한 기본 조건이자 개인의 발전에 가장 중요한 토대로 이는 사회의 발전, 즉 진보하는 존재로서 인간의 항구적인 이익(사회적 효용, 복리, 공공선 등의 증대)으로 이어진다. 자유는 그런 개별성을 지키고 온전히 발휘될 수 있도록 해주는 밑거름이다.

진리의 불확실성과 토론

밀이 개인의 개별성을 그토록 중시하는 것은 절대적으로 확실한 것은 있을 수 없다는 믿음에서 비롯된다. 비주류 소수의 이설일지라도 그들의 의견이 옳을 수 있으며, 설령 틀릴지라도 옳은 의견과 비교해볼 수 있으므로 그들의 입을 일방적으로 막아버리는 것은 완전한 진리를 찾아가는 기회를 포기하는 셈이다. 주류 다수라고 해서 오류 없이 판단하는 사람들이 아닐 뿐만 아니라 그들의 통설도 절대적으로 옳은 것이 아니다. 다만 그렇다는 착각에 빠져 있을 뿐.

모든 의견은 진리의 일부분을 담고 있을 뿐이어서 다양한 이견을 토대로 자유로운 토론을 거칠수록 진리의 더 많은 부분이 드러난다. 이것이 유한한 인간이 그나마 가장 확실하게 확보할 수 있는 최고 수준의 진리다.

* * *

밀은 가장 높은 지위부터 가장 낮은 지위까지 모든 사람이 적대적인 시선과 위협적인 검열 속에 살아가는 사회라고 당대를 진단했다. 그런 사회에서 살아가는 사람들은 "나는 무엇을 좋아하는가? 나의 성격과 기질에 맞는 것은 무엇인가? 내가 타고난 고유의 자질을 어떻게 발휘하고 발전시킬 수 있는가?"를 질문하지 않는다. 그저 내 위치에 어울리는 것이 무엇인지, 나와 비슷한 위치에서 비슷한 경제적 수준으로 살아가는 다른 사람들은 주로 무엇을 하는지, 아니면 나보다 높은 위치에서 더 높은 경제적 수준으로 살아가는 다른 사람들은 무엇을 즐겨 하는지에 대해 궁금해할 뿐이다. 이런 사회에서는 진정한 자유가 부재하고 개별성이 사라지며 다양성은 발붙일 곳을 잃게 된다.

밀의 걱정과 고민은 우리 시대에도 생생하게 적용된다. 당신은 스스로에게 어떤 질문을 해왔는가? 전자인가, 후자인가? 『자유론』에 담긴 밀의 목소리에는 여전히 크나큰 울림이 있다.

제1장

들어가면서

이 에세이가 다루고자 하는 주제는 이른바 '의지의 자유'가 아니다. '자유의지'를 흔히 철학이 말하는 필연성과 대립하는 것으로 이해하지만, 이는 안타깝게도 개념의 혼동으로 빚어진 오해일 따름이다.* 어쨌거나 내가 다루려는 주제는 시민의 자유, 더 정확히는 사회적 자유이다. 사회가 개인에게 정당하게 행사하는 권력의 본성은 무엇이며, 그 한계는 어디까지일까?

* '필연성'과 '자유의지' 사이의 관계는 철학에서 오랫동안 다뤄온 주제이다. 경험론은 인간의 의지가 인과율에 따른 자연법칙, 곧 필연의 지배를 받는다고 보아, 자유의지는 성립하지 않는다고 본다. 그러나 대륙의 이성주의는 합리적 추론에 따라 반드시 실천해야 하는 필연성을 따르는 것이 곧 인간의 자유의지라고 보았다. 밀이 서두에서 자유의지와 필연성을 언급하는 것은 이런 관념적 논의에 거리를 두고 "효용" 또는 "공리"를 강조하고자 하는 초석이다. - 옮긴이

나는 권력의 본성과 한계를 이야기하고자 한다. 이 물음은 거의 제기되지 않았으며, 누구나 알 수 있는 보편 개념으로 논의된 바도 없다. 하지만 이 문제는 이 시대에서 한창 벌어지는 실질적인 논란의 숨은 뿌리이다. 그래서 아마도 머지않은 미래에 이 문제는 활발히 논의해야 할 대상으로 떠오르리라. 이 물음은 새로운 게 전혀 아니다. 어떤 의미에서 권력의 본성과 한계는 아주 먼 옛날부터 사람들을 갈라놓은 문제이다. 하지만 이제 예전보다 더 발전한 문명의 단계에 들어서면서 새로운 조건을 달고 나타나는 통에, 이 문제는 다른, 더욱 근본적인 접근을 요구한다.

자유와 권력 사이의 싸움은 역사의 곳곳에서 쉽게 찾아볼 수 있는 사건으로, 먼 옛날부터 익히 아는 갈등, 특히 그리스와 로마와 잉글랜드에서 빈번히 일어났던 투쟁이다. 하지만 옛날의 투쟁은 피지배자 또는 특정 계층의 피지배자가 정부에 맞서는 형태였다. 이 경우 자유는 정치권력자의 폭정을 막아줄 보호를 의미했다. 지배자는 통치 대상인 피지배자와 필연적으로 적대적인 위치에 있다고 여겨졌다(직접민주주의를 시행한 고대 그리스의 몇몇 폴리스는 예외에 해당한다). 지배자는 통치하는 한 사람, 또는 부족이나 계급이었다. 이들은 세습이나 정복으로 권력을 얻었다. 어떤 경우이든 이 권력은 피지배자를 위해 행사되지 않았다. 그럼에도 피지배자는 권력자의 우월한 지위를 감히 문제 삼을 수 없었다. 권력자의 압제적인 권력 행사를 막아 줄 예방 대책이 있든 없든, 사람들은 그에 도전할 엄두조차 내지 못했다. 권력은 꼭 필요한 것이기는 했지만, 대단히 위험한 것으로 여겨졌다. 권력은 외부의 적 못지않게 자국민을 상대로 휘둘러질 수 있는 무기와 다르지 않았다. 공동체의 약자가 독수리 무리에게 잡아먹히지 않게 보호하기 위해서는 그 무리 가운데 가장 강한 독수리를 우두머리로 내세워 나머지 독수리들을 통제할 필요가 있다. 그러나 왕 독수리는 부하 독수리인 하피, 그리스 신화에 나오는 암컷 독수리 못지않게 양 떼를 잡아먹으려 호시탐탐 노리기 때문에, 그 부리와 발톱을 끊임없이 경계하는 태도는 꼭 필요하다. 바로 그래서 공동체를 염려하는 애국자는 지배자가 고민해 가며 신중하게 공동체를 다스리도록 권력 사용의 한계를 정하려는 목표를 가졌다. 그리고 이런 권력 제한을 애국자는 자유라고 이해했다. 권력을 제한하려 시도한 방식은 두 가지다. 첫째 방식은 특정한 영역을 설정하고 이를 자유의 영역으로 인정하는 관점이다. 이른바 '정치적 자유' 또는 '권리'는 침해하지 않는 것을 지배자의 의무로 간주했다. 지배자가 이를 침해하면, 특별한 저항 또는 일반적 항거는 정당하다고 인정했다. 두 번째 방식, 일반적으로 좀 더 시간이 흐른 뒤에 등장한 방식은 헌법으로 확립한 견제 장치이다. 공동체의 합의, 또는 공동체의 이해관계를 대변하는 일종의 제도로부터 얻어내는 동의는 통치 권력을 행사하는 데 반드시 얻어내야만 하는 필수 조건으로 자리 잡았다. 권력 제한의 첫 번째 방식은 유럽 대부분 국가의 통치 권력이, 정도의 차이는 있을지라도, 받아들이지 않을 수 없었다. 두 번째 방식은 그렇지 않았다. 오죽했으면 어디서나 자유를 사랑하는 사람은 헌법의 쟁취를 위해, 또는 어느 정도 이미 헌법이 갖춰졌을 때 이를 좀 더 완벽히 만들기 위해 분투하는 일을 주된 목표로 삼았다. 대중이 당장 눈앞의 적에 맞서 싸우느라, 어떤 통치자의 지배에 동의하며, 이 통치자의 폭정을 어느 정도 효과적으로 막을 조건이 마련되어 있다고 만족하는 한, 자유를 사랑하는 사람의 열망은 더 뜻을 펼치기가 어려웠다.

하지만 인류가 발전을 거듭하는 가운데 사람들은 자신의 이해관계와 반대되는 권력, 통치자가 멋대로 행사하는 권력이 자연적 필연, 곧 자연이 그래야만 한다고 정해준 권력은 아니구나 하고 생각하기 시작한 때가 찾아왔다. 국가의 다양한 공직자는 어디까지나 국민의 종복 또는 대리인일 따름이어서 원한다면 언제라도 파면하는 편이 훨씬 더 낫다고 사람들은 보았다. 이렇게 할 때만 정부의 권력이 남용되어 불이익을 초래하는 일을 막을 수 있다는 굳은 확신을 품은 사람은 점차 늘어났다. 그저 선출직으로 잠시 권력을 맡는 통치자를 바라는 이런 새로운 요구는 대중정당이 출현할 바탕이 되었다. 이런 정당은 곳곳에서 두각을 드러내며 요구의 관철을 주요 과제로 삼았다. 이로써 예전에 통치자의 권력을 제한하려던 여러 시도는 상당 부분 이런 정당 활동으로 대체되었다. 지배권력을 피지배자의 주기적인 선택으로 세우려는 투쟁이 계속 진행되면서, 권력 자체를 제한하려는 노력이 방향을 잘못 잡은 건 아닐까, 고민하는 사람이 나타나기 시작했다. 권력 제한은 국민의 이해관계와 상습적으로 상반되는 이득을 추구하는 지배자를 견제하려는 수단이었다(또 그런 견제 수단으로 보기에 충분했다). 이제 요구는 통치자와 국민이 일체가 되어야 한다고 보았다. 다시 말해서 국민의 이해관계가 곧 국가의 이해관계이자, 이를 실현하려는 의지이어야 한다. 그렇다면 국가가 그 고유한 의지를 제한할 필요는 없지 않은가. 국민이 곧 국가인 마당에 국가가 국민을 누르고 전횡을 일삼을 우려는 없기 때문이다. 통치자가 국민에게 성실히 책임을 다하고, 그렇지 못할 때 국민이 즉각 해임할 수 있다면, 국민이 지시하는 대로 권력을 행사하리라고 믿을 여력은 충분하다. 통치자의 권력은 곧 국민의 권력이며, 다만 권력 행사의 편의상 집중된 형태일 따름이다. 이런 생각, 혹은 아직 주의로 정리되지 않아 느낌이라 불러야 좋을 발상은 최근에 대두한 유럽 자유주의 세대에 널리 퍼진 것으로, 특히 대륙 지역에서 우세한 경향을 보여주었다. 정부가 하는 일을 견제하고 제한해야 한다고 보는 사람은, 존재하지 않아야 마땅하다고 본

정부를 제외한다면, 대륙의 정치 사상가들 가운데서도 매우 드물었다. 비슷한 분위기의 느낌은 이 무렵 우리 나라에서도 이를 장려하는 분위기가 변함없이 지속되었다면, 우세했으리라.

그러나 정치와 철학 이론은 사람과 마찬가지로 실패했을 때 오류와 약점을 보이지 않게 가려버리지만, 성공적인 이론은 이를 밝게 드러낸다. 국민이 자신의 권력을 행사하는 마당에 제한할 필요가 없다는 발상은 국민 정부가 오로지 머릿속으로 그려본 것이라거나, 어느 정도 시간의 거리를 둔 과거에 존재했던 것으로 읽을 때는 자명하게 보인다. 국민이 위임한 권력을 제한할 필요가 없다는 생각은 프랑스혁명과 같은 일시적인 일탈을 겪었다고 해서 흔들리지 않았다. 이런 일탈 가운데 최악은 몇몇 소수가 권력을 찬탈하려 했다는 사실이다. 어쨌거나 국민에게 봉사하는 제도의 영속에 이바지하려는 의도가 아니라, 왕과 귀족의 폭정에 맞선 갑작스럽고 격렬한 반발로 일어난 일탈에도 권력 제한이 필요 없다는 생각은 흔들리지 않았다. 하지만 이윽고 지구 표면의 큰 부분을 차지한 어떤 민주공화국이 출현해 여러 민족의 공동체로 가장 강력한 힘을 갖추었다고 자부심을 뽐냈다.* 그리고 선출된 정부, 책임 정치를 펼치

* 이 문장이 언급하는 '민주공화국'은 미국을 말한다. 영국은 1607년에 아메리카대륙에 식민지를 차지했으며, 미국은 1776년에 독립을 선언했다. 밀은 1806년에 태어났다. - 옮긴이

는 정부는 현재 진행 중인 중요한 팩트만 섬기는 관찰과 비판을 벗어날 수 없게 되었다. 이제 "자치 정부"와 "국민이 스스로 행사하는 권력"이라는 표현은 사안의 실상을 표현하지 못하는 것으로 받아들여졌다. 권력을 행사하는 "국민"은 이 권력 행사의 대상인 국민과 늘 같지 않다. 그리고 이른바 "자치 정부"는 각자 스스로 자신을 다스리는 정부가 아니라, 각기 다른 사람의 지배를 받아야 하는 정치체제의 다른 이름일 따름이다. 더구나 국민의 의지는 실상 국민 가운데 가장 수가 많은 세력 또는 가장 활발히 활동하는 집단의 의지를 뜻한다. 다수파, 또는 자신이 다수파로 받아들여지도록 성공한 사람은 국민 가운데 일부를 억압할 욕구를 "품을 수 있다." 이런 권력 남용은 물론이고 다른 권력 오용도 막을 예방조치는 꼭 필요하다. 이렇게 볼 때 정부가 개인에게 행사하는 권력의 제한은 권력자가 어디에 어떻게 권력을 썼는지 공동체, 정확히 말하자면 공동체 안의 가장 강력한 정당에게 정기적으로 설명해야 할 의무를 진다고 할지라도, 그 중요성을 조금도 잃지 않는다. 권력 제한이 필수적이라고 보는 관점은 사상가들의 지성을 자극할 정도로 추천할 만하며, 또 실제 또는 그러리라 짐작되는 이해관계로 무제한의 권력을 주장하는 민주주의를 달갑게 여기지 않는 유럽 사회의 주요 계층의 성향과도 부합하므로 어렵지 않게 설득력을 발휘한다. 그리고 "다수의 횡포"*를 앞당겨 염려하는 정치

이론도 무제한의 권력 행사는 사회가 경계해야 할 악 가운데 하나라는 견해를 보였다.

다른 폭정과 마찬가지로 "다수의 횡포"는 애초부터, 그리고 오늘날에도 여전히 공포 분위기를 조장하는 천박한 수단에 의지한다. "다수의 횡포"는 무엇보다도 공권력의 행사를 무기로 삼기 때문이다. 그러나 성찰할 줄 아는 사람은 사회 자체가 폭군으로 군림할 때, 곧 집단인 사회가 이를 구성하는 개별적인 개인을 억누를 때, 그 횡포의 수단은 고위 정치가가 자행하는 행위에 국한하지 않는다는 점을 깨달았다. 사회는 고유한 권한을 행사할 수 있으며, 또 실제 행사하기도 한다. 올바르지 않고 잘못된 권한, 또는 개입하지 말아야 할 모든 문제에 부당하게 간섭하는 권한은 많은 종류의 정치적 탄압보다 훨씬 더 가공할 사회의 폭정을 빚어낸다. 무슨 극단적인 처벌은 하지 않을지라도 폭압적인 사회는 개인의 삶 구석구석까지 침투해 아예 영혼 자체를 노예로 만들어 버림으로써 빠져나갈 길을 거의 남겨놓지 않는다. 그러므로 권력자의 폭정을 막아줄 보호만으로 권력은 충분히 제한될 수 없다. 지배적인 여론과 감정의 횡포를 막

* "다수의 횡포"(The Tyranny of the Majority)는 미국의 제2대 대통령 존 애덤스(John Adams, 1735~1826)가 처음 쓴 말로, 프랑스 정치학자이자 역사가인 토크빌(Alexis de Tocqueville, 1805~1859)가 본격적으로 논의한 개념이다. 토크빌은 밀에게 많은 영향을 주었다. - 옮긴이

아줄 보호 대책도 꼭 필요하다. 사회가 공적인 처벌이 아닌 다른 수단까지 동원해 가며 특정 관념과 관행을, 이에 동의하지 않는 사람에게까지 행동 규칙으로 강제하는 경향을 막아줄 대책도 마련되어야만 한다. 사회가 고집하는 방식과 조화를 이루지 못하는 개성의 발달을 억제하고, 할 수 있다면 개성을 싹부터 짓밟아 가며, 구성원 모두에게 오로지 사회의 지배적인 유행에만 맞추라는 강요도 마찬가지다. 집단이 개인의 독립성에 정당하게 간섭하는 데는 분명한 한계가 있어야 한다. 이 한계를 찾아내고, 이를 넘어서려는 침해에 맞서 독립성을 지켜내는 일은 폭정을 막아줄 보호만큼이나 인간답게 살아가는 데 없어서는 안 될 조건이다.

하지만 권력을 제한하고 그 한계를 분명히 해야 한다는 명제가 반박당할 허점을 가지지 않았다고 하더라도, 실질적인 물음, 곧 한계를 어떻게 정할지, 개인의 독립성과 사회의 통제 사이의 관계를 적절히 조정할 방법은 무엇인지 하는 의문은 거의 모든 게 아직 해결되지 않은 채 남은 주제이다. 실존적 의미로 충만한 인생, 곧 자신의 힘으로 가치 있는 인생을 살고자 하는 사람은 타인이 함부로 행동하지 못하도록 제동을 걸 수 있어야 한다. 그러므로 몇몇 행동의 규칙은 일차적으로 법으로 정해져야 하며, 법을 적용하기에 마땅치 않은 많은 문제는 의견을 나누는 토론으로 해결책을 찾아야 한다. 이 규칙이 어떤 것이어야 하는지 물음의 답을 찾는 일이야말로 인간사의 근본이다. 그러나 몇몇 극소수의 명백한 사례를 제외하면, 이 일은 좀체 진척을 보이지 못하고 지지부진하기만 하다. 시대마다, 나라마다 다른 결정이 내려졌다. 어떤 시대 또는 어느 나라가 내린 결정은 다른 쪽에서 보기에 의아하기만 하다. 하지만 과거의 어떤 시대와 어느 국가의 국민이든, 마치 이 문제에 인류가 항상 동의해 온 해결책이 있기라도 한 양 여기면서 자기네 결정에 혹시 부족한 점은 없는지 더 의심하지 않았다. 저마다 자기네 규칙은 자명해서 자기 정당화에 아무 문제가 없다고 보았다. 어디서나 찾아볼 수 있는 이런 보편적 환상은 습관이라는 타성에 젖은 관습이 발휘하는 마법적 힘을 여실히 보여주는 사례이다. 관습은, 속담이 말하듯, 제2의 본성에 그치지 않고, 계속해서 제1의 본성으로 잘못 받아들여졌다. 인류가 서로 당연하게 여기라고 부과하는 행동 규칙을 아무 생각 없이 받아들이게 하는 관습은 이성적인 근거, 각기 서로에게, 또는 자기 자신을 설득할 합리적 근거가 왜 굳이 필요하냐는 대중의 착각으로 더 할 수 없는 완벽한 힘을 자랑했다. 국민은 이성보다 믿음에 익숙해진 나머지, 이 문제를 다루는 데 이성보다는 감정이 더 나으며, 이성은 불필요하다는 믿음, 철학자처럼 보이고 싶은 열망을 품은 사람이 부추긴 믿음에서 좀체 빠져나올 줄 몰랐다. 인간 행동이 어떻게 규제되어야 좋은지 의견을 정하는 현실의 원리는 모든 사람이 자기처럼 행동해야 마땅하다거나, 자신이 좋아하는 사람은 모두 그렇게 행동하더라는 막연한 감정이다. 그런데 어떤 판단을 내릴 때 그 기준이 자신의 호감이라고 인정하는 사람은 실제 아무도 없다. 그럼에도 행동의 기준을 이성이 아니라 개인적 의견에 따라야 한다는 주장은 모든 게 개인의 호불호일 뿐이라는 말과 다르지 않다. 만약 제시된 이성적 기준이 다른 사람도 비슷하게 느끼는 호불호를 호소하는 이성에 지나지 않는다면, 여전히 그런 기준은 어느 한 사람의 호불호를 다수의 호불호로 포장한 것일 따름이다. 하지만 평범한 사람은 믿음에 바탕을 둔 자신의 호불호를 완벽히 만족스러운 이성적 근거로 여길 뿐 아니라, 종교 경전이 명확히 이러저러하게 하라고 제시하지 않은 도덕, 취향, 예의범절과 같은 문제에서 유일한 행동 기준으로 받아들이기도 한다. 심지어 평범한 사람은 어떤 것이 만족스러운 이성적 근거인지 해석하는 데 자신의 호불호를 주된 지침으로 삼는다. 따라서 칭찬받을 만한지, 아니면 비난받아 마땅한지 판단하는 사람들의 의견은 굉장히 다양한 원인의 영향을 받지 않을 수 없다. 이런 복잡다단한 원인은 다른 사람이 어떻게 행동해 주면 좋을지 품는 의견에 영향을 끼치게 마련이다. 그만큼 다양해지는 행동은 다른 풀어야 할 현안을 어떻게 해결하면 좋을지 품는 희망을 복잡하게 헝클어지게 만든다. 이처럼 호불호와 의견과 믿음을 사람들은 이성이라고 포장한다. 그러나 이런 이성은 다른 때 보면 선입견 또는 미신에 지나지 않는다. 사회가 애정을 품고 하는 행동이라고는 하는데 드물지 않게 반사회적 행동, 이를테면 시기 또는 질투, 오만 혹은 경멸로 얼룩진 행동은 많기만 하다. 가장 흔한 경우는 다른 누구도 아닌 자기 자신을 위한 욕망 또는 저런 일은 나에게 손해인데 하는 두려움, 곧 정당하든 부당하든 오로지 자기중심의 이해관계에 매달리는 태도를 이성으로 포장하는 행태이다. 어느 사회든 지배계급이 존재하며, 해당 국가 도덕의 상당 부분은 이 계급의 이해관계 그리고 이 계급의 우월감이 빚어낸다. 스파르타 시민과 그 노예, 농장주와 흑인 노예, 군주와 종복, 귀족과 평민, 남성과 여성 사이의 도덕은 대부분 지배 위치에 있는 계급의 이해관계와 감정이 그야말로 창조해 낸 것이다. 그리고 이렇게 생성된 정서는 피지배계급을 억누르는 데 그치지 않고 지배계급의 구성원이 서로 맺는 관계까지 고스란히 물들인다.* 반면, 예전에 지배계급이었다가 그 지배력을 잃었다거나, 대중의 지지를 더는 받지 못하는 상

* 이 문장의 핵심은 지배계급이 만들어 내는 억압적이며 비인간적인 정서가 부메랑처럼 고스란히 되돌아와 같은 지배계급 안의 인간관계에도 심각한 영향을 미친다는 밀의 통찰이다. 노예를 부리던 스파르타 사람이 결국 정치적 경쟁 상대에게 무자비하고 잔혹했듯, 남성이 여성을 무시하고 억압하는 태도가 권위주의적이고 공감 능력이 없는 인격 파탄을 부르듯, 타인을 지배하기 위해 만들어 낸 비뚤어진 도덕과 정서는 결국 지배계급 자체에 심각한 해악을 부른다. - 옮긴이

황에서 사회를 물들이는 도덕 정서는 주로 우월함을 혐오하고 못 견뎌 하는 인상을 심어주게 마련이다. 행동 규칙을 결정하는 또 다른 중요한 원칙, 법 또는 의견으로 강제되는 작위와 부작위, 곧 어떤 일은 적극적으로 하고 무슨 일은 되도록 하지 않아야 하는지 정하는 원칙은 현세의 지배자 또는 천상의 신들이 무얼 좋아하고 어떤 건 싫어하는지 눈치 봐가며 짐작한 호불호를 떠받드는 인류의 노예근성이다. 이 노예근성은 본질적으로 이기심이기는 하지만, 위선은 아니다. 노예근성은 완벽할 정도로 진짜 혐오를 조장한다. 이런 혐오는 사람들로 하여금 마법사와 이단자를 불태워 죽이게 하였다.* 이런 저급한 여러 요소 가운데 사회의 일반적이고 명백한 이해관계 역시 도덕적 정서가 어느 방향으로 튈지 한몫을, 그것도 큰 몫을 차지해 왔다. 아무튼 이성은 도덕에 별 영향을 미치지 않았으며, 이해관계 자체보다도 이해득실을 따지는 과정에서 생겨난 호감 또는 반감이 도덕적으로 편을 가르고 억압과 탄압을 불렀다. 사실 사회의 이해관계와 거의 혹은 전혀 상관이 없는 호감과 반감, 사회 전체가 아닌 지배계급의 이해관계로만 조장된 호감과 반감

* 이 문장에서 마법사는 15세기에서 18세기에 걸쳐 피바람을 부른 '마녀사냥'을 염두에 둔 표현이다. 그저 기득권의 기성 질서를 지키려 '신성한 권위'를 배신했다는 구실로 사회적 약자를 괴롭히고 죽인 역사의 사례를 밀은 고발한다. '이단자'는 중세 및 근세 유럽에서 가톨릭교회나 정통교리에 반하는 신념을 가졌던 사람을 뜻한다. - 옮긴이

은 도덕을 세우는 데 엄청난 힘으로 작용했다.

이렇게 볼 때 사회의 호불호, 또는 사회 권력층의 호불호는 법이나 여론에 따른 처벌을 무기로 일반 대중이 지켜야 할 규칙을 실질적으로 결정하는 주요 요인이다. 그리고 일반적으로 생각과 감정에서 사회보다 앞서갔던 사람들은 비록 세부적인 면에서 기존의 상황에 적잖은 갈등을 겪으면서도, 기존의 사회 질서나 체제를 근본적으로 비판하거나 공격하지 않고 그대로 두었다. 이들은 사회의 호불호를 개인에게 법으로 강제하는 것이 온당한 일인지 묻기보다 사회가 무엇을 좋아하거나 싫어하는지 탐구하는 데 주력했다. 이들은 이단으로 내몰리는 사람의 자유를 방어해 줄 공적인 대의를 세우기보다 자신의 선구적 생각과 행동을 이단이라고 공격하는 비난과 오해를 모면하려 인간군상의 감정을 바꾸려는 일에만 매달렸다. 더 높은 바탕에서 원칙을 세우려 일관되게 노력한 유일한 사례, 그러나 여기저기 흩어진 개인의 산발적인 노력이 아니라 집단이 노력한 유일한 사례는 종교 신앙이다. 여러모로 교훈적인 이 사례는 특히 이른바 '도덕 감각'이 얼마나 허점투성이의 오류 가능성으로 얼룩져 있는지 극명하게 보여준다는 점에서 가장 주의 깊게 살펴볼 필요가 있다. 오로지 자신의 신앙에만 사로잡혀 거칠고 사나운 광신도가 품는 이른바 "신학적 증오"**야말로 도덕 감정의 실체를 너무도 분명하게 확인해 주기 때문이다. 자칭 '보편

교회'라는 멍에를 처음으로 깨고 나온 사람들조차 교회 자체만큼이나 종교적 의견 차이를 용납하지 않으려는 태도를 보였다.*** 그러나 뜨거웠던 다툼이 끝나고, 어느 쪽도 확실한 승리를 거머쥐지 못하자, 교회 또는 종파는 이미 차지한 영역을 고수하는 데만 희망을 걸었다. 다수파가 될 기회를 잡기가 어려움을 자각한 소수파는 결국 개종시킬 수 없는 사람들에게 의견 차이를 허락해 달라고 매달릴 수밖에 없었다. 이렇게 볼 때 사회에 맞서 개인의 권리를 보편이라는 폭넓은 원칙의 토대에 세우고, 반대 의견을 가진 사람을 권위로 억누르려는 사회에 대항한 거의 유일한 곳은 바로 이 싸움터였다. 오늘날 세상이 누리는 종교적 자유는 위대한 작가들 덕분으로, 이들은 거의 한 목소리로 양심의 자유는 침해할 수 없는 권리라고 주장하면서,

---

** '오디움 테오로기쿰'(odium theologicum)이란 신학 논쟁을 벌이면서 격렬하게 폭발한 분노와 증오를 뜻하는 라틴어이다. 이런 의미가 확장되어 신학과 관련이 없는 원한에 찬 증오를 나타내기도 한다. 밀은 이 문장으로 인류 역사상 집단이 일관되게 대의나 원칙을 고수한 유일한 사례가 '종교'이지만, 바로 이 종교가 인간의 '도덕 감각'이 얼마나 불완전하고 위험할 수 있는지 역설적으로 보여주는 강력한 증거라고 주장한다. - 옮긴이

*** 이 문장은 가톨릭교회와 프로테스탄트의 대립을 염두에 둔 묘사이다. '보편교회'(Universal Church)는 가톨릭교회를 뜻한다. '가톨릭'이라는 말은 본래 고대 그리스어 καθολικός(katholikos)에서 유래한 것으로 'kata'(~에 따라)와 'holos'(전체)를 합쳐 '보편적인' 또는 '전체에 관계된'이라는 뜻을 가진다. '가톨릭 교회'라는 표현은 2세기 초 안티오키아의 이냐시오 성인이 처음 사용했다. 그는 "주교가 있는 곳에 신자들이 있고, 그곳이 곧 가톨릭교회다"라고 말했다. 이후 이 표현은 모든 신자가 하나로 연결된 보편적 공동체라는 의미로 자리 잡았다. - 옮긴이

인간은 자신의 종교적 신념을 다른 사람에게 구구절절 설명하고 해명해 가며 허락받아야 할 의무가 없다고 천명했다. 그러나 인간은 자신이 중시하는 문제와 관련해서는 본성적으로 편협해서 옹졸한 무관용으로 일관하기 마련이어서, 요란한 신학 논쟁이 싫어 종교에 보이는 무관심이 위세를 떨치는 곳에서야 비로소 종교적 자유가 실현될 수 있었다. 종교를 믿는 거의 모든 사람, 심지어 가장 너그러운 관용을 자랑하는 국가의 국민조차 입으로는 관용을 말하면서, 늘 암묵적인 조건을 단다. 어떤 이는 교회 정치를 반대하는 의견은 수용할 수 있지만, 교리에서만큼은 절대 양보하지 못한다고 흥분한다. 다른 사람은 가톨릭 신자나 유니테리언 신자만 아니라면, 다른 모든 종파는 괜찮다고 허세를 부린다.**** 계시를 믿기만 한다면 종파 따위는 아무래도 좋다고 말하는 사람도 있다. 이보다 약간 더 자비로운 사람이 없지는 않지만, 이들 역시 신과 천국의 믿음 앞에서는 철저한 무관용의 태도를 보인다. 아무튼 다수가 품는 감정만이 진짜이며, 내용 따위는 아무래도 좋다고 할 정도로 이 감정이 강렬한 곳에서, 다수의 신념에 복종하라는 요구는 조금도 수그러들지 않는다.

**** 'Unitarianism'은 기독교의 삼위일체를 부정하고, 신은 유일신이어야만 한다고 강조하며, 이성과 개인의 경험 그리고 인간의 존엄성을 핵심 가치로 삼는 인본주의적 종교 운동이다. - 옮긴이

잉글랜드는 그 정치 역사의 특수한 상황 때문에 유럽의 대부분 다른 국가보다 여론의 멍에는 더 무거웠지만, 법의 멍에는 비교적 가벼웠다. 그래서 입법이나 행정 권력이 개인의 사적인 행동에 대놓고 개입하는 간섭을 예민하게 경계하는 심리가 존재했다. 잉글랜드가 개인의 독립성을 특별히 존중해서 그런 것은 아니다. 오히려 정부의 통치가 공공의 이익을 대변하지 않는다고 보는 여전한 불신, 습관적 반감이 그런 심리의 바탕이다. 다수 국민은 정부의 권력이 곧 자신의 권력이라거나, 정부의 관점이 국민의 여론을 대변한다고 느낄 경험을 쌓지 못했다. 정부든 다수파든 개인의 독립성을 존중하지 않는 한, 개인의 자유가 다수의 여론에 압박받았던 것처럼 정부에 침해당할 위험은 상존한다. 요컨대, 정부는 다수의 여론을 무기로 개인의 자유를 얼마든지 침해할 수 있다. 하지만 지금껏 법으로 통제받지 않는 데 익숙했던 영역까지 법이 개입해 개인을 압박하려 든다면, 이에 맞서 터져 나올 반감 역시 무시할 수 없는 수준으로 쌓인다. 문제는 이 반감 역시 이성적 생각이 아니라 감정에 불과하며, 정작 중요한 사안이 무엇인지 가려보는 일은 거의 하지 않는 탓에, 법적 통제의 정당성은 전혀 고려하지 않는다는 점이다. 반감이 전체적으로 볼 때 정부의 부당한 개입을 막아줄 유익한 효과를 가지기는 하지만, 공공의 이익을 위해 정부가 마땅히 개입해야 하는 일까지 막을 부적절한 위험은 여전히 크다. 실제로 정부의 개입이 정당한지 부당한지 관습으로 검증된 원칙은 존재하지 않는다. 국민은 그저 개인적인 호불호에 따라 결정한다. 한편에서는 어떤 선한 일을 하거나, 악한 일을 바로잡아야 할 때마다 정부가 나서야 한다고 본다. 반면, 다른 이들은 정부의 통제를 받아야 하는 영역이 하나라도 더 늘어나느니 차라리 거의 모든 사회악을 감당하는 편이 더 낫다고 주장한다. 정부의 개입을 찬성하든, 자유방임을 옹호하든 그 근거는 감정일 뿐이다. 그리고 사람들은 어떤 특정 사안을 두고도 이 사안의 특수성을 고려하기는커녕, 평소 품었던 감정에 따른 결정을 내린다. 심지어 정부가 마땅히 해야 할 특정 사안을 오로지 자신의 이해타산에만 맞추어 판단하는 사람도 드물지 않다. 아무튼 이런 식으로 정부가 어떤 일을 해야 하는지, 말아야 좋은지 사람들은 그저 자신이 선호하는 감정, 곧 믿음에 따라 선택한다. 정부가 대체 어떤 일을 해야 적절한지 일관된 의견을 제시하는 경우는 매우 드물다. 내가 보기에 이런 규칙 또는 원칙의 부재는 이쪽이든 저쪽이든 잘못을 저지르게 하는 원인이다. 정부의 개입을 요구하는 쪽이든, 비난하는 쪽이든, 부당하고 부적절하기는 마찬가지이며, 이런 오류는 어느 쪽이든 똑같이 자주 저지른다.

이 글로 나는 단 하나의 매우 간결한 원칙을 제시하고자 한다. 사회가 개인을 법적 처벌이라는 물리적인 힘이든 또는 여론이라는 도덕적 압력으로든 통제하려 할 때 반드시 지켜야 할 절대적인 지침의 수립이 나의 최고 관심사이다. 이 원칙은 개인이나 집단이 다른 사람의 자유로운 행동에 간섭할 유일한 목표는 인간이 스스로 자신을 지킬 자기 보호의 보장이다. 물리적이든 도덕적이든 사회나 개인이 자의적으로 판단한 좋음은 이런 보장 원칙의 대상이 아니다. 이러저러하게 행동하는 게 더 나을 거라든지, 더 큰 행복을 가져다줄 거라든지, 현명하다거나 심지어 올바르다는 이유를 들어가며 그렇게 하라고 압박하는 일은 결코 정당할 수 없다. 타이르거나, 따져보거나, 설득하거나, 간청하는 일이야 얼마든지 그럴 수 있다. 하지만 강요하거나, 다르게 행동하면 어떤 형태로든 불이익을 주겠다는 엄포는 어디까지나 협박이다. 이런 강제를 정당화할 근거는 해당 행위가 누군가에게 해악을 끼친다는 점의 명확한 예측이다. 개인이 사회의 요구에 따라야 하는 유일한 행위는 타인과 관련한 것이다. 오로지 자기 자신과 관련한 행동, 곧 개인의 독립성은 당연히 절대적으로 존중되어야 할 권리이다. 개인은 자신의 고유한 몸과 정신을, 자기 자신을 스스로 다스리고 결정할 주권을 가진다.

이 원칙이 온전한 판단 능력을 갖춘 성인에게만 적용된다는 점은 아마도 굳이 거론할 필요가 없으리라. 우리의 논의는 어린이나, 법에서 성인 남성 또는 성인 여성으로 규정한 나이에 이르지 않은 청소년을 대상으로 삼지 않는다. 타인의 보살핌을 여전히 받아야 하는 미성년자는 외부의 해악은 물론이고 자기 행동으로부터도 보호받아야만 한다. 마찬가지로 사회 구성원 전체가 아직 미성숙 상태에 있다고 보이는 후진 사회 역시 이 원칙의 적용 대상에서 제외된다. 자발적으로 발전을 이루기에는 초기의 어려움이 너무 커서 미성숙 상태를 이겨낼 선택지가 거의 없기 때문이다. 그래서 발전 의지로 충만한 통치자는 아마도 다른 방법으로는 이루지 못할 목적을 달성하고자 편법을 동원해도 정당성을 인정받을 수 있다. 미개인을 발전하게 해줄 수만 있다면 독재도 정당한 통치 방식일 수 있다. 단, 독재라는 수단이 미개인의 발전이라는 목적을 실제로 달성한다는 전제가 충족되어야만 한다. 자유라는 원칙은 집단의 구성원이 평등하며 자유롭게 토론을 벌이며 스스로 발전할 단계에 이르기 전까지는 적용되지 않는다. 이 단계에 이르기까지 미개 사회가 걸어야 할 유일한 길은 운 좋게 아크바르 황제나 샤를마뉴 대제 같은 위대한 군주를 만나 절대적으로 복종하는 것뿐이다.* 그러나 마침내 자각이나 설득으로 스스로 발전할 수 있는 단계

* Akbar(1542~1605)는 무굴 제국의 위대한 황제이고, Charlemagne(742~814)는 프랑크 왕국을 통일한 업적으로 대제라는 칭호를 얻었으며, 서로마 제국 황제를 지낸 인물이다. 두 황제는 강력한 권위로 광대한 영토에 발전과 질서를 선물한 '계몽 군주'의 상징으로 여겨진다. '운 좋다'는 표현은 그만큼 미개 사회의 현실이 암담하다는 암시이다. - 옮긴이

에 들어서면서부터(물론 우리 논의에 참고된 모든 국가는 이미 오래전에 이 단계에 들어섰다), 강제는 직접적 형태든 불복종에 따른 처벌의 형태든 자의적으로 판단한 좋음을 위한다는 명분으로 더는 용납될 수 없으며, 오로지 타인의 안전을 보장하는 경우에만 정당성을 얻는다.

나는 이 논증을 펼치면서 그 어떤 추상적인 권리, 공리와 무관한 추상적 관념에 기대지 않겠다고 분명히 밝혀둔다. 나는 공리를 모든 윤리적 문제를 다룰 궁극적 기준으로 삼고자 한다. 물론 공리는 인간의 발전이라는 항구적 이익을 최우선으로 고려하는 가장 폭넓은 의미의 원칙이다. 공리는 각자의 행동이 다른 사람의 이해관계에 비추어 어떤 결과를 초래할지 가늠해, 해악을 끼칠 때 개인의 자발성을 외부의 통제 아래 두는 개입을 정당화하는 근거이다. 누군가의 행동이 다른 사람에게 해를 입힌다면, 그런 행위는 '일견 증거가 확실한 사건'(primâ facie, 반증이 없는 한 확실한 증거)으로 법적 처벌의 대상이며, 법으로 다루기 애매한 경우에는 일반의 비난에 맡겨둔다. 물론 타인에게 유익을 주는 긍정적인 행위도 많다. 이런 행위는 실천에 옮기도록 호소해야 마땅하다. 이를테면 정의의 법정에서 서슴없이 증언하며, 공동의 방위를 위해 자신의 공정한 몫을 감당하고, 사회의 보호를 누리는 대가로 공익사업에 봉사하며, 위기에 처한 사람의 생명을 구하거나 학대받는 약자를 보호하기 위해 개입하는 개인적 선행은 권장되어야 한다. 이런 선행을 다하는 것은 개인의 의무이며, 이 의무를 저버릴 때 사회에 책임을 져야 한다. 사람은 적극적인 행위뿐만 아니라, 어떤 일을 소극적 태도로 하지 않아서 타인에게 해악을 끼칠 수도 있다. 어느 경우든 피해에 책임은 져야 한다. 물론 적극적 행위보다 어떤 일을 하지 않은 부작위는 훨씬 더 신중하게 접근해야만 한다. 비교로 이야기하자면, 타인에게 끼친 해악의 책임을 묻는 것이 원칙이지만, 해악을 막지 않았다고 책임을 물을 수는 없기 때문이다. 이런 예외를 인정해야만 하는 명백한 사례는 많기만 하다. 개인은 사회와의 관계에서 '법적으로'(de jure) 규정된 책임을 소홀히 하지 않아야 한다. 사회는 개인의 보호자 역할로 이런 의무를 요구한다. 그러나 개인에게 책임을 물을 수 없는 타당한 이유도 드물지 않게 볼 수 있다. 이런 이유는 사안의 특수성에서 비롯된다. 사회가 통제하느니 개인의 재량에 맡길 때 전반적으로 더 나은 결과가 예상되는 경우가 그 하나의 이유이다. 다른 하나는 통제를 시도할 때 예방하고자 하는 해악보다 더 심각한 해악을 우려해야 하는 경우이다. 이런 이유들로 책임을 묻지 않기로 할 때, 비어 있는 심판석에는 개인의 양심이 올라가 사회의 보호를 받지 못하는 다른 사람의 이익을 보호해야 한다. 심판석에 선 개인의 양심은 다른 사람의 판단에 기댈 수 없다는 점에서 더 엄격한 판단에 힘써야 한다. 요컨대, 자유는 나의 양심을 유일한 심판관으로 삼아 누구보다도 더 엄격한 잣대로 나 자신을 심판해야 하는 도덕적 의무를 뜻한다.

그러나 사회에는 개인의 행동에 간접적인 영향을 받는 영역이 있게 마련이다. 이 영역은 개인의 삶과 그 행동, 어디까지나 자율적으로 결정할 수 있으며 또 해야만 하는 행동이 타인과 어떤 관계 설정을 해야 하는지 보여준다. 개인의 자유로운 결정이 타인에게 영향을 미친다면, 사회는 이 영향을 어떻게 다루어야 할까? 개인의 절대적 자유를 존중하면서, 타인과 겹치는 부분을 관리하는 데는 세 가지 조건이 충족되어야 한다. 타인이 자유롭게, 자발적으로, 속임수로 기만당하지 않고 동의하며 참여할 수 있어야만 이 영역은 성립한다. 내가 개인 '자신'이라고 말할 때, 이 자유는 직접적이고도 일차적으로 개인의 의지에만 의존한다는 뜻이다. 개인의 이 자유는 '자신'을 통해 다른 사람에게 영향을 미친다. 이것이 앞서 말한 '간접적 영향'이다. 이런 간접적 영향으로 자유롭게, 자발적으로, 기만당하지 않고 동의할 수 있는 영역이 구체적으로 어떤 것인지, 이 영역 문제로 생겨날 수 있는 반론은 무엇인지, 우리는 나중에 살피기로 하자. 지금은 우선 인간 자유의 개인 영역을 정리해 보자. 첫째로 꼽히는 것은 내면 의식의 영역이다. 이 영역은 가장 포괄적인 의미에서 양심의 자유, 사상과 감정의 자유 그리고 학문이든 도덕이든 신학이든 이론과 실천의 모든 주제에 걸쳐 자유롭게 의견과 감정을 표현할 자유를 아우른다. 의사를 표현하고 의견을 인쇄물로 출간할 자유는 얼핏 보면 다른 원칙의 적용을 받아야 할 영역처럼 여겨질 수 있다. 그러나 이 자유는 사상의 자유 자체만큼이나 중요하며, 대체로 같은 근거에 기반하고 있으므로, 실질적으로 사상의 자유와 따로 떼어 생각할 수 없다. 둘째, 자유의 원칙은 취향 그리고 자기실현이라는 목표의 추구를 존중해야 한다고 요구한다. 이는 곧 자신의 성격에 맞게 삶의 계획을 세우고, 좋아하는 일에 매진하면서, 이에 따른 결과를 온전히 감당하겠다는 자유이다. 우리의 행동이 다른 사람에게 해를 끼치지 않는 한, 심지어 다른 사람이 우리의 행동을 보며 어리석다거나, 비뚤어졌다거나, 틀렸다고 여길지라도, 아무런 방해를 받지 않을 권리가 곧 자유이다. 셋째, 각 개인의 이런 자유로부터 뜻을 같이하는 개인들이 그 뜻을 합칠 결사의 자유가 도출된다. 다른 사람에게 해를 끼치지만 않는다면 목적이 무엇이든 단결할 수 있는 자유가 결사의 자유이다. 물론 결사에 참여하는 사람은 성인이어야 하며, 강요받거나 속임수로 기만당하지 않아야 한다.

이 자유들이 전체적으로 존중되지 않는 사회, 그 정부 형태가 무엇이든 이런 자유들을 지켜주지 않는 사회는 결코 자유사회가 아니다. 그리고 이 자유들이 절대적이고 무조건적으로 존재하지 않는 사회에서는 누구도 완전히 자유롭지 않다. 그 이름에 걸맞은 유일한 자유는, 다른 사람의 자유를 박탈하거나, 또는 자유를 얻으려는 그들의 노력을 방해하지 않는 한, 저마다 자신의 고유한 방식으로 각자 좋다고 여기는 것을 추구하는 자유이다. 몸이든 정신이든 영혼이든 자신을 건강하게 돌볼 적합한 수호자는 각자 자신이다. 인류는 다른 사람들이 좋다고 여기는 것을 개인에게 강요하는 것보다, 각자 자신에게 좋은 것을 추구하며 살면서 서로 불편을 감수할 때 훨씬 더 큰 이득을 얻는다.

이런 자유론은 새로운 게 전혀 아니며, 듣기에 따라서는 하나 마나 한 진부한 이야기일 수 있다. 그럼에도 묘한 점은 현재의 여론과 관행의 일반적 경향과 이보다 더 정면으로 충돌하는 원칙은 없다는 사실이다. 사회는 (나름의 기준에 비추어) 탁월함이란 무엇을 말하는지, 개인이 갖춰야 할 탁월함은 어떤 것인지, 일반적 관념을 개인에게 강제하려 안간힘을 쓴다. 고대 국가들은 시민 각자의 몸과 정신을 건강하게 지켜야 한다는 뿌리 깊은 이해관계를 구실로 공권력을 무기 삼아 개인의 모든 사적인 행동을 규제해야 마땅하다고 여겼다. 고대 철학자들 역시 이런 견해를 지지했다. 강력한 적에게 둘러싸여 외적의 침략이나 내부의 혼란으로 끊임없는 전복의 위험에 시달린 작은 공화국의 현실에서 이런 사고방식은 묵인될 수밖에 없었다. 잠시라도 통솔력이 해이해지면 치명적 위험에 노출되었기에 자유가 선물하는 유익한 결과를 기다리며 장기적으로 발전을 기획할 여유가 없었기 때문이다. 정치 공동체의 규모가 훨씬 더 커진 오늘날의 세계는 무엇보다도 정신적 문제를 관장할 권위와 현실의 먹고사는 일을 다룰 세속적 권위가 분리되어(이는 양심의 문제를 다루는 일을 세상사를 통제하고 처리하는 권력과는 다른 주체에게 맡겼음을 뜻한다), 법이 사생활의 세세한 부분까지 간섭하지 못하게 막는다. 하지만 도덕적 압력은 사회 문제보다는 개인이 가지는 의견을 사회의 지배적인 의견에 맞추는 쪽으로 더 강한 힘을 발휘했다. 도덕 감정을 형성하는 가장 강력한 요소인 종교가 사회의 위계질서를 강화하려는, 다시 말해서 인간 행위의 거의 모든 분야를 통제하려는 야망에 지배당하기 때문이다. 이에 맞선 청교도 역시 개인의 자유보다는 사회 질서에 더 많은 신경을 썼다. 그리고 과거의 종교에 맞서 가장 강력한 반대의 목소리를 낸 몇몇 종교 개혁가도 정신을 지배하겠다는 의욕에서만큼은 교회나 다른 종파에 조금도 뒤지지 않았다. 특히 프랑스 철학자 콩트는 실증 정치론 이라는 저서에서 개인을 사회가 다스리는 전제정치를 펼쳐야 한다고 주장했다(법보다는 도덕을 앞세우기는 했지만).* 그의 주장은 고대 철학자들이 내세운 가장 엄격한 규율, 곧 국가가 개인을 철저히 단련시켜야 한다는 정치 이상마저 뛰어넘는 수준까지 나아갔다.

콩트와 같은 몇몇 사상가의 유별난 주장이 아니더라도, 세상은 여론의 힘을 빌리든, 심지어 법으로 강제하든, 개인을 사회가 쥐락펴락하려는 권력을 갈수록 키우려 든다. 그리고 세상은 사회의 힘을 키우고, 개인의 힘을 약화하는 방향으로 변화한다. 이런 침해는 저절로 사라질 폐단이 아니며, 오히려 갈수록 더 위협적으로 덩치를 키워가는 악이다. 통치자든 평범한 시민이든 자기 생각과 취향을 다른 사람의 행동 규칙으로 밀어붙이려는 인간의 성향은 인간 본성이 품은 가장 고결한 감정은 물론이고, 최악의 감정에서도 유감없이 발휘된다. 나는 선량하니 너희는 나를 따르라거나, 비열하고 야비해야 세상을 살아갈 수 있다고 선동하거나. 이런 성향은 권력욕에서 비롯되는 터라 억제하기 정말 힘들다. 그리고 권력은 갈수록 몸집을 키우려 들기에, 이런 폐단을 막아줄 도덕 신념이라는 강고한 방벽을 쌓지 않는 한, 오늘날과 같은 환경에서 일방의 생각과 취향을 강제하려는 성향은 갈수록 더 기승을 부릴 게 분명하다.

본격적인 논의에 곧바로 들어가기 전에 우선 특정 분야의 사례를 살피는 편이 논증을 풀어가는 데 도움을 주리라. 이 사례는 앞서 다룬 원칙을, 완전하지는 않더라도, 현재 어느 정도

---

* Auguste Comte(1798~1857)는 프랑스의 수학자이자 철학자이다. 실증주의를 처음으로 주장한 것으로 알려졌으며, "사회학"이라는 말을 창시했다. 『Traité de Politique Positive』는 콩트가 1851년에 발표한 책이다. - 옮긴이

사람들이 흔쾌히 인정한다. 그것은 바로 사상의 자유이다. 그리고 이와 떼려야 뗄 수 없이 맞물린, 아니 같은 뿌리에서 갈라져 나온 언론과 출판의 자유이다. 사상의 자유 그리고 언론과 출판의 자유는 종교의 관용을 강조하며 자유를 표방하는 제도를 갖춘 모든 나라에서 정치 도덕의 근간이기는 하다. 하지만 이 자유들을 떠받드는 철학적 기반 그리고 현실에 실천되는 실상은 기대와 달리 대중에게 잘 알려지지 않았으며, 심지어 여론을 이끄는 지도급 인사들조차 그 소중함을 잘 파악하지 못하고 있다. 올바르게 이해한 자유의 근거는 우리가 다뤄야 하는 어느 하나의 주제에만 국한하지 않고 훨씬 더 폭넓게 적용할 수 있게 시야를 탁 터준다. 바로 그래서 나는 이 문제를 찬찬히 곱씹어 보는 것이 전체 논의에 큰 도움을 줄 최고의 서론이 될 수 있다고 본다. 한 가지 바람이 있다면, 그것은 지금부터 내가 하는 말에, 지난 3세기 동안 꾸준히 논의되어 온 문제라서, 새로울 게 전혀 없다고 여길 독자분들에게, 그래도 감히 논의 하나를 더 보태는 실례를 너그러이 받아주십사 하는 나의 소망이다.

제2장

사상과 토론의 자유

부패한 정권 또는 독재 권력을 막아줄 안전장치로 "언론의 자유"를 지켜야만 했던 시절은, 바라건대, 지나갔다고 믿는다. 짐작건대, 국민의 이해관계를 거스르는 입법부 또는 행정부가 국민이 무슨 이야기를 들어야 좋을지 결정하는 폭정을 막아야 하는 마당에 이런 자유를 두고 더 무슨 논쟁이 필요한가. 언론의 자유라는 문제는 이미 여러 저술가가 충분하고도 훌륭하게 다루었기 때문에, 이 자리에서 따로 언급하지 않겠다. 오늘날 잉글랜드의 언론 관련 법이 튜더 왕조 시절처럼 여전히 권력의 눈치를 보기는 하지만, 정치 토론을 실제로 탄압할 위험은 거의 없다. 물론 반란이 일어나는 게 아닐까 두려워하는 각료와 판사가 분별력을 잃는 예외적인 상황이 없지 않지만,* 일반적으로 말해서, 입헌국가의 정부라면, 민주적이든 아니든, 국민의 의사 표시를 막는 게 아닌지 우려할 필요는 없다. 정부가 대중의 편협하고 위협적인 생각을 대리인처럼 밀어붙이는 경우만

---

* (원주) 이 책을 한창 쓰고 있을 때, 마치 반박이라도 하듯, 1858년 정부가 언론을 기소하는 사건이 벌어졌다. 하지만 나는 이 부당한 간섭 때문에 원고의 단 한 글자도 고치고 싶지 않았다. 잠시 사회가 충격에 빠지기는 했지만, 정치 논쟁 때문에 처벌해 고통을 주던 시대는 우리의 조국에서 이미 끝났다는 나의 신념은 조금도 흔들리지 않았다. 우선 정부는 기소를 끝까지 밀어붙이지 못하고 중간에 포기했다. 둘째, 애초부터 이 사건은 정치적 탄압이라 보기 어려웠다. 기소된 죄목이 정부나 통치자의 행위 또는 인품을 비판했다는 게 아니라, 폭군을 죽이는 것은 합법적 행동이라는 당시 사회 통념상 도덕적이지 않은 생각을 퍼뜨렸다는 것이었기 때문이다.
이 장에서 펼친 나의 논증이 맞는다면, 어떤 생각이 아무리 부도덕하게 들릴지라도 이 문제를 놓고 공개적으로 토론할 완전한 자유는 보장되어야 한다. 따라서 '폭군 살해'가 정말 부도덕한지 아닌지 이 자리에서 검토하는 것은 부적절하다. 다만 나는 몇 가지만 짚어보겠다. 첫째, 폭군 살해는 언제나 도덕적으로 정답이 없는 문제이다. 둘째, 자신은 법 위에 군림하며 그 어떤 법적 처벌이나 통제의 대상이 아니라고 허튼수작을 벌이는 범죄자를 시민의 자격으로 처단하는 행위는, 국가를 막론하고 가장 현명하고 뛰어난 인물들이 범죄가 아니라 숭고한 미덕이라고 칭송해 왔다. 셋째, 옳든 그르든, 폭군 살해는 단순한 암살이 아니라, 내전 상황을 초래할 수 있다. 종합하면, 폭군 살해를 선동하는 행위는 처벌 대상이 될 수 있다. 하지만, 실제 행동이 이루어졌고, 이 행동과 선동 사이에 최소한의 개연적 관계가 성립하는 것이 입증되어야만 한다. 이런 조건이 충족될지라도, 권력자가 암살당했다고 해서 정당방위권을 행사해 합법적으로 처벌할 수 있는 주체는 외국 정부가 아니라, 바로 그 공격을 받은 정부이다.[1858년의 '정부 언론 기소 사건'은 잉글랜드의 급진적인 출판업자 에드워드 트루러브(Edward Trutlove)가 폭군 살해의 정당성을 옹호하는 팸플릿을 발간해 기소당한 사건이다. 이 사건의 배경은 당시 유럽을 뒤흔든 '오르시니 사건'(Orsini affair)이다. 이탈리아 출신의 민족주의자 펠리체 오르시니(Felice Orsini)는 프랑스 황제 나폴레옹 3세를 암살하려다 실패했다. 문제는 오르시니가 이 암살을 잉글랜드에서 계획하고 폭탄을 제조했다는 점이다. 이에 프랑스는 잉글랜드 정부를 비난하며 거센 외교적 압박을 가했다. 이를 무마하려 잉글랜드 정부는 트루러브를 기소했다. -옮긴이]

제외한다면. 이제 우리는 정부와 국민이 한마음 한뜻으로 완전한 합의를 이루기 전에는 절대 강제력을 행사하지 않는 상황을 가정해 보자. 그러나 나는 국민이든 정부든 그런 강제력을 행사할 권리를 가질 수 없다고 본다. 강제력을 행사하는 권력은 그 자체로 부당하다. 최고의 정부도, 최악의 정부도 그런 권력은 가지지 않는다. 여론을 앞세운 권력 행사는 여론에 반하는 권력 행사만큼이나 나쁘다. 아니 더욱 유해하다. 모든 사람 가운데 딱 한 명만 빼고 똑같은 의견을 가졌으며, 이 한 명만 다른 생각을 한다고 해서, 다수가 이 한 명의 입을 막는 것은, 이 한 명이 권력을 잡아 다수를 침묵시키는 상황과 마찬가지로 부당하다. 어떤 의견이 그 주인에게만 가치가 있다면, 그래서 의견을 밝히지 못하게 하는 방해가 그저 그 주인의 사적인 피해에 지나지 않는다면, 물론 이런 피해자가 그저 몇 명인지, 아니면 다수인지는 확실히 따져보아야 할 문제이다. 하지만 어떤 의견의 표현을 막는 억압이 특별히 나쁜 이유는 이 문제 때문이 아니다. 이런 억압이 특별한 해악인 까닭은 인류 전체를 상대로 벌이는 도둑질이기 때문이다. 지금 세대는 물론이고 후손에게도, 그 의견을 주장하는 사람은 물론이고 반대하는 사람에게도, 입을 다물게 만드는 억압은 심각한 손해를 끼친다. 해당 의견이 옳다면, 진리를 잘못 파악한 오류를 바로잡을 기회를 우리는 잃는다. 틀린 의견이라면, 어떤 충돌이 일어나 오류가 벗어졌는지 가려봄으로써 진리를 더욱 명확히 깨닫고, 더 생생한 진리를 누릴 기회를 우리는 강탈당한다.

두 가설은 각기 그에 맞는 논증이 필요한 사안이라 따로 떼어 살펴보아야 한다. 우리는 어떤 의견이 잘못된 생각인지 결코 확신할 수 없다. 설령 확신한다 해도 의견을 억누르는 태도는 여전히 악행이다.

우선, 권위가 탄압하려는 의견은 얼마든지 진실일 수 있다. 물론 억누르려는 사람은 진실일 가능성을 부인하리라. 그러나 가능성을 부정하는 이 생각이 절대 틀리지 않는 무오류 판단일 수는 없다. 그들은 모든 사람을 위한다는 구실로 뭐가 문제인지 정하고, 다른 사람은 이 문제를 판단할 수 없다고 따돌릴 권한을 가지지 않는다. 어떤 의견이 틀렸다는 확신으로 이 의견을 듣는 것조차 거부하는 태도는 자신의 확신이 "절대적 확신"이라고 강변하는 것과 같다. 토론조차 하지 말라고 입을 막는 억압은 자신은 절대 틀리지 않는다는 주장과 다르지 않다. 흔히 들을 수 있는 이런 논리로 권위적 억압은 얼마든지 반박할 수 있다. 이 논리는 흔히 듣는 것이기는 하지만, 그렇다고 허술한 논리는 아니다.

안타깝지만 인간의 양식은 자신이 실수를 저지를 수 있다는 오류 가능성을 이론적으로는 언제나 인정하면서도, 실제 판단에서는 이를 잘 인정하지 않는다. 오류를 저지를 수 있음을 잘 알면서도 이런 잘못을 막을 예방 대책을 세우는 사람은 거의 없다. 또는 자신이 틀림없다고 확신하는 의견이 알고 보니 인정할 수밖에 없는 오류를 보여주는 분명한 사례일 수 있다는 점을 받아들이는 사람도 드물다. 절대군주 또는 종복이 무조건 굽실대는 섬김을 받아온 지배자는 거의 모든 문제에서 자기 생각만 옳다고 굳게 믿게 마련이다. 좀 더 형편이 나은 사람, 이를테면 자신의 의견이 논쟁의 대상이 되고, 틀린 점을 깨닫고도 바로잡는 데 익숙하지 않은 사람은 주변 사람들과 공유하는 의견, 또는 관행처럼 섬겨온 윗사람의 의견에 무조건적인 신뢰를 보낸다. 홀로 외롭게 내린 판단이라 스스로 생각해도 확신이 부족할 때 당사자는 대개 "세상"이 잘못 생각할 리가 없다며 세평에 맹목적으로 매달리기 때문이다. 그리고 이 세상은 각 개인에게 자신이 접촉하는 그저 한 부분, 이를테면 정당, 종파, 교회 또는 같은 계층에 속하는 이웃일 따름이다. 이런 협소한 세계에 갇히지 않고, 조국 또는 시대까지 품을 줄 아는 너른 마음의 소유자는 저 편협한 사람은 따라올 수 없을 정도로 진보적이고 개방적인 인물이리라. 편협한 사람은 다른 시대, 다른 국가, 다른 종파, 다른 교회, 다른 계층이 정반대로 생각했으며, 심지어 지금도 다르게 생각할지라도, 자신이 속한 집단의 권위를 조금도 의심하지 않는다. 편협한 사람은 자신의 세상이 다른 사람의 그것과 달라진 책임을 자신이 아닌 자기 세상에 돌린다. 그리고 자신을 런던의 기독교도로 만든 바로 그 계기가 베이징의 불교도나 유교도로 만들었을 수 있다는 확인, 그 수많은 세계 가운데 하나에 매달리게 만든 게 순전한 우연일 수 있다는 확인에도 전혀 개의치 않고 자기 생각만 고집한다. 논증을 거듭할수록 분명해지듯, 시대 역시 개인과 마찬가지로 착각과 오류에 사로잡힌다. 어떤 시대든 그 확실했던 의견과 주장은 후대에 들어와 틀렸을 뿐 아니라, 말이 되지 않는 헛소리로 밝혀지곤 했다. 과거의 일반적 의견이 현재에 들어와 거부되듯, 현재의 일반적인 의견은 미래에 얼마든지 거부될 수 있다.

이런 논증에는 아마도 다음과 같은 반론이 제기될 수 있으리라. 만약 정부가 공권력으로 어떤 의견이 틀렸다며 그 전파를 금지한다면, 우리는 이런 금지마저 거부해야 할까? 하지만 이런 금지 조치는 자기 생각만 맞는다는 무오류성을 주장하는 것은 아니다. 공권력이 나름대로 판단하고 금지했을 때는 그에 합당한 책임을 진다는 각오가 아닌가. 판단력이란 쓰라고 주어진 것이다. 설령 잘못 판단한다고 해서 판단력을 아예 쓰지 말아야 할까? 어떤 생각이 해롭다고 판단해 금지하겠다는 주장은, 나는 절대 틀릴 리가 없다고 무오류성을 강변하는 게 아니라, 양심에 따른 의무를 다하겠다는 선언과 다르지 않다. 의견이 틀렸을 수 있다는 이유를 들어, 의견대로 절대 행동하지 않는다면, 우리는 모든 이해관계를 돌보지 않은 게 되며, 결국 모든 의무를 다하지 않았다는 비난을 피할 수 없다. '실수할 수 있다'고 하는 언급은 그저 실수 가능성을 지적하는 논리일 뿐, 어떤 특정 행동을 겨눈 반론이 아니다. 정부든 개인이든 의무는 의견을 최대한 진실에 가깝게 다듬는 것이며, 되도록 신중하게 다듬되, 완전히 옳다는 확신을 가질 때까지, 누구에게도 그 의견을 강요하지 않는 자세이다. 그러나 입으로는 확신한다면서(반론을 펼치는 사람은 흔히 그렇게 말한다) 자신의 의견에 따라 행동하기를 주저하고, 솔직히 말해 현세든 내세든 인류의 안녕을 위협한다고 여겨지는 주의나 주장 또는 교리가 아무 제한 없이 퍼져나가는 것을 방치하는 태도는 양심에 따른 행동이 아니라 명백한 비겁함이다. 아직 계몽이 이뤄지지 않았던 시절 사람들이 박해했던 의견이 지금은 진실로 여겨지는 것을 보라. 반론을 주장하는 사람은 그런 실수를 되풀이하지 않으면 되는 거 아니냐고 말한다. 그러나 정부와 민족은 권한 행사에 적합한 문제라는 점을 부정할 수 없는 다른 여러 사안에서 늘 그런 실수를 되풀이해 왔다. 정부는 부당한 세금을 부과해 왔고, 부당한 전쟁을 벌였다. 그렇다고 우리가 세금을 내지 않아도 되고, 여러 도발에도 전쟁하지 않아야 할까? 인간과 정부는 마땅히 자기 능력의 최선을 다해 행동해야만 한다. 절대적 확신 같은 것은 존재하지 않는다. 그러나 인류의 삶에 이바지하는 '확신'은 분명히 존재한다. 우리는 자기 행동을 이끌기에 충분한 의견을 가질 수 있으며, 또 가져야만 한다. 거짓되고 유해하다고 판단한 나쁜 의견이 세상에 퍼지면서 사회를 왜곡하는 일만큼은 막아야 하지 않을까.

나는 이 물음에 매우 신중하게 접근해야 한다고 본다. 어떤 의견이 충분히 논박될 수 있었음에도 반박되지 않았다고 해서 참이라고 하는 주장과, 아예 반박을 허용하지 않을 목적으로 참이라고 하는 주장 사이에는 엄청난 차이가 있다. 의견의 모순을 드러내고 오류를 입증할 자유를 온전히 누린다는 것은 우리의 행동이 잘못되지 않았음을 정당화할 바로 그 조건이다. 인간은 오로지 이 조건을 만족시킬 때만, 곧 자기의 행동이 잘못된 건 아닌지 살피는 자유를 누릴 때 외에는 그 어떤 일에도 자신이 옳았다는 이성적 확신을 가질 수 없다.

지배적인 의견이 어떻게 변화해 왔는지 그 역사, 또는 인간의 어떤 행동을 정상이라고 여겨왔는지 그 역사를 살펴볼 때, 우리는 어떤 의견이나 행동을 그 실제보다 더 나쁘지 않다고 할 수 있을까? 예전에는 정상이었던 의견이나 행동이 오늘날에는 말이 되지 않는 오판으로 여겨지는 이유는 분명 인간의 타고난 이해력 부족은 아니다. 99명이 사안을 제대로 판단할 능력이 없으며, 단 한 명만 올바로 판단할 능력을 자랑한다고 해도, 이 100번째 인물의 능력은 비교에 따른 상대적인 능력일 뿐, 절대적 능력은 아니다. 과거 모든 세대의 걸출했던 인물 대다수가 올바르다고 본 많은 의견은 오늘날 잘못된 것으로 밝혀졌기 때문이다. 심지어 오늘날 누구도 정당화할 수 없는 숱한 일을 저질렀지만, 올바르다고 인정해 주기까지 했다. 그렇다면 이성적 의견과 행동을 하는 사람 가운데 누군가 우세를 점하는 일은 대체 어떻게 가능할까? 만약 이런 우세한 경우가 실제로 존재한다면(인간사가 늘 절망적이지 않다면, 반드시 존재해야만 한다), 인간 정신은 지적으로든 도덕적으로든 오류를 바로잡을 수 있는 중요한 능력을 자랑한다고 보아야 마땅하다. 인간은 경험과 토론으로 실수를 수정할 수 있다. 물론 경험만으로 수정은 이뤄지지 않는다. 경험을 어떻게 해석해야 좋은지 토론은 꼭 필요하다. 잘못된 의견과 관행은 사실과 논증에 점차 굴복할 수밖에 없다. 하지만 사실과 논증이 정신에 호소력을 가지려면, 반드시 그 앞에 제시되어야만 한다. 의미를 드러내 줄 설명이 없이 이야기를 들려 줄 사실은 거의 없다. 그러므로 인간 판단력의 힘과 가치는 잘못을 바로잡을 수 있는 단 하나의 특성에 달렸다고 보아야 한다. 신뢰할 만한 판단은 오로지 실수를 교정할 수단을 끊임없이 가까이 둘 때 형성된다. 신뢰받아 마땅한 판단은 어떻게 이루어질까? 자신의 의견과 행동에 가해지는 비판에 마음의 문을 활짝 열어놓는 판단이 신뢰를 쌓는다. 이런 자세는 반대나 비난일지라도 귀담아들을 줄 아는 습관을 키워준다. 이 습관은 그 가운데 올바른 것은 받아들이고, 잘못된 부분은 그 오류를 바로잡을 수 있는 혜택을 취한다. 어떤 문제의 전모를 파악할 수 있는 유일한 방법은 사람들이 이 문제를 어떻게 생각하는지 그 다양한 의견을 청취하고, 성격마다 다를 수 있는 관점은 어떤 차이를 만들어 내는지 살피는 자세이다. 이런 방식만이 지혜를 키운다. 다시 말해서 인간 지성은 그 본성상 다른 방식으로는 지혜로워질 수 없다. 다른 사람의 의견을 꾸준히 모아 자신의 의견을 수정하고 완성해 가는 습관은 의심이나 키우는 우유부단함이 전혀 아니며, 오히려 의견을 믿음직한 반석 위에 세울 유일한 방법이다. 이런 습관을 키우는 사람은, 적어도 명백히 자신에게 불리할 수 있는 의견을 두루 꿰면서, 반대 의견에 어떻게 대처해야 하는지 터득하기 때문이다. 그래서 회피하기보다 반론과 난제를 찾아, 어떤 측면에서든 살피며 사안을 보는 종합적 안목을 키우기에, 이와 비슷한 과정을 거치지 않은 어떤 개인 또는 다수의 판단보다 더 나은 판단을 당사자는 당당히 주장할 수 있다.

인류 가운데 가장 지혜로운 인물, 그 판단을 믿기에 조금도 부족함이 없는 인물도 필수적으로 의존하는 이런 과정을 이른바 '대중', 극소수의 똑똑한 사람과 많은 어리석은 개인들로 이뤄진 잡다한 집단인 '대중'에게 바라는 것이 지나친 요구일 수는 없다. 심지어 교회 가운데 가장 비타협적이며 관용과 거리가 먼 가톨릭교회조차 성인을 시성할 때 이른바 "악마의 변호인"*을 지정해 그 변론을 참을성 있게 경청한다. 평생 신의 뜻을 받들어 거룩한 인생을 살아온 성인조차 악마의 모든 반론을 새겨듣고 그 무게를 가늠해 보기 전에는 사후의 영광을 누리기 힘들어 보인다. 질문과 비판을 허용하지 않았다면, 뉴턴의 이론이 오늘날처럼 확실한 진리로 대접받으며 신뢰를 누릴 수는 없었으리라. 가장 확실하다고 믿는 신념이라 할지라도 믿고 기댈 안전장치는 그 근거 없음을 밝혀보라고 온 세상을 향해 반론의 초대장을 보내는 것일 따름이다. 도전이 이뤄지지 않거나, 이뤄졌어도 실패로 끝난다면, 여전히 우리는 확실한 진리에 멀리 떨어져 있으리라. 하지만 분명히 말할 수 있는 사실은, 현재의 인간 이성이 할 수 있는 최선은 다했다는 점이다. 진리가 우리에게 와닿을 기회를 찾으려는 노력은 소홀히 하지 않았다. 찾아야 할 진리의 목록이 여전히 열려 있고, 더 나은 진리를 찾으려는 희망을 포기하지 않는 한, 인간 정신이 진리를 받아들일 능력을 갖출 때, 진리는 발견되리라. 진리에 도달하려 노력하는 과정에서 획득한 단편을 발판 삼아 우리는 주어진 시

---

* "devil's advocate"(Advocatus Diaboli)는 성인을 추대하면서 후보자 검증을 하는 제도이다. 집단의 분위기에 휘말려 선정이 잘못 이뤄지는 것을 막기 위해 구성원 가운데 일부러 반대 의견을 제시하는 역할을 맡는 사람을 이르는 표현이 '악마의 변호인'이다. 이에 맞서는 대항마는 '신의 변호인'(God's advocate, advpcatis Dei)이라고 한다. - 옮긴이

간 동안 최선을 다해 더 높이 올라가려 힘써야 한다. 이것이 오류를 저지를 수밖에 없는 인간이 도달할 수 있는 진리의 전모이다. 그리고 늘 반론에 귀 기울이며 무엇이 부족한지 성찰하는 자세야말로 진리를 획득할 수 있는 유일한 길이다.

자유로운 토론이 꼭 필요하다고 인정하면서도, "극단으로 치닫지 않을까" 염려하는 반감은 참으로 설명하기 힘든 묘한 감정이다. 반감은 극단적 사례에 알맞은 근거가 어떤 사례에든 들어맞는 좋은 근거가 아니라는 사실을 애써 외면하기 때문이다. 극단을 염려하는 주장은 절대 틀릴 수 없는 무오류의 주장일까? 이런 주장을 하는 사람은 "의심스러운" 모든 주제는 자유로운 토론의 대상이라고 하면서도, 특정 원칙 또는 의견은 문제 삼아서는 안 된다고 고집한다. 왜? 그런 원칙이나 의견은 확실하니까. 어떻게 확실한데? 그럼 돌아오는 답은 한결같이 내가 그것이 확실하다고 확신하니까 하는 것이다. 어떤 제안을 확실하다고 부르는 태도는, 누군가 말할 기회가 허락된다면, 그 확실성을 부정할 사람이 없지 않겠지만, 우리가 흔쾌히 확실하다고 보는 판단, 그리고 다른 사람도 이에 동의하는 판단이 존재한다는 사실을 부정하는 의견은 허락할 수 없다고 하는 말과 다르지 않다. 그것도 확실성을 부정하는 쪽의 의견은 들어보려고도 하지 않는다.

"믿음이 사라진 시대, 의심이라면 지레 겁을 먹고 공포에 사로잡히는 시대"*인 오늘날, 사람들은 자신의 의견이 진리라고 믿기보다는, 이 의견이 없이 무얼 어떻게 해야 좋을지 몰라, 의견을 확실하다고 밀어붙인다. 어떤 의견을 대중의 공격으로부터 보호하려는 이유는 이 의견이 진리라고 확신해서가 아니라, 사회가 중시하기 때문이다. 흔히 말하기를 쓸모가 많은 믿음이 확실하다고 한다. 진리보다는 실용성을 중시하는 이런 주장은 심지어 이런 유용성을 잘 사는 인생의 거의 필수 불가결한 요소로 내세운다. 바로 그래서 정부는 사회의 다른 이해관계를 보호하듯, 이런 믿음을 지켜주는 의무를 다해야 한다. 직접 의무로 이어질 정도로 이해관계를 필연적으로 보호해야 한다면, 설령 완전한 무오류성이 보장되지 않는다고 할지라도, 정부는 이해관계에 따른 의견을 마치 인류의 보편적 의견으로 확정된 양 밀어붙이며, 심지어 이를 따를 의무, 구속력을 가지는 의무가 성립한다고 주장한다. 더 나아가, 이런 유익한 믿음을 흔들어 약하게 만드는 사람은 사회의 안녕을 해치는 악인으로 치부된다. 그들의 악행을 제지하는 것은 지극히 정당하다는 주장 또한 흔하게 제기되며, 속으로 그렇게 여기는 사람도 많기만

* 이 표현은 19세기 스코틀랜드의 사상가인 토머스 칼라일(Thomas Carlyle, 1795~1881)이 한 것이다. 밀은 이 말을 인용해 신념이 사라지고, 회의주의는 두려워하는 시대가 19세기였다고 강조한다. 진리를 찾겠다는 신념으로 의심하는 자세가 허물어졌음을 안타까워하는 표현이다. – 옮긴이

하다. 이런 사고방식은 토론을 제한하는 근거로 어떤 생각이 진리인가 하는 관점이 아니라, 유용성의 관점을 내세운다. 그리고 유용성을 빌미 삼아 오류가 없는 판단을 해야만 하는 책임으로부터 회피할 수 있다고 자기기만에 빠지는 사람도 적지 않다. 그러나 이런 식의 자아도취에 빠지는 사람은 무오류성의 요구가 맞춰야 할 초점이 다른 곳으로 옮겨갔음을 깨닫지 못한다. 어떤 의견이 유용한지 아닌지는 그 자체로 의견의 문제이다. 다시 말해서 유용성은 의견 못지않게 논쟁의 대상이며, 토론으로 따져보아야 할 문제이다. 어떤 의견이 유용한지 유해한지 판정하기 위해 의견의 판단은 오류가 없어야만 한다. 자신을 방어할 충분한 기회를 누려야만, 의견은 거짓인지 참인지 판정받을 수 있다. 마찬가지 이치로 이단자에게 진리를 말하지 말라고 금지하면서, 너의 의견이 유용한지 또는 무해한지, 주장할 기회를 준다는 것은 말이 되지 않는 이야기이다. 어떤 의견이 담은 진리는 이 의견을 유용하게 쓸 바탕이다. 의견이 쓸만한지 아닌지 알고 싶다면서, 이 의견이 참인지 거짓인지 생각해 보지 말자고 하는 게 온당한 태도인가? 악당이 아니라 가장 훌륭한 인품의 소유자는 진리에 반하는 의견일지라도 쓸모를 따지는 게 좋다는 말은 믿지 말라고 조언한다. 유용하다고 말하면서도 의견이 가짜라고 믿는 사람이 책임감을 자각하고 입장을 번복할 때, 누가 어떻게 이런 입장 표명을 막을 수 있을까? 진리와 상관없이 유용한 의견을 받아들이자고 하는 쪽은 가능한 모든 이익을 취하는 데 실패하는 적이 없다. 이들은 진리 따위는 그저 추상적인 이야기라는 투의 말은 전혀 하지 않는다. 오히려 반대로 자신의 주장은 어디까지나 "진리"라고 강변한다. 이 말은 내 말이 옳으니 무조건 받아들이라는 강요와 다르지 않다. 유용함을 다룰 공정한 토론은 결코 이뤄질 수 없다. 한쪽은 신이 나서 토론을 벌이겠지만, 다른 쪽은 맥이 빠져 아무 말도 하지 않는다. 그리고 현실을 분명하게 짚어보자면, 어떤 의견이 진리인지 따져보는 토론을 허용하지 않는 사회는 유용성을 따지는 토론도 용납하지 않는다. 사회는 그저 이런 유용한 의견이 꼭 필요하다고 구구절절 변명을 늘어놓거나, 이를 거부한 사람의 죄책감을 덜어주겠다는 회유만 늘어놓는다.

상대의 의견을 들어보려고도 하지 않고 멋대로 판단하는 태도의 해악을 그림처럼 보여주기 위해서는 구체적인 사례를 살펴보는 것이 좋겠다. 그래서 나는 진리는 물론이고 유용성의 측면에서도 가장 강력하게 의견의 자유를 반대하는 논증, 적어도 나의 논리에 그다지 유리하지 않은 논증에 해당하는 사례를 골랐다. 신 또는 내세를 보는 믿음, 혹은 일반적으로 타당하다고 여겨지는 도덕 원칙을 다루는 의견들이 그 예이다. 이런 의견을 두고 벌이는 논쟁은 반대편에게 매우 유리할 수밖에 없다. 반대편은 틀림없이, 이런 의견이 법의 보호를 받지 않아도 된다고 생각하느냐고 반문할 것이기 때문이다(그리고 되도록 공정하게 토론에 참여하고 싶은 사람도 대개 속으로 이런 의문을 품기 마련이다). 신을 우러르는 믿음이 정말 오류라고는 하나 없는 논리적 인식이어야 하는가? 신을 향한 믿음은 인식의 차원이 아니라, 느낌의 문제이지 않은가? 하지만 내가 말하는 무오류성의 조건은 어떤 믿음의 원칙, 교조, 신념을 대상으로 삼지 않는다. 이처럼 문제의 차원을 뒤섞어 일방의 주장만 고집하는 태도는, 상대방의 이야기는 들어보려고 하지도 않고 자기 입맛대로 결정을 내리는 독단, "상대방을 따돌리는" 독단일 따름이다. 아무리 엄숙한 확신에서 비롯된 것이라 할지라도 나는 이런 편견과 허세를 비난하고 꾸짖기를 멈추지 않겠다. 누군가의 신념이 제아무리 설득력을 자랑할지라도, 거짓일 뿐만 아니라 해로운 결과를 초래한다면, 해로운 정도를 넘어(내가 즐겨 쓰는 비난의 표현을 고른다면) 부도덕하고 불경스럽기까지 하다면, 개인의 사적인 판단에 따라, 비록 이 판단이 국가 또는 동시대 사람들의 공적 판단의 지지를 받는다고 할지라도, 다른 의견은 들어보려 하지도 않는 태도는 자신은 절대 실수를 저지르지 않는다고 하는 주장과 다르지 않다. 부도덕하거나 불경하다고 비난하며 자신은 잘못할 리가 없다는 태도는 치명적 해악을 부른다. 정확히 이런 이유로 한 세대의 사람들은 끔찍한 실수를 저지르며, 이 실수는 후대를 충격과 공포로 몰아넣는다. 역사에서 법을 무기로 가장 선량한 사람과 가장 고결한 원칙을 뿌리 뽑은 새겨볼 만한 사례는 얼마든지 찾아볼 수 있다. 다른 의견을 억누르고 배제한 이런 개탄스러운 만행에도 자신만이 옳다는 독단은 여전히 살아남아(마치 조롱이라도 하듯), 사회의 지배적인 의견 또는 통념에 동의하지 않는 사람에게 비슷한 만행을 저지르는 것을 정당화하는 변론으로 쓰이곤 한다.

소크라테스라는 이름의 인물이 당대의 법적 권위 그리고 대중의 여론과 주목할 만한 충돌을 빚었다는 사실은 아무리 강조해도 지나치지 않다. 위대한 인물이 넘쳐났던 시대와 나라에서 태어난 이 남자는 그와 시대를 익히 알았던 사람들의 입을 통해 당대에서 가장 높은 덕을 쌓은 인물로 전해져 온다. 소크라테스는 플라톤의 고결한 영감과 아리스토텔레스의 현명한 공리주의를 키워냄으로써 후대의 모든 뛰어난 스승의 귀감이자 원형으로 여겨진다. 윤리학을 비롯해 다른 모든 철학의 터를 닦은 플라톤 그리고 "이 마에스트리 디 코로르 셰 사노"*라는 격찬까지 받은 아리스토텔레스의 공덕을 생각하면 그 스승이야 더 말해 무엇하랴. 이후 활동한 모든 유명한 사상가의 스승으로 인정받는 소크라테스, 그의 명성은 2천 년이 넘도록 계

* "i maëstri di color che sanno"(아는 모든 자의 스승)는 단테가 『신곡』에서 아리스토텔레스를 이르는 표현이다. - 옮긴이

속 높아져 그의 고향을 빛낸 다른 모든 이의 이름을 합친 것을 압도할 정도이다. 그럼에도 소크라테스는 동포들의 손으로 불경하고 부도덕하다는 죄목으로 고발당해 유죄판결을 받고 목숨을 잃어야만 했다. 국가가 섬기는 신들을 부정했다는 불경의 혐의로, 실제로 고발인은 그가 신을 전혀 믿지 않았다고 주장했는데(플라톤의 『변론』을 볼 것), 또 잘못된 가르침으로 "청년을 타락시켰다"라는 부도덕의 혐의로, 소크라테스는 재판정에 서야만 했다. 재판부는 이런 혐의를 믿을 근거가 충분하다고 보고, 나름대로 정직하게 유죄판결을 내렸다. 이렇게 해서 아마도 당대에 태어난 모든 사람 가운데 인류에 가장 큰 공헌을 한 위대한 인물이 범죄자로 내몰려 사형당하는 일이 벌어졌다.

소크라테스의 유죄판결 이후 벌어진 사건 가운데 그에 못지않은 사법적 불의는 1천8백여 년 전 저 갈보리 언덕에서 일어났다. 그의 삶과 대화를 목격했던 사람들의 기억에 도덕적 위대함이란 이런 것이구나 하는 깊은 감명을 남겨, 이후 18세기가 넘도록 인류가 전지전능의 현신으로 경배해 온 바로 그 사람은 대체 어떤 죄목으로 굴욕적인 죽음을 맞이했을까? 신성모독. 사람들은 단지 은인을 알아보지 못하는 실수에 그치지 않았다. 오히려 참모습과 정반대로 오인해, 불경의 화신으로 몰아간 나머지, 이제 사람들은 스스로 신성모독을 범하는 죄를 짓고 말았다. 오늘날 인류가 비통하기 짝이 없는 사건, 특히 둘 가운데 후자의 사건을 돌이켜보며 품는 감정은 그런 짓을 저지른 사람들을 올바로 판단하지 못하게 만든다. 이들은 겉보기처럼 악한이 아니다. 평범한 보통 사람보다 더 못된 게 아니며, 오히려 그 정반대이다. 이들은 그 시대와 민족이 지닌 종교적, 도덕적, 애국적 감정을 충만하게, 혹은 그 이상으로 지녔던 사람들이다. 우리 시대도 마찬가지지만, 이런 부류의 사람은 흠결 없이 존경받으며 평생을 살아갈 기회를 충분히 누렸다. 당시 풍습에 따라 가장 흉악한 죄로 여겨지는 신성모독의 발언에 충격을 받은 대제사장이 자기 옷을 찢을 정도로 분노한 감정은 오늘날 존경받는 경건한 인물이 품는 종교적이고 도덕적인 감정만큼이나 진실한 감정이었으리라.* 오늘날 어떻게 그럴 수 있냐며 몸서리치는 대다수 사람도 그 시대에 태어난 유대인이었다면, 똑같이 행동했으리라. 최초의 순교자를 돌로 쳐 죽인 사람이 분명 악당이라고 말하고 싶은 유혹을 느끼는 정통 기독교인은, 사도바울이야말로 그런 박해를 일삼던 인물이었음을 상기해 볼 필요가 있다.

지혜로움과 덕망이 오히려 심각한 오판을 부르는 또 다른 놀

---

* 대제사장이 "옷을 찢었다"는 표현은 '크리아'(Kria)라는 풍습을 나타낸다(레위기 21장 10절). 예수가 자신을 '하느님의 아들'이라고 하자, 이를 신성모독으로 간주해 극도로 분노한 나머지 대제사장은 옷을 찢었다. 정리하면, 기존의 신념 체계에 정면으로 도전하는 말과 행동에 극렬한 분노와 충격을 상징하는 행위가 '옷을 찢는 것'이다. – 옮긴이

라운 사례를 살펴보자. 권력자이면서 동시대인 가운데 가장 훌륭하며 최고로 개화한 인물임을 자처할 수 있는 사람이 있다면, 그 이름은 마르쿠스 아우렐리우스 황제이다. 문명 세계의 절대군주인 그는 평생에 걸쳐 오점 하나 없는 정의감을 보였을 뿐만 아니라, 스토아철학의 가르침을 받았다는 점을 고려하면 기대하기 쉽지 않은 온화한 심성을 보여주기도 했다. 그가 가졌다고 하는 몇 안 되는 단점도 모두 너그러움 때문에 빚어진 것으로 언급되었을 따름이다. 그가 쓴 글, 고대 정신이 낳은 최고의 윤리 저서는 그리스도의 가장 특징적인 가르침에 버금갈 정도이며, 차이라고 해도 거의 알아차릴 수 없을 정도다. 그는 세속이 말하는 의미에서 교리에 집착한 인물은 아니었다고 할지라도, 이후 통치한, 겉만 그럴싸하게 꾸민, 기독교 군주들보다 기독교의 가르침에 훨씬 더 가까운 삶을 살았다. 그런데 이 남자는 그토록 너그러운 성품에도 기독교를 박해했다. 인류가 그 이전까지 이룩한 성취의 정점에 서서, 그 어떤 구속으로부터도 벗어난 열린 지성으로 쓴 도덕 저술에서 기독교적 이상을 완벽히 구현해 낸 그였지만, 세상의 통치자로서 품은 깊은 의무감에 사로잡힌 그는 기독교가 세상을 더럽히는 악이 아니라, 세상을 구원할 선이라는 사실을 끝내 알아보지 못했다. 기존의 사회가 빠진 심각한 위기를 그는 너무나도 잘 알았다. 그나마 사회가 더 나빠지지 않고 버틸 수 있었던 바탕은 전래된

다신교, 곧 여러 신들을 우러르는 믿음 덕분임을 그는 간파했거나, 적어도 그렇게 보아야 하지 않을까 짐작했다. 세속의 통치자로서 그는 사회가 산산조각 나도록 내버려 두지 않는 것이 자신의 의무라고 여겼다. 하지만 토속신앙이라는 결속의 끈이 풀려버린다면, 이를 대신할 대안이 무엇인지 그는 고민을 거듭했다. 새롭게 등장한 종교는 이 결속의 해체를 공공연한 목표로 삼았다. 그러므로 이 종교를 받아들이기보다는 사회를 위해 억압해야 하는 것이 의무로 보였다. 게다가 그의 눈에 기독교 신학은 신의 가르침으로 받아들이기가 쉽지 않았다. 신이 십자가에 매달렸다는 이야기가 너무도 기이했으며, 이를 바탕으로 성립한 기독교 체계는 전적으로 믿기 어려웠다. 이런 결함투성이의 종교가 뒷날 사회를 쇄신할 동력, 실제로 발휘한 힘을 가지리라고는 도저히 예측할 수 없었던 이 가장 온화하고 현명했던 철학자이자 통치자는 엄숙한 의무감으로 기독교의 박해를 승인하고 말았다. 나는 이런 결정이야말로 역사를 통틀어 가장 비극적인 사건 가운데 하나라고 평가한다. 기독교 신앙이 콘스탄티누스 황제가 아닌, 마르쿠스 아우렐리우스의 보호 아래 제국의 국교로 채택되었다면, 세상의 기독교가 참으로 달라졌을 텐데 하는 생각은 하면 할수록 씁쓸하기만 하다.* 그런데 놀라운 사실은 훗날 기독교가 반대파를 억누르기 위해 쓴 논리와 명분이 마르쿠스 아우렐리우스가 기독교의 전파를 막으려 했을 때 쓴 논리와 명분과 판박이로 닮아있다는 점이다. 이런 사실을 부정한다면, 이는 아우렐리우스에게 부당한 일일 뿐만 아니라, 역사적 진실도 외면하는 태도이다. 기독교인은 무신론이 거짓이며, 사회를 무너뜨린다고 강변하지만, 마르쿠스 아우렐리우스가 기독교를 두고 똑같은 주장을 한 사실은 모르는 모양이다. 더욱이 당시 살았던 모든 사람 가운데 아우렐리우스는 기독교의 진가를 알아볼 가장 뛰어난 안목을 갖춘 인물이었다. 어떤 의견의 전파를 처벌해야 한다고 주장하는 사람은, 자신이 마르쿠스 아우렐리우스보다 더 현명하고 더 나은 사람이라고 자만하지 않는 한, 다시 말해서 그보다 더 당대의 지혜에 깊은 조예를 자랑하고, 그 시대보다 더 높은 지성을 가졌으며, 진리 탐구에 더 힘을 쏟았으며, 일단 발견한 진리를 일편단심으로 받드는 자세를 갖추었다고 자부하지 않는 한, 저 위대한 안토니누스가 그토록 불행한 결과를 낳은 실수, 자기 자신과 대중이 한마음으로 무오류성의 주장을 펼친다고 믿는 착각에서

---

* 밀이 토로하는 아쉬움은 아우렐리우스처럼 철학 훈련을 받은 통치자 아래 기독교가 수용되었다면, 기독교가 더욱 관용의 정신을 자랑하는 철학적 종교로 발전했으리라는 기대가 무너진 안타까움의 표현이다. 콘스탄티누스는 자신의 정치적 야망을 이루려 정략적으로 기독교를 이용했을 뿐이다. 이렇게 해서 현실의 기독교는 권력과 쉽게 결탁하고 교조주의적으로 흐를 위험에 처하고 말았다. 밀의 진의는 이처럼 잘못 생각하는 오류 가능성을 인정하지 않고 의견을 억압한 결과, 인류 전체의 역사가 바람직한 방향으로 흐르지 못했다는 아쉬움의 표현이다. - 옮긴이

벗어나도록 하자.*

종교의 자유를 반대해 특정 종교만이 옳다고 주장하는 사람은 다른 종교를 믿는 사람을 법으로 처벌하는 게 마땅하다고 고집한다. 하지만 이런 주장을 하는 사람은 기독교를 탄압한 마르쿠스 아우렐리우스의 선택은 어떻게 정당화할 수 있냐는 반문에 부딪히면 논리적 곤경에 빠진다. 궁지에 몰린 나머지 종교적 자유를 반대하는 진영은 존슨 박사**의 말을 인용해 기독교를 박해한 선택이 나름대로 기독교에 공헌했다는 역공을 펼친다. 말인즉, 박해는 진리가 통과해야만 하는 혹독한 시련이며, 진리는 이런 시련을 언제나 성공적으로 통과한다는 주장이다. 법적 처벌은 결국 진리에 대항하기에 무력한 무기이며, 때로는 사회에 유해한 오류를 효과적으로 막아줄 고마운 수단이란다. 다른 종교를 품지 않으려는 이런 불관용의 논리는 너무도 독특해 짚고 넘어가지 않을 수 없다.

---

* 이 문장에서 'Antoninus'는 아우렐리우스를 부르는 다른 이름이다. '위대한 안토니누스'란 로마제국의 최전성기를 이끈 안토니누스 왕조의 정점에 아우렐리우스가 섰다는 점을 강조함으로써, 이런 최고 권위자조차 오류를 범한다고 밀은 말하고 싶어 한다. 선왕인 양아버지 안토니누스 피우스를 기리기 위해 이런 이름이 붙었다. 참고로 아우렐리우스의 정식 호칭은 '카이사르 마르쿠스 아우렐리우스 안토니누스 아우구스투스'(Caesar Marcus Aurelius Antoninus Augustus)이다. - 옮긴이

** Samuel Johnson(1709~1784)은 영국의 시인이자 평론가이다. 『영국 시인전(Lives of the English Poets)』(1779~1781) 10권으로 명성을 얻었으며, "종교의 진리가 확증될 수 있는 유일한 방법은 순교이다"라는 주장으로 유명하다. - 옮긴이

진리는 박해받는다고 해서 해를 입지 않으므로, 박해가 정당성을 얻는다고 주장하는 이론이 새로운 진리의 수용에 적대적이라는 비판은 물론 성립할 수 없다. 그러나 그 희생 덕분에 우리가 새로운 진리를 누리게 된 위인들을 그처럼 너그럽지 못하게 다룬 박해를 이런 이론은 정당화할 수 없다. 현실이든 정신적 문제든 세상과 깊은 관련이 있는 문제지만, 예전에 무시되어 온 사실을 새롭게 밝혀내는 일은 인간이 할 수 있는 가장 중요한 공헌 가운데 하나이다. 초기 기독교 또는 종교 개혁가의 사례에서 보듯, 예전에 놓쳤던 중요한 관점을 담은 주장은, 설혹 그것이 존슨 박사처럼 매우 독특한 관점이었다 해도, 인류에게 주어진 아주 소중한 선물이라고 나는 믿는다. 이런 빛나는 선물을 안겨준 사람에게 순교를 요구하고, 선물을 베푼 보상으로 흉악한 범죄자 취급을 하는 태도를 존슨 박사의 이론은 상복을 입고 비통한 눈물을 흘려야 할 잘못이나 불행이 아니라, 진리의 전파자가 마땅히 감당해야 할 지극히 정상적인 희생이라는 주장과 다르지 않다. 이 이론대로라면 새로운 진리를 제안하는 사람은 고대 그리스에서 처음으로 성문법전을 가졌던 로크리스(Locris)처럼 새로운 법안을 제안한 사람의 목에 올가미를 두르고 법안 설명을 듣고 나서 광장에 모인 대중이 찬반 토론을 하고 반대하는 쪽으로 결론이 나는 즉시, 올가미를 조이는 처형을 당해야만 한다. 새로운 관점을 제시한 은인을 이런 식으로 다루는 제도를 옹호하는 사람은 그 선물 자체에 별 의미를 두지 않는다고 볼 수밖에 없다. 그리고 새로운 진리가 바람직하기는 하지만, 우리는 기존의 진리로 만족하겠다는 사람들만 이런 이론에 동의하리라고 나는 믿는다.

그러나 언제나 진리는 박해를 누르고 승리한다는 격언은 듣기 좋은 거짓말 가운데 하나일 따름이다. 거짓말도 반복해서 듣다 보면 상식처럼 굳어지기는 하지만, 모든 경험은 이 말이 사실과 맞지 않는다고 확실히 반박한다. 역사는 박해로 진리가 짓밟힌 숱한 사례를 차고도 넘치게 보여준다. 영원히 억압당하지는 않는다 하더라도, 이런 억압을 허용하는 사회는 수 세기 동안 퇴보할 수 있다. 종교개혁만 하더라도 루터 이전에 이미 최소한 스무 번 정도 시도되었지만, 이런 개혁은 번번이 좌초되었다. 브레시아의 아르놀드는 물론이고, 프라 돌치노, 사보나롤라, 알비파, 발도파, 롤라드파 그리고 후스파까지 개혁 시도는 하나 같이 탄압에 짓밟혔다.* 스페인, 이탈리아, 플랑드르, 오스트리아 제국에서 개신교는 아예 뿌리째 뽑혔다. 잉글랜드에서도 메리 여왕이 더 오래 살았거나, 엘리자베스 여왕이 일찍 죽었다면, 마찬가지였으리라.** 박해는, 이단이 강력한 세력을 이루어 저항할 때를 제외하고는, 언제나 성공해 왔다. 이성적으로 생각할 줄 아는 사람은 기독교가 로마제국에서 완전히 뿌리뽑힐 수 있었음을 조금도 의심하지 않는다. 그럼에도 기독교가 널리 퍼져 지배적인 위치에 올라선 이유는, 박해가 구실이 있을 때마다 이따금 일어났고, 벌어진다 해도 단기간에 그친 덕에, 기독교는 아무런 방해를 받지 않고 선교 활동을 벌일 충분한 틈새 시간을 누렸기 때문이다. 진리가 단지 진리라는 이유만으로 지하감옥과 화형대에 맞서 박해를 이겨낼 고유한 힘을 가졌으리라는 짐작은 생각을 끝까지 밀어붙이지 않는 나태한 감상에 지나지 않는다. 진리를 찾고자 하는 열망은 그저 불의에 매달리고 싶은 유혹보다 절대 더 크지 않다. 법적 처벌

---

* Arnold of Brescia(1090~1155)는 라틴어로 아르날두스(Arnaldus)라는 이름의 이탈리아 수도사로 가톨릭교회에 재산 소유권을 포기하라고 촉구하다가 화형당했다. Fra Dolcino(1250~1307) 역시 이탈리아 출신으로 교황청의 권위를 부정하다가 화형당했다. Girolamo Savonarola(1452~1498)는 이탈리아의 도미니쿠스회 수도사로 교회의 부패와 타락을 비판하다가 파문과 처형을 당했다. 'Albigeois'(일명 카타리-순수-파Cathars)는 12~13세기 프랑스 남부의 '알비'라는 도시를 중심으로 활동한 금욕적 종교공동체이다. 로마 가톨릭의 권위를 인정하지 않아 교황이 보낸 십자군에게 토벌당했다. 'Waldensians'는 프랑스의 Pierre Vaudès(1140~1205)가 이끈 종교운동으로 청빈을 강조했다. 이단으로 규정되어 수백 년 동안 박해를 받았다. 'Lollards'는 14세기 후반 잉글랜드의 존 위클리프(John Wycliffe, 1330~1384)가 이끈 종교개혁운동이다. 'Hussites'는 체코 출신의 종교 개혁가 얀 후스(Jan Hus, 1372~1415)가 이끈 종교개혁운동으로, 성서를 믿음의 유일한 권위로 강조하는 복음주의를 주장했다. - 옮긴이

** Queen Mary(1515~1558)는 독실한 가톨릭 신자로, 잉글랜드를 다시 가톨릭 국가로 되돌리려고 수백 명의 개신교 성직자(국교회 성직자)를 화형에 처했다. Queen Elisabeth I(1533~1603)는 메리의 뒤를 이어 왕위에 오르면서 다시 개신교를 허용해 국교회(성공회)가 자리 잡을 수 있게 도왔다. 이런 맥락을 염두에 둘 때 밀은 잉글랜드에서 개신교가 살아남은 것은 '진리가 강해서'가 아니라 순전히 정치적 운 덕분이며, 진리가 박해를 통해 증명된다는 존슨의 말이 허울 좋은 거짓말이라고 폭로한다. - 옮긴이

또는 심지어 사회적 처벌을 충분히 적용하면, 진리든 불의든 그 전파를 막는 데는 아무 문제가 없다. 진리도 실제 강점을 가지기는 한다. 진리로 보이는 어떤 의견은 홀대와 멸시와 탄압으로 한 번, 두 번, 아니 여러 번 사라질 수 있지만, 세월이 흐르면서 이를 재발견하는 사람 덕에 부활하곤 한다. 다시 주목받을 때 유리한 환경과 만나 박해를 피하면서, 이후 이어지는 모든 억압의 시도에 맞설 충분한 세력을 얻기까지 진리의 출몰은 거듭된다.

그럼, 이렇게 운을 떼는 사람이 꼭 나타난다. 이제는 새로운 의견을 말한다고 해서 그 사람을 죽이지 않는단다. 우리는 선지자를 죽였던 조상과 다르며, 심지어 선지자를 위해 묘비까지 세워준단다. 맞는 말이다. 이단은 더는 사형에 처해 지지 않는다. 그리고 오늘날 사람들의 감정이 용인하는 수준의 처벌은 정말 불쾌하기 짝이 없는 의견조차 뿌리 뽑기 부족한 게 사실이다. 하지만 박해가 사라졌다는, 심지어 법을 동원한 탄압이라는 얼룩마저 깨끗이 지워졌다는 착각과 자만은 금물이다. 법으로 의견을 처벌하는 제도, 또는 최소한 법으로 의사 표현을 막는 제도는 여전히 엄존한다. 그리고 심지어 요즘에도 이런 처벌이 집행된 사례가 없지 않다는 점에 비추어 박해가 부활해 그 가공할 힘을 발휘할 수 있다는 우려는 전혀 믿기지 않는 이야기가 아니다. 1857년 콘월 주의 여름 순회재판에서 어떤 남자가 기독교를 모독하는 말을 글로 써서 어느 집 대문에 걸어 놓았다는 이유로 21개월의 징역형을 선고받았다. 어느 모로 보나 흠잡을 데 없는 인생을 살아왔다는 평판을 듣던 남자는 이런 불운에 넋이 나가고 말았다.* 이런 일이 벌어지고 채 한 달이 지나지 않아 '올드 베일리'(Old Bailey, 런던 중앙형사법원)에서는 각기 다른 두 번의 재판에서 두 명이 배심원에서 배제당하는 일이 벌어졌다. 그리고 두 사람 가운데 한 명은 판사와 한 명의 변호사에게 심한 모욕의 말까지 들었다. 이유는 솔직하게 그 어떤 신도 믿지 않는다고 진술했기 때문이다.** 세 번째로 어떤 외국인은 도둑에게 피해를 보았음에도 역시 신을 믿지 않는다는 이유로 도둑을 재판으로 처벌할 기회를 거부당했다.*** 권리 구제의 이런 거부는, 신(어떤 신이어도 충분하다)과 내세를 믿는다고 선서하지 않는 사람은 법정에서 증언할 자격을 인정

---

* (원주) 1857년 7월 31일 보드민(Bodmin) 순회재판에서 토머스 풀리(Thomas Pooley)는 징역형을 선고받고 복역하다가, 12월에 왕의 사면을 받고 풀려났다.[노동자 풀리는 평소 성실하며 행실이 올바르다는 평판을 들었으나, 감자 역병이 번지자, 성경 탓에 이런 일이 벌어졌다고 믿은 나머지 어떤 목사의 집 문에 "예수는 악마의 아들이다"는 신성모독의 글을 걸었다는 이유로 고초를 겪었다. 이 사건은 19세기 영국의 신성모독 법이 얼마나 가혹한지 보여주는 대표적 사례이다. - 옮긴이]

** (원주) 1857년 8월 17일 조지 제이콥 홀리오크(George Jacob Holyoake)가, 1857년 7월에는 에드워드 트루러브(Edward Truelove)가 그런 일을 당했다.

*** (원주) 1857년 8월 4일 독일 출신의 글라이헨 남작(Baron de Gleichen)이 말버러 스트리트(Marlborough-Street) 즉결 법원에서 겪은 일. 남작은 소매치기당했는데, 재판에서 성서에 손을 얹고 해야 하는 증인 선서를 거절해, 재판이 진행되지 않았다.

하지 않는다는 법리를 근거로 삼았다. 이는 곧 선서를 거부한 사람을 법의 보호 밖에 있는 자, 무법자로 선언하고, 사법기관의 보호에서 배제함을 뜻한다. 이로써 강도나 폭행을 당한 피해자가 현장에 목격자가 없었다거나, 신념에 반하는 선서는 할 수 없다는 비슷한 의견의 사람들만 있었다면, 가해자는 처벌을 면한다. 심지어 강도나 폭행의 피해자는 독실한 신앙을 가졌는데, 목격자가 그렇지 않은 경우에도, 가해자는 처벌을 면하는 상황도 벌어질 수 있다. 이런 법리를 떠받드는 근거는 내세를 믿지 않는 사람의 선서는 무가치하다는 논리이다. 이런 논리는, 이에 동의하는 사람이 역사에 얼마나 무지한지 고스란히 드러내고 만다(역사를 보면 어느 시대든 신앙을 가지지 않았다고 밝힌 사람의 상당수는 뛰어난 고결함과 명예를 지닌 인물이었기 때문이다). 뛰어난 성취와 덕성으로 드높은 명성을 쌓은 인물 가운데, 적어도 가깝게 지내는 지인에게 자신은 신앙을 가지지 않는다고 누누이 밝혀온 사람이 많다는 사실을 조금이라도 안다면, 누구도 감히 이런 법리에 동의할 수 없으리라. 게다가 이런 법은 스스로 기반을 허무는 자기 파괴적 성격이 강하다. 무신론자는 거짓말쟁이가 틀림없다는 구실을 내세워 이 법은 거짓말을 해서라도 증언대에 서려는 무신론자의 증언은 받아들인다. 그리고 거짓말로 증언대에 서지 않고 자신의 신념, 비록 주변의 질시와 혐오를 살 수 있음에도 신을 믿지 않는다는 신념을 용기 있게 고백함으로써 불명예를 기꺼이 감당하려는 정직한 사람의 증언만 이 법은 거부한다. 공언한 목적, 신념을 검증한다는 목적의 부조리함을 스스로 증명하는 이 법은 오로지 혐오의 표시 또는 박해의 유물로만 힘을 유지할 뿐이다. 게다가 이런 박해는 앞뒤가 맞지 않는 기묘한 요구를 내세운다. 법은 박해받을 이유가 전혀 없음을 명백히 증명한 사람을 박해하겠다고 공언하기 때문이다. 이 법과 그 안에 담긴 이론은 무신론자 못지않게 신자에게도 모욕적이다. 내세를 믿지 않는 무신론자는 거짓말을 할 수 있어 증인으로 인정할 수 없다면, 내세를 믿는 신자는 거짓말을 하지 않는다는 전제가 이 논리의 바탕이다. 그렇다면 왜 신자는 거짓말을 하지 않는가? 지옥에 가는 게 무서워서 거짓말을 참는다는 말은 차마 입에 담을 수 없는 모욕이다. 이 법을 만든 사람과 그 지지자가 생각하는 기독교의 덕성은 오로지 양심에서 비롯되었을 뿐, 지옥에 갈까 두려워서 그런 게 아니라고 가정해 그들의 명예는 지켜주도록 하자.

물론 앞서 언급한 사례들은 박해가 남긴 누더기 조각일 뿐, 실제로 박해하겠다는 의지의 표현으로 보기는 힘들다. 다만, 영국인의 정신이 흔히 품는 병폐에 어떤 것이 있는지 사례들은 적나라하게 보여준다. 병폐란, 나쁜 원칙을 실제로 실행에 옮기고 싶어할 정도로 사악하지는 못하면서, 그 원칙을 여전히 도덕적 원칙이라고 고집하면서 터무니없는 쾌감을 느끼는 성향을 말한다. 하지만 불행하게도 더 나빠지지 않고 대략 한 세대 동안 현상 유지를 해온 법적 박해가 대중의 정신 상태에 비춰볼 때 앞으로도 계속될지 장담은 하기 힘들다. 지금 우리가 살아가는 시대에서는 새로운 좋은 것을 도입하겠다는 시도만큼이나 과거의 악습을 되살리려는 끈질긴 시도로 평온한 일상의 수면이 출렁거린다. 오늘날 종교의 부흥이라고 자랑스레 내세워지는 요란한 호들갑은 편협하고 교양 없는 정신의 소유자에게는 언제나 편견과 광신의 부활이기도 하다. 그리고 어떤 민족의 감정 속에 다름을 받아들이지 못하는 불관용의 누룩이 끊임없이 쉰내를 진동할 때, 특히 영국의 중산층을 늘 사로잡아 온 이런 편협함은 아주 사소한 계기만으로도 평소 박해의 대상으로 노리던 사람을 적극적으로 짓밟는 탄압으로 돌변할 수 있다.* 이 나라에 정신적 자유가 없는 이유는 사람들이 품는 의견과 소중히 여기는 감정 그리고 중요하다고 여기는 신념을 함부로 짓밟고 부정하는 행태를 버젓이 존중해 주기 때문이다. 지난 오랜 시간 동안 법적 처벌은 지우기 힘든 사회적 낙인을 찍어버리는 해악을 끼쳤다. 진짜 무서운 것은 사회적 낙인이다. 그 효과가 얼마나 확실한지, 영국에서는 사회적으로 금기시되는 의견을 말하는 것을 극도로 꺼린다. 이는 사법적 처벌을 각오해야 하는 의견 표명을 경계하는 다른 여러 나라와 확실히 다른 점이다. 경제 형편이 좋아 타인의 호의에 기댈 필요가 없는 사람이 아닌 한, 세간의 평판은 법만큼이나 무섭다. 평판 때문에 빵도 사지 못할 정도로 경제활동에서 배제된다면, 이는 감옥에 갇히는 법적 처벌과 다르지 않기 때문이다. 이미 먹고 살 길이 보장되어, 권력자나 특정 단체 또는 대중에게 그 어떤 호의도 바랄 필요가 없는 사람은 어떤 의견이든 거리낌이 없이 말할 수 있다. 고작해야 나쁜 평판을 얻거나 욕을 먹는데, 무슨 대단한 영웅적 기개가 필요하지는 않다. 그런 사람을 돕겠다고 '동정심에 호소할 이유'**는 전혀 없기 때문이다. 예전의 관습대로 생각이 다르다는 구실로 위해는 가하지 않는다

---

* (원주) '세포이 항쟁'(1857년 영국 동인도 회사에 고용되었던 인도 용병 'Sepoy'가 일으킨 대규모 반란)은 우리 민족의 가장 추악한 본성을 여실히 드러낸 데다가, 박해자의 격렬한 분노까지 더해져 경종을 울리기에 충분하다. 광신자나 협잡꾼이 강단에서 쏟아내는 망언 따위는 일고의 가치도 없다. 그러나 영국 국교회 복음주의 진영의 우두머리들이 힌두교와 이슬람교도를 다스리겠다는 원칙으로 성경 과목을 가르치지 않는 학교에는 일체 공적 자금을 지원하지 않겠다고 한 말은 경악을 금치 못할 망발이다. 이는 곧 진짜 기독교도 또는 겉만 그럴싸하게 꾸민 가짜 기독교도만 공직을 맡을 수 있다는 선언과 다르지 않다. 1857년 11월 12일 어떤 국무차관은 자신의 지역구 유권자들 앞에서 이런 연설을 했다고 한다. "영국 정부가 그들의 신앙(영국 식민지 인도의 1억 명 국민의 신앙), 그들 스스로 신앙이라 부르는 미신을 너그럽게 받아준 탓에 대영제국의 위세가 확립되는 것이 지체되었고, 기독교의 건전한 발전이 저해되었다.……관용은 이 나라의 종교 자유를 떠받드는 위대한 초석이다. 그러나 저들이 관용이라는 이 귀중한 단어를 더럽히게 두어서는 안 된다. 내가 이해하는 관용은 '동일한 신앙의 토대' 위에 선 기독교인 모두에게 허락된 완전한 자유, 곧 예배의 자유를 뜻한다. '신과 인간을 이어주는 유일한 중재자 그리스도'를 믿는 모든 종파와 교파만이 관용을 말할 자격이 있다." 나는 자유당 내각의 고위 공직자가 '그리스도의 신성을 믿지 않는 사람은 관용의 대상이 될 수 없다'는 주장을 천연덕스럽게 하고 있음을 주목하고자 한다. 이토록 어리석은 작태를 보고서도 누가 종교를 박해하는 일이 다시는 되풀이되지 않는다고 믿을 수 있을까?

고 할지라도, 우리가 다른 생각을 하는 사람을 두고 무심히 내뱉는 말과 행동은 예전에 못지않은 해악을 끼친다. 그리고 이런 해악은 무엇보다도 바로 우리 자신에게 심각한 피해를 안긴다. 소크라테스는 사형당했지만, 그의 철학은 하늘에 떠오른 태양처럼 지성계라는 창공 전체를 환하게 비춘다. 기독교인은 사자에게 먹이로 던져졌지만, 기독교 교회는 울창한 가지를 자랑하는 위풍당당한 나무로 자라나, 더 오래되었지만, 활기는 덜한 초목을 그늘로 덮어 압도한다. 물론 우리의 사회적 불관용이 사람을 죽이거나, 의견을 뿌리째 뽑지는 않는다. 하지만 혐오를 부추기거나, 의견을 밝히고 널리 퍼뜨리려는 노력을 지레 포기하게 만드는 것만큼은 분명한 사실이다. 우리 사회에서 주류에 비켜서는 의견은 1십 년 또는 한 세대가 지나도 세력을 얻거나 잃지 않고 잠복한다. 이런 의견은 그 불꽃을 널리 피우지 못한 채, 새로운 생각을 즐기는 학구적인 사람들의 비좁은 울타리 안에서 연기만 피울 뿐이다. 이로써 우리는 어떤 의견이, 진리든 기만이든 인류의 삶에 보탬을 줄 빛을 밝혀주리라는 기대를 할 수 없다. 만약 진리라면 사회 전체가 입는 손실

** 원문의 표현은 라틴어 '아드 미세리코르디암'(ad misericordiam)이다. 직역하면 '동정심에 호소하다' 또는 '자비를 구하다'라는 말이지만, 이성적 논리를 따르지 않고 감정에 호소하는 오류가 그 정확한 의미이다. 밀은 정확한 논리를 따르지 않고 논점을 벗어나 감정을 끌어들이는 태도를 이 표현으로 경고한다. – 옮긴이

은 이루 말할 수 없이 크다. 기만이었다면, 이를 반박할 기회를 잃음으로써 마찬가지로 손실은 크기만 하다. 이렇게 해서 몇몇 사람에게는 더없이 만족스러운 상태가 유지된다. 의견이 다르다고 해서 벌금을 물리거나 누군가 감옥에 보낼 필요 없이, 모든 지배적 의견은 겉보기로 아무 방해받지 않는 흔들림 없는 상태를 유지하며, 다른 한편 생각함이라는 고질병에 걸린 먹물의 이성 활동까지 완전히 막지는 않기 때문이다. 지적 세계의 평화를 흔들지 않고, 모든 일이 현 상태 그대로 굴러가게 한다는 점에서 참으로 편리한 방책이 아닐 수 없다. 그러나 이런 종류의 지적 평화를 위해 치러야만 하는 대가는 인간 정신이 발휘할 수 있는 도덕적 용기 전체를 무너뜨리는 희생이다. 가장 활동적으로 탐구해야 할 지성인 가운데 상당수가 자신이 품은 확신의 근거를 찾아 진정한 원칙을 세우려 하지 않고, 그저 가슴속에 품어두기만 하면서, 대중에게 이미 포기한 전제에 자신의 결론을 어떻게든 꿰맞추려고 안간힘을 쓰는 사회는, 한때 사유의 세계를 빛낸 저 개방적이고, 두려움이라고는 모르며, 논리적 일관성을 중시하는 지성인을 결코 배출할 수 없다. 이런 사회에서 살아가는 사람은 단지 평범함에 안주하는 대세 순응주의자이거나, 진리를 그저 자신에게 유리한 쪽으로 비트는 기회주의자일 따름이다. 모든 중요한 주제를 놓고 이들이 펼치는 논증은 스스로 정말 그렇게 확신해서 하는 말이 아니라, 청중을 의식해 그럴싸하게 늘어놓는 허언에 지나지 않는다. 대세 순응이나 기회주의라는 선택지를 고르지 않고, 정확한 원칙을 모색하려는 모험과 노력도 하지 않으면서, 생각과 관심을 그저 자신의 이해관계와 직결된 문제, 소소한 일상의 문제로 좁히는 유형의 사람도 나타난다. 그러나 인류의 정신이 충분히 강해지고 폭을 넓힌다면, 이들이 매달리는 문제는 저절로 해결될 수 있다. 아니, 자유롭게 사색하고 토론할 바탕이 마련되어야만 비로소 인간의 강하고 폭넓은 정신은 진정 효과적인 해결책을 찾아낼 수 있다. 그러나 안타깝게도 가장 숭고한 주제를 살피는 자유롭고 대담한 사색은 아예 포기되고 만다.

이단이라고 비난받을까 두려워 쉬쉬하는 침묵을 대수롭지 않게 여기고, 이런 게 무슨 억압이냐고, 그런 해악을 끼친 적 없다고 주장하는 사람은 다음과 같은 사실을 유념해야만 한다. 우선, 그런 침묵은 해당 사안을 다루는 철저하고 공정한 토론이 이뤄질 수 없게 막는다. 그리고 토론을 감당할 수 없는 이단은 확산되지 못할 뿐이지, 완전히 꼬리를 감추고 사라지는 적이 전혀 없다. 무엇보다도 정통과 다르다는 이유만으로 모든 지적 탐구를 금지할 때, 가장 심각하게 퇴보하는 것은 이단의 정신이 아니다. 가장 심각한 피해는 이단이 아니라, 혹시 이단이라는 소리를 들을까 두려운 나머지 정신의 발달이 저해되어 이성이 위축된 사람이 입는다. 유망한 지성을 지녔지만, 소심한 성품을 타고나 행여 이런저런 생각은 비종교적이라거나 비도덕적이라는 지적을 들을까 무서워 대담하며 활기차고 독립적인 생각의 흐름을 끝까지 따라가지 못하는 숱한 사람들로 세상이 무엇을 잃고 있는지 짐작이 가는가? 이들 가운데 이따금 깊이를 자랑하는 양심과 더불어 섬세하고 세련된 이해력을 갖춘 인물이 눈에 띄기는 한다. 이들은 침묵할 수 없는 지성을 달래려 자신의 양심과 이성이 들려주는 이야기를 어떻게든 정통 신념, 사회의 주류 의견과 조화시키려 애쓰느라 온갖 궤변을 늘어놓으며 그 기교와 독창성을 소진해 버린다. 그리고 아마도 그는 평생 그 일에 끝내 성공하지 못한다. 생각할 줄 아는 사람이 최우선으로 지켜야 할 의무는, 자신의 지성이 어떤 결론으로 이끌든 이를 충실히 따르는 자세의 견지이다. 성실하고 정직하게 끝까지 생각을 밀어붙여야 하는 이 의무를 인정하지 않는 사람은 결코 위대한 사상가가 될 수 없다. 진리는, 스스로 생각하는 수고를 감당하지 않으려고 그저 남이 옳다는 의견에만 매달리는 사람의 기교보다는 성실하게 준비하며 공부를 게을리하지 않는 사람의 실수로부터 더 많은 것을 얻는다. 물론 생각의 자유를 요구하는 목적이 오로지 또는 주로 위대한 사상가를 키워내고자 하는 욕심만은 아니다. 오히려 사고의 자유는 평범한 사람도 능력이 닿는 데까지 정신적 성장을 이루기 위해 중요한 조건, 아니 그 이상으로 필수 불가결한 조건이다. 사회의 전반적 분위기가 정신적 예속으로 물들었던 시절에도 위대한 개별 사상가는 등장해 왔으며, 앞으로도 나타나리라. 그러나 무엇은 되고 어떤 것은 안 된다고 정해주는 분위기에서 지적으로 활발한 활동을 벌인 민족은 전혀 없었으며, 앞으로도 나타날 수 없다. 어떤 민족이 일시적이나마 활발한 활동에 근접한 모습을 보인 적이 있다면, 그것은 주류와 다른 생각, 이단아의 의견을 금지하는 처벌이 한동안 유예되어, 그 두려움이 누그러들었기 때문이다. 원칙을 불문율 다루듯 하면서 의문을 허용하지 않는 암묵적 합의가 존재하는 사회, 인류가 맞닥뜨릴 수 있는 모든 중요한 문제를 다루는 토론이 이미 종결되었다고 선포하는 사회에게 우리는 역사의 몇몇 시기를 눈부시게 만든 그런 높은 수준의 지적 활력을 기대할 수 없다. 열정에 불을 붙일 정도로 거대하고 중요한 주제를 다루는 토론을 회피하는 사회에서 사람들의 정신은 뿌리째 흔들리며 깨어난 적이 절대 없다. 지극히 평범한 지성의 소유자라 할지라도 사유의 지존으로 끌어올릴 지적 자극이 그런 사회에서는 전혀 주어지지 않기 때문이다. 사유가 펼치는 존엄한 경지를 맛보게 해준 사례는 종교개혁 직후의 유럽에서 찾아볼 수 있다. 다른 사례는, 대륙과 식자층에 한정되기는 했지만, 19세기 후반에 일어난 사상운동이다. 그리고 세 번째 사례는 비교적 짧은 시기 동안 이어지기는 했지만, 괴테와 피히테가 살았던 시대 독일이 보여준 지성의 활발한 발효이다. 세 가지 사례는 발전시킨 의견의 내용 면에서 저마다 다르지만, 모두 권력의 멍에를 깼다는 점을 공통점으로 보여준다. 세 가지 사례는 정신의 자유를 억누른 오랜 전제정치가 무너졌으며, 아직 새로운 독재가 등장하지 않은 점도 닮았다. 이 세 시기에 주어진 자극이 오늘날의 유럽을 만들었다. 인간이 정신과 제도에서 이룩한 모든 발전은 거슬러 올라가 보면 분명 이 세 시기 가운데 하나와 맞닿아 있다. 최근 이 세 가지 동력이 거의 다 소진되었음을 보여주는 조짐이 나타난다. 다시 정신의 자유를 힘주어 주장하지 않는다면, 그 어떤 새로운 출발도 기대할 수 없어 보인다.

이제 논의의 두 번째 부분으로 넘어가, 현재 일반적으로 받아들여지는 의견이 잘못되었을 수 있다는 가정을 접어두고, 그 모든 의견이 참이라고 인정해 보자. 진리가 그 가치를 유감없이 발휘할 수 있으려면, 먼저 해당 진리를 놓고 공개적이고 자유로운 토론이 이뤄져야만 한다. 자신의 의견이 진리라고 믿고 힘주어 강조하는 사람이 그래도 잘못되었을 수 있음을 인정하게 만들 방법은 아무 두려움 없이 활발하고 빈번하게 의견을 서로 나누는 토론밖에 없다. 이런 완전한 토론이 이뤄지지 않는다면, 아무리 맞는 말이라 할지라도, 그것은 살아 생동하는 진리가 아니라, 죽은 도그마, 생명력을 잃은 독단에 지나지 않는다.

그래도 여전히 자신의 주장에 합당한 근거가 무엇인지 전혀 알지 못하고, 가장 피상적인 반론조차 방어하지 못하면서도, 자기 의견은 의심할 바 없이 맞는다고 고집하는 일군의 사람이 있다(다행히 예전처럼 많지는 않다). 이런 사람은 자신의 신념이 권위의 힘을 빌려 유지될 수만 있다면, 신념에 의문을 제기하는 태도가 아무런 이득을 주지 않고 오히려 해가 된다고 여긴다. 이들이 영향력을 행사하는 한, 기존의 의견을 현명하고 신중하게 살펴보는 토론은 불가능해진다. 남는 방법은 경솔하게 막무가내로 막는 것뿐이다. 토론의 완전한 차단은 거의 불가능에 가깝기 때문이다. 일단 토론이 시작되면, 확실한 근거가 없는 신념은 아주 가벼운 논박의 기미에도 쉽게 무너지게 마련이다. 그러나 토론의 기회가 완전히 차단된다면, 사람들은 자신의 진짜 생각을 속에만 담아두며, 이내 생각은 편견으로 굳어지고 만다. 편견은 논증에 아랑곳하지 않으며, 합리적 논박에도 쉽게 굴하지 않는다. 그러나 편견은 이성적인 존재가 진리를 추구하는 올바른 방식이 아니다. 편견은 진리를 알고자 노력하는 자세가 아니다. 오히려 편견은 진리를 밝히고자 노력하는 자세에 우연히 달라붙는 말, 진리라기보다는 집착에 가까운 미신에 불과하다.

지성과 판단력이 인류가 마땅히 연마해야 할 능력이라면, 적어도 개신교는 이런 능력을 키워야 한다는 점을 부정하지 않는

데, 이를 키울 가장 적절한 방법은 중요한 문제를 놓고 스스로 생각하며 자신의 의견을 다듬어 보는 경험이 아닐까? 지적 능력을 키우는 일에서 무엇보다도 중요한 자세는 그저 단순히 의견만 주장하는 태도가 아니라, 왜 이런 생각을 품게 되었는지 그 근거를 찾아 제시하려는 노력이다. 무엇을 믿든, 믿음이 가장 중요하게 여겨야 할 문제는 나의 믿음은 올바르다는 근거의 제시이다. 다시 말해서 믿음은 최소한 일반적으로 제기되는 반론을 반박할 수 있어야 한다. 그럼, 혹자는 이렇게 반문하곤 한다. "저들에게 '근거를 가르쳐주면' 되잖는가. 반론을 들어보지 못했다고 해서 같은 말을 앵무새처럼 되풀이한다고 볼 근거도 없지 않은가. 기하학을 배우는 사람은 정리만 달달 외우는 게 아니라, 증명 과정을 충실히 이해하고 익힌다. 그런데 기하학 정리를 부정하는 반론을 들어본 적이 없다고 해서, 이들이 기하학의 증명이 어떻게 이뤄지는지 그 근거를 모른다고 하는 비난은 너무 터무니없는 말이다." 맞는 말이다. 하지만 그래도 토론은 필요하다. 번거롭게 굳이 토론할 거 없이, 그저 근거만 가르쳐주면 된다는 말은 수학에서나 통하는 이야기이다. 그런데 수학은 원래 어떤 잘못된 주장에 이러쿵저러쿵 할 말이 없는 학문이다. 수학 명제의 특성은 모든 논증이 특정 전제를 인정한 상태에서만 이뤄진다는 점이다. 전제를 문제 삼는 반론은 인정되지 않으며, 그런 반론에 수학은 답할 수 없다. 그러나 의견 차이를 피할 수 없는 인생의 모든 문제에서 진리는 서로 충돌하는 두 근거 사이에 찾아내야 할 균형점에 달려 있다. 심지어 자연철학 역시 하나의 같은 사실을 놓고 언제나 두 가지 서로 다른 설명 사이에서 갈등한다. 지동설과 천동설이, 산소 이론과 플로지스톤설*이 서로 충돌한 것을 보라. 자연철학, 곧 오늘날의 과학은 다른 이론이 틀렸음을 보여주어야만 한다. 이런 반증이 이뤄지기 전까지, 어떻게 반박되는지 알기 전까지, 우리는 의견의 근거를 온전히 이해한다고 말할 수 없다. 하지만 도덕, 종교, 정치, 사회관계 그리고 어떻게 살 것인지 하는 인생사의 중요한 물음, 복잡다단한 물음으로 눈길을 돌려보면, 논란이 되는 모든 의견의 3/4는 자기주장을 펼치는 게 아니라, 남의 주장을 반박하는 내용이다. (이런 마당에 반론에 반론이 이어지는 토론이 없다면, 그 어떤 의견도 '생생한 진리'로 발돋움할 수 없다.) 고대의 가장 위대한 웅변가, 물론 일각에서는 다른 사람을 더 위대하다고 꼽기는 하지만, 어쨌거나 이 웅변가가 남긴 기록을 보면, 이 인물은 변론을 쓰면서 자신의 주장을 다듬는 것 못지않게, 아니 어쩌면 그보다 더 치열하게 상대방의

* 'phlogiston theory'는 18세기에 산소가 발견되기 전까지 과학이 불에 타는 연소를 설명하기 위해 '연소 물질'(phlogiston)을 가정한 이론을 말한다. 18세기 후반 프랑스 과학자 앙투안 라부아지에(Antoine Lavoisier)가 실험을 통해 연소가 플로지스톤이 빠져나가는 게 아니라, 물질이 공기 중의 산소와 빠르게 결합하는 것으로 밝혀내면서 자취를 감춘 이론이다. - 옮긴이

주장을 연구했다고 한다. 키케로가 법정에서 성공을 거두기 위해 쓴 이 방법은 어떤 주제든 진리에 도달하고자 하는 목표를 가진 모든 사람이 본받아야만 한다. 그저 자신의 이야기만 늘어놓는 사람은 아는 것이 거의 없는 사람이다. 그가 내세우는 근거는 얼마든지 좋을 수 있고, 아무도 이를 반박하지 못할 수는 있다. 하지만 그는 상대방이 내세우는 근거 역시 반박할 수 없다. 상대의 입장을 알지 못하는 터라, 그는 자기 생각과 상대방의 생각을 비교하고 어느 쪽이 더 나은지 판단할 근거를 가지지 못하기 때문이다. 그가 취할 수 있는 이성적 입장은 판단의 유보이다. 스스로 만족할 수 있을 때까지 연구해 보지 않는 한, 그는 권위에 기대거나, 세상 사람이 대개 그렇듯, 그저 가장 마음이 끌리는 쪽에 매달릴 뿐이다. 또는 상대의 이야기를 다른 사람, 이를테면 선생의 입을 통해 전해 듣고 어떻게 대처해야 좋은지 배우는 자세도 안 된다. 선생이 상대의 이야기를 요약해 주고 이러쿵저러쿵 평가해 주는 말에 기대는 태도로 진정한 반박은 이뤄질 수 없다. 그런 자세는 토론에 임하는 정당한 방식이 아닐 뿐더러, 이렇게 해서는 자기 자신의 생각조차 명확히 정리할 수 없다. 상대의 주장은 실제로 그렇게 믿는 사람의 입을 통해서 들어야만 한다. 열과 성을 다해 주장을 펼치며, 이를 방어하려 최선을 다하는 사람의 이야기만 우리는 귀담아들어야 한다. 상대의 논증 가운데 가장 그럴싸한 설득력을 자랑하는 논거가 무엇인지 알아야만 한다. 사안을 바라볼 올바른 관점을 가지려 할 때 맞닥뜨려 풀어야만 하는 난제에 어떤 것이 있으며, 이 난제가 어떤 힘으로 막아서는지 우리는 고스란히 느껴야만 한다. 그렇지 않으면 우리는 이 난제를 풀었을 때 맛볼 진리를 진정 내 것으로 만들 수 없다. 교육깨나 받았다고 자처하는 사람들 100명 가운데 99명은 이런 과감한 도전에 나서지 못한다. 심지어 유려한 말로 자신의 주장을 펼칠 줄 아는 사람도 상대의 논리에 온 힘을 다해 맞서지 않는다. 이들이 말하는 결론은 옳을 수 있지만, 진리의 전모를 헤아리지 않았다는 점에서 여전히 부족한 생각, 틀린 의견에 불과하다. 나와 다른 생각을 하는 사람의 정신세계로 자신을 던지지 않았기 때문이다. 다른 생각을 말하는 사람의 입장을 고려하지 않았기 때문이다. 그 결과 이들은 스스로 믿는다고 선언한 어떤 사상 또는 교의가 정확히 무엇을 뜻하는지, 엄밀히 말해서, 알지 못한다. 반대편의 생각과 주장을 성실하게 알아보지 않은 사람은 진리의 전모를 알지 못하며, 그 핵심이 무엇인지 설명할 줄 모른다. 겉으로는 충돌하는 두 의견이 어째서 저마다 진리의 한 축을 담당하는지 알지 못하기 때문이다. 두 개의 강력한 근거를 놓고 왜 어느 쪽을 버리고 하나를 택해야만 하는 현실이 빚어지는지, 이들은 알지 못한다. 이들은 왜 진리의 저울질이 필요하며, 어느 하나 부족함이 없도록 종합적으로 정보를 살펴

내린 판단이 어떤 것인지 결코 알 수 없는 문외한이다. 완전한 진리는, 양측의 주장을 동등하게 놓고 공평하게 경청하고, 양쪽의 근거를 가장 환한 빛에 비춰보고자 노력을 게을리하지 않은 사람이 아니고서는 절대 접근할 수 없다. 이런 엄격한 지적 수련은 도덕과 인간사를 진정으로 이해하는 데 반드시 거쳐야만 하는 필수과정이다. 모든 중요한 진리를 밝히 가려보는 데 꼭 필요한 이런 반대자는 없으면 상상으로라도 불러내, 가장 노련한 악마의 변호사가 고안해 낼 최고로 강력한 논거를 그 손에 쥐어주어야만 한다.

자유 토론을 반대하는 적은 이런 성찰의 힘을 빼려고 짐짓 아는 척하며, 그저 하루하루 살아가기 바쁜 보통 사람이 철학자나 신학자가 어떤 사안을 두고 무슨 말을 했는지 일일이 알아야만 하는 건 아니지 않느냐고 반문한다. 평범한 사람이 반대자의 기발한 논리, 그 안에 담긴 거짓 또는 오류를 밝히 드러내야 할 필요는 없다면서. 배우지 못한 사람이 오해하지 않도록 잘못된 점을 지적해 줄 누군가가 있는 것만으로 충분하다면서. 단순하기 짝이 없는 정신의 소유자는 주입된 진리가 명백한 근거를 가진다고 배운 뒤 나머지는 권위에 기댈 따름이다. 이들은 제기될 수 있는 모든 난제를 해결할 지식이나 재능이 없다는 점을 의식하고, 그런 문제는 따로 특별한 훈련을 받은 사람이 답할 거라며 안심하고 살아간다나.

평범한 사람의 이해 수준을 고려해 이런 반론을 최대한 인정한다고 할지라도, 사안의 중대성에 비춰볼 때, 자유 토론의 필요성은 조금도 약해지지 않는다. 반론의 논리를 그대로 따른다면, 어떤 문제든 만족스러운 답을 얻을 때 합리적 확신이 생겨난다고 이 논리는 그대로 인정하기 때문이다. 요구되는 답변이 주어지지 않는다면, 대체 어떻게 평범한 사람에게 이것이 합리적 근거라고 말할 수 있는가? 반론하는 사람이 아무런 답을 얻지 못한 마당에, 답이 만족스러운지 어떻게 알 수 있을까? 대중은 아니더라도, 적어도 이 난제를 풀어야 하는 철학자와 신학자는 이 풀기 힘든 난제, 가장 까다로운 물음을 친숙하게 다룰 수 있어야만 한다. 자유롭게 의견을 개진하며, 이들이 인정할 수 있는 최고로 밝은 빛 아래에서 문제를 살필 여건은 반드시 마련되어야만 한다. 가톨릭교회는 이런 난처한 문제를 다룰 나름의 대처방식을 자랑한다. 교회는 교리를 이성적 확신에 따라 받아들일 수 있다고 허용된 사람, 그리고 오로지 믿음으로만 받아들여야 하는 사람을 구분한다. 물론 그 어느 쪽도 교리를 선택적으로 받아들이는 것은 허용되지 않는다. 다만, 믿음의 기초가 충실한 성직자는 반대편의 논리에 대응할 유리한 고지를 선점할 수 있도록 이단이 쓴 책도 읽을 수 있다. 평신도는 까다롭기만 한 절차를 밟아 특별 허가를 받아야만 한다. 이런 규율은 적을 잘 알아야 이에 대처할 교육 인력이 양성될 수 있다는 점을 인정하면서도, 다른 한편으로는 대중이 이런 지식에 접근하지 못하게 차단한다. 결국 엘리트 계층은 대중보다 더 큰 정신의 문화는 누릴지라도, 진정한 '정신의 자유'는 맛보지 못한다. 이런 계략으로 가톨릭교회는 교리의 방어라는 목적이 요구하는 정신적 우월성을 확보하는 데 성공한다. 비록 자유 없는 교양이 너그럽고 진보적인 정신을 길러내지 못할지라도, 교회는 교리 방어를 위한 특정 명분을 지켜줄 영리한 '법정 변호인'(nisi prius advocate)은 얼마든지 양성해 낸다. 하지만 개신교 국가는 이런 수단을 거부한다. 프로테스탄트는, 최소한 이론적으로는, 종교를 선택할 책임은 개인이 스스로 져야 할 뿐이며, 이 책임을 교육자에게 떠넘길 수 없다고 믿기 때문이다. 그런데 오늘날과 같은 세상에서 교육자가 읽는 글을 피교육자가 읽지 못하게 하는 차단은 현실적으로 불가능하다. 인류의 스승이 마땅히 알아야 할 모든 지식을 숙지할 수 있으려면, 모든 글은 아무 제약 없이 자유롭게 쓰이고 출간되어야만 한다.

그러나 사회가 일반적으로 용인하는 의견이 진리라고 하더라도, 토론의 부재가 낳는 해악은 단지 '근거'를 알지 못하게 막는 무책임한 방임만은 아니다. 혹자는 그것이 지성의 발달을 가로막는 잘못일 수는 있지만, 무슨 도덕적 해악은 아니지 않냐고 반문한다. 토론의 부재가 인성 발달을 저해할지는 몰라도, 의견 자체의 가치를 훼손하지는 않는다는 게 이런 반문의 요지이다. 하지만 토론이 사라지면 근거만 잊히는 게 아니라, 의견의 의미 자체도 희미하게 바랠 수밖에 없다. 의견을 전달하는 단어는 아무런 연상을 불러일으키지 못하거나, 기껏해야 원래 소통하고자 했던 의미의 극히 일부만 전달할 뿐이다. 생생한 개념 대신, 생동하는 믿음 대신, 기계적으로 달달 외운 몇 개의 문구만 남는다. 설령 어떤 게 남는다고 할지라도, 진정한 정수는 사라지고 오로지 껍데기와 지푸라기만 너저분할 따름이다. 이런 사실이 인류 역사에 하나의 거대한 장을 차지할 정도로 빼곡히 채워져 있음을 생각하면, 아무리 진지하게 연구하고 성찰해도 지나치지 않다.

토론과 생생한 진리의 상관관계는 거의 모든 윤리적 통념과 종교 신앙이 걸어온 역사가 그림처럼 보여준다. 윤리 이론과 종교 신앙은 그 창시자와 직계 제자들에게 더할 수 없는 생생한 의미를 자랑했다. 그 의미는 다른 주의 및 주장보다 우위를 차지하려는 싸움을 벌이는 동안 줄어들지 않는 활력을 자랑하며, 아마도 이런 투쟁 과정을 거치며 더욱 충실한 의식으로 자리 잡을 수 있다. 결국 승리를 거둬 일반적 통념으로 올라선 의견은 안정적 지위를 누리거나, 또는 더 발전하지 못하고 정체한다. 정체하는 경우, 획득된 근거는 대개 그대로 유지되지만, 더 확산하지는 못한다. 우세한 여론으로 자리 잡거나, 정체하기 시작한 의견은 더는 토론으로 다뤄지지 않아 활기를 잃고 점차 사라진다. 갈수록 일반 여론으로 힘을 잃으면서 의견은 공인된 분파 또는 여러 가지 가운데 하나의 설로 명맥을 유지한다. 이런 의견을 믿는 사람은 자발적으로 선택한 게 아니라, 대개 물려받은 상속자이다. 이제 하나의 의견에서 다른 것으로 옮아가는 개종은 이례적인 일로 취급당한다. 수동적으로 물려받다 보니 신봉자는 다른 믿음으로 개종할 생각을 거의 하지 않기 때문이다. 처음 생겨날 때의 활기를 잃다 보니 세상에 맞서 적극적으로 방어하거나, 상대를 자기편으로 끌어들이려는 긴장감이 사라져 상속자는 그저 수동적인 상태에 안주하려 든다. 이들은 자신의 신념에 반하는 주장을 경청하지 않으며, 까다로운 반대편(그런 반대편이 존재한다면)을 자신의 논리로 설득하려 애쓰지도 않는다. 통상적으로 이때부터 의견은 독단으로 굳어지며 그 활력을 잃기 시작한다. 어떤 종파든 그 교리의 교육자가 신자들의 감정까지 파고들어 교리가 생동감을 잃지 않게 하면서 행동까지 완전히 지배하도록 가르치는 일이 너무나 힘들다는 한탄을 기회만 주면 쏟아내는 이유는 달리 있는 게 아니다. 어떤 교리나 신조가 생존을 위해 분투할 때 그런 한탄은 거의 듣기 힘들다. 투쟁이 한창 벌어지는 동안에는 심지어 평소 약한 모습을 보이던 투사조차 자신이 무엇을 위해 싸우는지, 아군의 교리와 적군의 신조가 어떤 차이가 있는지 온몸으로 느끼며 행동한다. 모든 교리와 신념이 생존 투쟁을 벌이는 동안, 그 근본원리를 마음 깊숙이 새기고 모든 중요한 측면을 하나도 빠짐없이 살피며 그 원리를 자신의 인격으로 체현하는 경험을 하는 사람은 드물지 않게 찾아볼 수 있다. 그러나 신념이 활력을 잃고 대물림되면 상황은 달라진다. 신념이 처음 제기했던 물음에 담겼던 절박함이 사라지면서, 점차 그 내용은 잊히고 형식만 덩그러니 남아 그저 무미건조하고 무기력한 동의, 그저 건성으로 동의하는 경향은 숨길 수 없이 나타난다. 결국 토론의 대상이 되지 못하는 신념은 인간의 내면생활과 맺어지는 연결고리를 잃을 수밖에 없다. 오늘날의 세상에는 이처럼 껍데기만 남은 독단이 넘쳐난다. 무조건적인 믿음만 강요하는 독단은 우리 인간의 숭고한 본성에 호소하는 다른 모든 영향을 차단해 정신을 껍데기만 남기고 돌처럼 굳혀버린다. 독단은 그 어떤 새롭고 생생한 생각도 들어오지 못하게 차단하는 일에만 힘을 쓸 뿐이며, 정신 또는 심장을 텅 빈 상태로 지키려 감시하는 보초 노릇에만 매달린다.

본래 인간의 심금을 울리도록 다듬어진 교리가 상상이나 감정 또는 이해력으로 전혀 체감되지 못한 채 어떻게 죽은 신앙으로 전락해 버릴 수 있는지 본보기처럼 보여주는 사례는 대다수 기독교인이 그 교리를 받아들이는 모습이다. 내가 말하는 기독교는 특정 교파를 염두에 둔 게 아니라, 모든 교회와 종파가 공통으로 인정하는 가르침, 곧 신약성서에 담긴 금언과 계율을 뜻한다. 기독교인임을 자처하는 사람은 누구나 이 가르침을 신성하게 여기며, 삶을 살아갈 율법으로 받아들인다. 하지만 1천 명의 기독교인 가운데 실제 율법을 길라잡이로 삼아 옳고 그름을 가리는 사람은 단 한 명도 보지 못했다고 말해도 과언은 아니다. 이들이 실제 따르는 기준은 민족, 계층 또는 종파의 관습일 따름이다. 결국 이들은 한편으로는 실수를 저지를 리 없는 절대적 지혜가 내려준 윤리적 가르침을 받들어 자신을 다스릴 율법으로 삼는다면서, 다른 한편으로는 그저 관습에 따라 판단하고 행동한다. 이런 관습과 판단은 성서의 가르침 가운데 어떤 것과는 어느 정도 보조를 맞추지만, 다른 것과는 거리를 두거나, 심지어 정면으로 충돌하는 모양새도 심심찮게 보여준다. 결국 전체적으로 보면 기독교도가 말하는 율법은 한편에는 신앙, 다른 한편에는 세속적 이해관계와 유혹 사이에서 어정쩡하게 타협한 결과물이라는 인상을 지울 수 없다. 최우선 기준으로 삼아야 할 성경 말씀에 머리를 조아리면서, 진심으로 섬기는 것은 관습이다. 성경이 무어라 가르치던가. 복 있는 자는 가난하고 소외된 자이며, 부자가 천국에 가는 것은 낙타가 바늘귀를 통과하는 것보다 어렵다고 하지 않던가. 남에게 심판받고 싶지 않다면, 남을 심판하지 말라. 맹세하지 말라. 이웃을 네 몸과 같이 사랑하라. 누가 겉옷을 달라면 속옷까지 내주어라. 내일 일을 염려하지 말라. 완전한 사람이 되고자 하거든, 네 모든 소유를 팔아 가난한 자에게 나누어주라. 이런 가르침들을 믿는다고 하는 기독교인의 말이 거짓말은 아니다. 이들은 정말로 그 가르침을 믿는다. 마치 진짜 그 말씀 좋더라고 칭송하지만, 단 한 번도 진지하게 토론한 적이 없는 사람의 믿음처럼. 그러나 행동을 다스리는 생생한 믿음이라는 차원에서 보면, 이들은 성경 말씀을 세간의 관습이 허용하는 딱 그 지점까지만 믿는다. 다시 말해서 이들에게 성경 말씀은 고작해야 논쟁할 때 상대를 공격하는 무기에 불과하다. 또는 뭔가 칭찬받을 만한 행동을 자랑하고 싶을 때(그럴 기회가 있을 때마다), 성경 말씀이 그 행동의 동기였다고 으스대거나. 그러나 누군가 나서서 성경의 가르침은 실천할 엄두조차 내지 못할 무수히 많은 의무를 요구한다고 상기시켜 주면, 그 사람은 그저 잘난 척이나 일삼는 재수 없는 인간이라고 손가락질받는다. 이처럼 평범한 신도는 성경 말씀을 일종의 장식처럼 여길 뿐이다. 말씀에 습관적인 존경을 표하기는 하지만, 그 의미를 깊이 새겨 그대로 실천하며 살겠다는 절절한 감정은 찾아볼 수 없다. 그저 액자에 걸린 명문, 무슨 성공 공식처럼 써먹을 껍데기뿐인 공허한 글귀일 따름이다. 언제든 실천해야 할 때가 찾아오면, 이들은 대체 어디까지 그리스도를 따라야 하는지, A씨나 B씨 같은 주변 사람의 눈치만 본다.

하지만 이제 우리는 초기 기독교의 상황은 전혀 달랐음을 확인할 수 있다. 초기 기독교가 오늘날의 기독교처럼 껍데기뿐인 죽은 믿음이었다면, 그저 몇몇 홀대받던 유대인의 미미한 종파였던 기독교가 로마제국의 국교로 발돋움하는 일은 절대 일어나지 않았으리라. 초기 기독교를 박해하던 적조차 무어라 했던가. "이 기독교도들은 참으로 서로 사랑하는구나."(오늘날의 기독교를 보고 이런 말을 할 사람이 있을까?) 초기 기독교도는 이후 그 어느 때보다도 더 신앙의 의미를 생생하게 체감했음에 틀림없다. 그리고 아마도 바로 이 생생함을 잃었기에 기독교는 18세기가 지난 오늘날 그 세를 더 넓히지 못하고, 여전히 유럽과 그 후손에게 국한된 종교이리라. 심지어 교리를 진지하게 받아들이고 일반인보다 더 큰 의미를 부여하는 독실한 신자조차 칼뱅이나 녹스 또는 그에 견줄 만한 인물이 새롭게 다듬은 교리를 더욱 중시한다.* 이들은 그리스도의 말씀을 그냥 주어진 것으로 심드렁하게 받아들여, 듣기는 좋지만 좀 따분한 이야기로 여긴다. 특정 종파가 다른 여러 공인된 종파와 공유하는 교리보다 자기네 상징적 교리를 더욱 돋보이게 하고, 또 교육자가 그 의미를 생생하게 유지하려 많은 노고를 기울이는 데에는 의심할 바 없이 많은 이유가 있으리라. 하지만 한 가지 명확한 이

* Jean Calvin(1509~1564)은 스위스 출신의 종교 개혁가이다. 청빈을 강조한 교리로 개신교 발전에 크게 이바지한 인물이다. John Knox(1514~1572)는 스코틀랜드의 종교 개혁가로 장로교를 창시했다. - 옮긴이

유는 드러내놓고 반대하는 쪽에 맞서 교리를 활발하게 토론함으로써 생명력을 키우려 한다는 점이다. 교사든 학생이든 싸워야 할 적이 없다면, 그저 자기 자리나 지키며 졸 뿐이다.

일반적으로 말해 모든 전통적 가르침, 도덕과 종교뿐만 아니라 삶을 살아가는 처세의 지혜를 알려주는 가르침도 마찬가지이다. 어떤 언어로 쓰였든 모든 문학은 인생이 무엇이며, 어떻게 살아가야 하는지 알려주는 보편적인 관찰을 가득 담았다. 사람들은 이런 관찰을 반복적으로 들어 누구나 안다고 여기며, 토를 다는 일이 없이 잠자코 받아들이지만, 대개 아픈 경험을 겪고 나서 실제 현실이 되었을 때 그 참 의미를 깨닫는다. 예기치 못한 불행 또는 실망으로 아프기만 할 때, 평생 들어 익숙한 속담이나 격언을 떠올리며 그 의미를 미리 깨달았다면 이런 재앙은 피할 수 있었을 텐데 하며 가슴을 치는 일은 얼마나 흔한가. 사실 이런 후회는 토론의 부재 외에도 다른 여러 원인으로 빚어진다. 몸소 겪어 절절히 깨닫기까지 그 온전한 의미를 알 수 없는 진리는 많기만 하다. 하지만 설령 그런 진리라 할지라도, 사안에 밝은 사람들이 벌이는 "찬반양론"(pro & con)을 듣는 데 익숙했다면, 우리는 그 의미를 훨씬 더 잘 이해하고 가슴에 깊이 새겼으리라. 익히 아는 거라 더는 의심하지 않겠다며 생각을 멈추어 버리는 태도야말로 인류가 저지르는 태반의 잘못을 낳는 치명적 결함이다. 나와 같은 시대를 살아가는 어떤 작가는 "일단 확정된 의견의 깊은 잠"이라는 좋은 표현을 썼다.*

아니, 뭐라고? (누군가 이렇게 물으리라.) 만장일치가 참된 지식이 반드시 갖추어야 하는 조건이 아니라고? 몇몇 사람이 잘못된 생각을 계속 고집해야만 참된 진리를 깨달을 수 있다는 게 말이 되는 이야기인가? 어떤 믿음이 일반적으로 용인되는 순간, 그 믿음은 현실성과 생명력을 잃는다고? 어떤 명제는 조금이라도 의심이 남지 않아야 완벽하게 이해되는 게 아닌가? 그런데 오히려 의심해야만 의미가 생생해진다고? 인류가 만장일치로 어떤 진리를 받아들이는 순간, 인류 안의 진리는 소멸해 버린다니, 이게 대체 말이 되는 소리인가? 지성을 키울 최고의 목표이자 최상의 결과는 모든 중요한 진리를 남김없이 인정함으로써 인류를 갈수록 더 군건하게 통합하는 것이 아닌가? 그런데 이 목표를 성취하자마자 지성은 사라진다고? 정복의 열매가 완벽한 승리를 거두는 순간, 소멸한다니, 이게 대체 말이 되는 소리인가?

나는 그런 주장을 하지 않았다. 인류가 발전을 거듭하면서,

* 동시대 작가가 정확히 누구인지 밀은 언급하지 않았다. 하지만 학계는 해당 인물이 영국 작가이자 사상가 아서 헬프스(Arthur Helps, 1813~1875)일 가능성이 높다고 본다. 헬프스가 쓴 책 『한가한 시간에 쓴 에세이(Essays Written in the Intervals of Business)』(1841)를 보면 똑같은 표현이 나오기 때문이다. - 옮긴이

더는 논쟁이 되지 않거나, 의심할 필요가 없는 이론이나 의견은 꾸준히 늘어난다. 그리고 인류가 바람직한 삶을 누리고 있는가 하는 물음의 답은 논쟁의 여지가 없는 지점에 도달한 진리가 얼마나 많은지, 또 이 진리가 안정적인 무게감을 자랑하는지, 그 수와 중요성에 따라 달라진다. 하나의 사안에서 다른 사안으로 넘어가며 그동안 벌어진 진지한 논쟁을 잘 마무리하는 것은 의견이 공고하게 다듬어지는 데 꼭 필요한 조건이다. 물론 참된 의견이 이처럼 공고하게 마무리되는 일은 유익하지만, 오류에 사로잡힌 의견의 공고화는 심각한 폐해를 부른다. 다양한 의견의 범위를 좁혀가며 정설을 다지는 이런 과정은 불가피하면서도 필수 불가결하다는 이중의 의미에서 반드시 필요하다. 그러나 우리는 그 모든 결과가 유익하리라는 결론은 내릴 수 없다. 그럼에도 분명히 말할 수 있는 점은 반대편에게 진리를 설명하거나, 그들의 반대 논리를 반박하는 과정에서 얻어지는 혜택, 곧 진리에 생동감을 불어넣어 주는 혜택의 상실은, 진리가 보편적으로 인정받으며 생겨나는 유익함만큼은 못할지라도, 사소하다고 결코 볼 수 없는 손실이다. 활발한 토론의 이점을 더는 누릴 수 없을 때, 나는 인류의 교육자가 대안으로 제시해 온 여러 가상 토론 방식을 주목했으면 한다. 대안이란, 마치 반대편의 투사가 우리의 개종을 노리고 반론을 제기하는 것처럼 문제가 품은 여러 난점을 생생하게 의식하게 만들어 줄 장치이다.

그러나 이런 목적에 알맞은 대안을 찾기는커녕, 예전에 쓰던 장치마저 잃어버리는 안타까운 일이 자주 벌어진다. 예전의 훌륭한 방법 가운데 대표적인 예는 소크라테스의 문답이다. 플라톤의 대화편에 아주 탁월하게 묘사된 문답법은 철학과 인생의 주요 물음을 본질적으로 부정이라는 방법을 써서 살피는 토론이다. 이 토론은, 기존의 통념이 담은 상투적인 내용을 그대로 받아들이는 사람을 상대로 문답을 주고받으며 사실 아무것도 알지 못하고 있다는 점을, 곧 그 통념이 무엇을 뜻하는지 명확한 의미를 알지 못한다는 점을 일깨워 준다. 이는 상대에게 통념의 정확한 의미와 근거 모두를 명확히 파악하게 해줌으로써 정확히 무엇을 믿어야 좋을지 올바른 길을 가도록 인도해 주는 장치이다. 중세의 스콜라 논쟁도 비슷한 목표를 가졌다. 그 목적은 학생이 자신의 의견은 물론이고, (필연적인 상호관계에 따라) 그에 맞서는 반대 의견까지 확실하게 이해하고, 나아가 자신의 주장은 근거를 제시해 옹호하고, 상대 주장은 논파할 능력을 길러주는 것이었다. 물론 중세의 스콜라 논쟁이 채택한 경쟁방식에는 치명적 결함이 있다. 스콜라철학은 논의의 대전제를 이성이 아닌, 권위에서 끌어온다. 이 점에서 정신을 단련하는 방법으로 스콜라철학의 논쟁은 어느 모로 보나 '소크라테스학파'(Socratici viri)의 문답보다 뒤처진다. 그러나 오늘날의 지성은 양쪽 모두에게 일반이 인정하는 것보다 훨씬 더 큰 빚을 졌다. 작금의 교육방식은 양쪽 모두 조금이라도 필적할 수준을 보여주지 못한다. 모든 가르침을 스승이나 책으로부터 얻는 사람은, 벼락치기 공부로 만족하려는 고질적 유혹을 떨쳐버린다고 할지라도, 양쪽 의견을 모두 들을 엄두조차 내지 않는다. 심지어 사상가 사이에서도 양쪽 의견을 두루 챙기는 사람은 찾아보기 힘들다. 그리고 자신의 의견을 방어하려 내놓는 반론에서 가장 취약한 부분은 바로 반대자를 의식해서 하는 반박, 곧 반대를 위한 반대이다. 적극적으로 진리를 세우는 대신, 이론의 약점이나 실천의 오류를 지적하는 부정적인 논리를 깎아내리는 풍조는 오늘날 일종의 유행처럼 자리 잡았다. 그런 부정적 비판이 최종 결과물이라면 실제로 초라하기 짝이 없는 현실이기는 하다. 그러나 이름이 담은 가치에 손색이 없는 긍정적인 지식 또는 신념에 도달하기 위한 수단으로서의 비판은 아무리 높이 평가해도 지나치지 않다. 그리고 사람들이 이런 비판 능력을 다시 체계적으로 훈련하지 않는다면, 위대한 사상가는 거의 나오지 않으며, 수학과 물리학을 제외한 사유의 영역에서 지성의 전반적인 수준은 떨어질 수밖에 없다. 다른 어떤 주제에서든, 상대에게 맞서고 싶거나, 자발적으로 도전하거나, 아무튼 적극적인 논쟁을 벌이기에 필요한 사유 과정을 거치지 않은 사람의 의견은 지식이라는 이름을 누릴 자격이 없다. 없다면 정말 아쉽고, 만들어 내기에는 너무나 어려운 이런 비판적 사유 과정이 저절로 주어졌음에도, 이를 마다한다면 이보다 더 어처구니없는 일이 또 있을까! 그런데 사회의 통념에 맞서 이의를 제기한다거나, 법 또는 여론이 허락해서 기꺼이 반론을 펼치는 사람이 있다면 우리는 감사한 마음으로 그의 말을 귀담아들어야 한다. 우리 자신이 마땅히 해야 할 일을 누군가 자청해서 한다면, 우리의 신념에 확실성을 더하거나 생동감을 불어넣기를 진심으로 바란다면, 이 큰 수고를 감당해 주는 사람을 반색하며 맞아주어야 하지 않을까.

의견의 다양성을 존중해 주는 태도가 왜 유익한지 그 주요 원칙 하나를 아직 언급하지 않았다. 이 원칙은 현재로서는 얼마나 멀리 떨어져 있는지 가늠조차 되지 않는 수준으로 인류가 지적 발달을 이루기 전까지는 계속 유효하리라. 지금까지 우리는 두 가지 상황을 살펴보았다. 통념이 틀렸다면, 다른 의견이 결과적으로 참일 수 있는 경우 하나, 그리고 통념이 진리라면 반대편의 오류는 이 진리를 명확히 이해하고 가슴 깊이 새기게 해줄 수 있다는 점에서 오류와의 충돌이 꼭 필요하다는 다른 하나의 관점이다. 그러나 이 두 경우보다 더 일반적으로 나타나는 상황은 어느 한쪽의 주장만 옳고, 다른 쪽은 틀린 게 아니라, 양쪽 모두 옳은 측면을 담는 경우이다. 여론이라 할지라도 부분적인 진리만 나타내므로, 이를 보충할 비주류 의견은 꼭 필요하다. 눈으로 보거나 손으로 만져볼 수 없는 주제를 다루는 통념은 맞는 말을 할 때가 드물지 않게 있지만, 완전한 진리인 경우는 거의, 또는 전혀 없다. 통념은 진리의 일부이기는 하지만, 때로는 더 크게 부풀리거나, 때로는 턱없이 부족할 정도여서, 과장과 왜곡이 심하다. 게다가 이에 동반하는 다른 진리, 균형을 잡아주고 선을 넘지 않게 제동을 걸어야 할 다른 진리와 단절되었다는 점이 통념의 가장 큰 문제다. 반면, 비주류 의견은 흔히 억압되고 무시당해 온 진리, 전체는 아니더라도 일부 진리를 담은 경우가 많다. 대개 비주류 의견은 속박을 깨고 나와, 주류 의견에 포함된 진리와 화해를 모색하거나, 자신만이 옳다는 배타성으로 전체 진리인 양 행세한다. 지금까지 가장 자주 볼 수 있었던 경우는 서로 옳다며 다투는 갈등 양상이다. 갈등은 항상 일방적 주장이 충돌했을 뿐, 다양한 측면을 아우르는 포용을 보여준 경우는 드문 예외였다. 바로 그래서 혁명은 흔히 일부 진리를 가려버리고, 다른 부분을 떠오르게 했다. 심지어 보완을 사명으로 삼아야 하는 진보마저도 부분적이고 불완전한 진리를 더 잘 다듬기보다 다른 것으로 대체하는 일에만 매달렸다. 이렇게 이뤄진 개선은 주로 시대의 요구에 맞춘다는 구실로 기존 진리를 새로운 단편적 진리로 대체하는 데 그쳤다. 통설은, 설령 올바른 기초 위에 세워졌다고 하더라도, 일부 진리만 담고 있으므로, 여론이 놓친 진리의 단편을 조금이라도 담은 의견이라면 무엇이든, 진리를 가린 많은 오류와 혼란이 섞여 있다고 할지라도 귀중히 여겨야 마땅하다. 균형감을 갖춘 냉철한 판단력을 지닌 사람은 우리가 놓쳤을 수 있는 진리를 주목하도록 주의를 환기하는 상대방이, 우리가 보는 진리를 간과한다고 해서 분개하지는 않는다. 오히려 분별력을 가진 사람은 대중적 진리가 일방적인 한, 비주류의 의견 역시 일방적인 지지자를 갖는 편이, 그저 주류 의견만 강요하는 상황보다 더 바람직하다고 여기리라. 그런 지지자는 대개 매우 열정적이어서, 그들이 전체 진리라 내세우는 주장에 담긴 단편적 진리를 우리가 주목할 수 있게 해주기 때문이다.

이처럼 18세기에는 거의 모든 배운 자, 그리고 이들의 지도 아래 살아가던 못 배운 자는 이른바 '문명', 곧 근대의 과학과 문학과 철학의 경이로운 성취에 심취한 나머지, 근대는 고대와 다르다는 우월감에 사로잡혀, 그 모든 차이가 이 우월함을 증명한다는 생각에 사로잡혔다. 바로 그때 루소의 문명 비판이 한복판에서 터진 폭탄처럼 유익한 충격을 안겼다. 루소의 이런 역설이 안긴 충격은 대중의 일방적 여론을 해체해, 다른 측면들과 더 낫게 결합한 형태의 의견이 형성될 수 있게 해주었다. 당시의 지배적인 통설이 루소의 주장보다 진리와 더 멀리 떨어졌던 것은 아니다. 오히려 그 반대로 통설은 진리에 더 가까웠다. 통설은 더 많은 실증적 진리를 담았으며, 오류도 훨씬 적었다. 하지만 루소의 이론은 주류 의견의 흐름을 주도면밀하게 관찰하며, 정확히 통설에 빠진 진리를 상당히 많이 읽어내 제시했다. 이 진리는 말하자면 사상의 도도한 흐름이 남긴 퇴적물과 같았다. 자연이 아닌 인위적 사회의 속박과 위선이 무기력에 빠뜨리며 도덕적 타락을 부르는 것을 경고하며, 자연으로 돌아가 소박하게 사는 삶의 가치를 강조하는 루소의 생각은 이후 교양인의 마음속에서 사라진 적이 전혀 없다. 이런 생각은 때가 되면 마땅한 결실을 거두겠지만, 지금은 무엇보다도 힘주어 강조되어야 한다. 말이 아니라 행동으로 강조되어야 한다. 이 주제를 다루는 말은 수도 없이 강조되어 이미 힘을 잃었기 때문이다.

다시금 말하지만, 정치에서도 질서 또는 안정성을 중시하는 정당과 발전 또는 개혁을 중시하는 정당 모두 건강한 정치 생활에 없어서는 안 될 필수적인 요소라는 점은 이제 거의 상식이다. 안정이든 진보이든 정신적 지평을 넓혀 무엇을 지키고 어떤 것을 쓸어버려야 할지 구별할 능력을 갖춤으로써, 질서와 진보 모두를 추구하는 정당이 나타날 때까지 활발히 의견을 나누어야 한다. 안정이냐, 진보냐 하는 두 가지 사고방식은 각기 반대편의 결함으로부터 자신의 유용한 장점을 취한다. 그러나 각 진영은 바로 이런 대립 덕분에 이성과 건전한 상식의 선을 지킨다. 민주주의와 귀족주의, 부와 평등, 협력과 경쟁, 사치와 절제, 사회와 개성, 자유와 규율을 비롯해 현실의 삶에 항상 존재하는 모든 대립적 입장이 쌍방에게 동등하게 보장되는 자유 가운데 표현되며, 각기 재능을 유감없이 발휘해 주장되고 어느 쪽도 부족함이 없는 힘으로 방어될 때만, 양쪽 진영은 제 몫을 다할 기회를 잡는다. 저울은 한쪽이 기울면 다른 쪽은 올라갈 수밖에 없다. 인생을 살아가며 부딪히는 중대한 현실적 문제에서 진리란, 서로 대립하는 견해를 화해시키고 융합하는 가운데 찾아지는 경우가 너무나 많다. 정확함을 잃지 않으려는 자세로 공명정대하게 이런 조정을 해낼 능력을 갖춘 사람은 거의 없다고 보아도 무방하다. 결국 이 조정은 서로 적대적인 깃발 아래 싸우는 투사들의 거친 투쟁 과정을 통해 이뤄질 수밖에 없다. 방금 열거한 중요한 문제들, 답이 정해진 게 아니라 열려 있는 이런 문제들을 바라보는 두 가지 대립하는 의견 가운데 단순히 용납하는 수준을 넘어 격려해 주고 지지해 주어야 할 더 나은 자격을 갖춘 의견은 특정 시간과 장소에서 소수파의 의견이다. (이런 소수 의견은 시대와 공간이 바뀌며 진리의 자리에 올라선 경우가 허다하다.) 여기서 말하는 소수 의견은 당분간 무시당하는 이해관계, 곧 인간이 안녕을 누리는 데 필요한 여러 측면 가운데 그 본래 정해진 몫보다 적게 관심을 받을 위험에 처한 측면을 대변하는 의견이다. 나는 영국이 인간의 안녕과 관련한 대부분의 주제에서 의견 차이를 용납하지 않는 편협함이 없다는 점은 잘 알고 있다. 그럼에도 굳이 소수 의견을 격려하고 지지해 주어야 한다고 여러 사례를 들어가며 강조하는 이유는 중요한 보편적 사실, 곧 의견의 다양성을 존중해 주어야만 현재 인류의 지적 수준은 진리의 모든 측면에 공정한 기회를 부여할 수 있다는 사실 때문이다. 어떤 주제를 놓고 세상이 명확히 만장일치를 이룬 것처럼 보일 때라도, 이에 이의를 제기하는 사람이 있다면, 설혹 세상이 옳다 하더라도, 이 반대 의견에는 들어볼 가치가 충분한 무엇인가 존재한다. 그리고 이 소수 의견이 침묵한다면, 진리는 어떤 소중한 측면을 잃는다.

물론 반론은 제기될 수 있다. "하지만 다수가 인정하는 원칙, 특히 가장 숭고하고 지극히 중요한 주제를 다루는 원칙은 반쪽짜리 진리 그 이상이다. 예를 들어 기독교 도덕은 도덕이라는 주제에서 완벽한 진리이다. 그런데 누군가 이와 다른 도덕을 가르치려 든다면, 그의 말은 전적으로 잘못된 헛소리이다." 이런 반론은 실제로 가장 중요한 사례이므로, 의견의 다양성을 존중해야 한다는 나의 일반 원칙을 시험하기에 더없이 맞춤한 사례이다. 그러나 기독교 도덕이 완전한 진리다, 아니다를 말하기에 앞서 도대체 기독교 도덕이 무엇을 뜻하는지 하는 물음부터 살피는 게 바람직하다. 기독교 도덕이 신약성경에 묘사된 도덕을 뜻한다면, 나는 어떻게 성경을 읽은 사람이 그런 내용을 완벽한 도덕 체계라고 천명되었거나 의도되었다고 여기는지 의아할 따름이다. 복음서는 항상 기존의 도덕을 언급하면서, 어떤 부분을 바로잡거나, 보다 더 포괄적이고 숭고한 도덕으로 대체해야 하는지 특정한 계율을 이야기하는 데 치중한다. 더욱이 성경에 쓰인 용어는 극히 일반적인 언어라 종종 글자 그대로 해석하기가 곤란해서, 법조문 같은 정밀함보다는 시를 읽거나 웅변을 들을 때 같은 감동을 준다. 복음서를 기반으로 어떤 윤리 체계를 세우는 일은 구약성경, 실제로 도덕을 상세히 다루기는 하지만, 어느 모로 보나 야만 민족을 염두에 둔, 아니 야만인을 위해서만 쓴 게 틀림없는 구약성경의 내용으로 보충하지 않고서는 생각하기 힘들다. 교리를 유대교 방식대로 해석하는 것을 공공연히 반대한 사도바울조차 마찬가지로 기존의 도덕, 곧 그리스와 로마의 도덕을 참조해 가며 윤리 체계를 세웠다. 사도바울이 기독교도에게 일러준 충고는 상당 부분 그리스와 로마 도덕과 타협해 가며 만들어 낸 도덕 가르침이다. 심지어 사도바울은 노예제를 외견상 인정하는 발언도 했다. 세상은 기독교 도덕이라 부르지만, 사실 정확한 표현은 신학 도덕이라야 한다. 이 도덕은 그리스도 또는 사도들의 작품이 아니라, 훨씬 더 후대에, 곧 첫 5세기에 걸쳐 가톨릭교회가 점진적으로 세운 것이기 때문이다. 물론 이 도덕 체계를 개신교도와 근대인이 무조건적으로 받아들이지는 않았지만, 의외로 별로 수정하지 않고 그대로 수용했다. 사실, 개신교도와 근대인은 중세에 덧붙여진 내용을 솎아내는 데 만족했을 뿐이다. 그리고 각 종파는 그 빈 자리에 고유한 취향과 성격에 맞는 새로운 첨가물을 채웠다. 인류가 이 도덕과 그 초기 스승들에게 큰 빚을 졌다는 점을 부인하지는 않겠다. 하지만 나는 이 도덕이 많은 중요한 대목에서 불완전하며 일방적이라고 주저 없이 말할 수 있다. 이 도덕이 용납하지 않은 사상과 감정이 유럽인의 삶과 인격 형성에 지대하게 이바지했다는 점을 고려하면, 기독교 도덕만으로 인류 역사는 지금보다 훨씬 더 열악한 상태에 머물렀을 게 틀림없다. 기독교 도덕(세상이 그렇게 부르는 도덕)은 반작용이라는 현상의 모든 특징을 고스란히 보여준다. 기독교 도덕은 대부분 이교도 관습을 거부하는 저항이다. 긍정적이기보다 부정적이며, 적극적이기보다 수동적이다. 드높이 서는 고결함보다는 순결함을 강조한다. 선을 활발하게 추구하기보다 악을 저지르지 않을 금욕을 강조한다. 그 계율은(익히 알려졌듯) "너는 ~하라"가 아니라, "너는 ~하지 말라"는 부정적인 어투로 가득하다. 감각적 쾌락을 죄악시하고 이런 죄를 짓지 않도록 공포 분위기를 조장하면서 기독교 도덕은 금욕주의를 이상으로 떠받들었다. 비현실적인 극단적 금욕주의를 실천하기 어려웠던 사람들은 점차 적당히 타협하면서 기독교 도덕을 형식적 율법으로 변질시켰다. 기독교 도덕은 천국에 오를 수 있다는 희망을 부추기고, 지옥이 무섭지도 않냐고 위협하면서 덕을 쌓는 삶을 살라고 권장한다. 이는 고대의 가장 뛰어난 사상가가 다듬은 도덕에 한참 못 미치는 수준이다. 무엇보다도 심각한 점은 인간 도덕에 본질적으로 이기적인 특성을 심어주었다는 사실이다. 이로써 사람들은 이웃의 이익을 배려해야 한다는 의무감을 무시했다. 물론 이웃을 돕는 것이 자신에게 이익이 되는 경우는 예외에 해당한다. 기독교 도덕은 본질적으로 수동적 복종의 교리이다. 이 교리는 모든 기존의 권위에 복종하라고 가르친다. 물론 종교가 금지한 행위를 명령하는 권력자에 적극적으로 복종해서는 안 되지만, 우리 자신에게 아무리 부당한 해악이 가해지더라도, 권위에 저항하거나, 하물며 반란을 일으켜서는 안 된다고 교리는 강조한다. 그리고 가장 뛰어났던 고대 이교 국가들, 곧 그리스나 로마의 도덕은 국가에게 지켜야 할 의무를 지나치게 강조한 나머지 개인의 자유를 침해할 정도였던 반면, 기독교 전통에 충실한 윤리는 공동체에 의무를 다해야 한다고 거의 언급하지 않는다. "어떤 통치자가 자신이 다스리는 영토 안에 더 나은 자격을 갖춘 사람이 있음에도, 다른 남자를 공직에 임명한다면, 이는 신과 국가에 죄를 짓는 행위이다." 이 구절은 신약성경이 아니라, 코란에 나온다. 오늘날의 도덕이 공동체에 의무를 다하라고 강조하는 대목은 기독교가 아니라, 그리스와 로마로부터 전래한 윤리이다. 우리 시대에서 심지어 개인이 키워야 마땅한 도덕, 이를테면 관대함, 고결한 정신, 개인의 존엄, 더 나아가 명예는 종교가 가르쳐 준 게 아니라, 순전히 휴머니즘의 산물이다. 이런 덕목들은 오로지 복종만이 유일한 가치라고 공공연히 천명하는 윤리에서는 결코 키워질 수 없다.

나는 이런 결함들이 기독교 윤리에 필연적으로 내재해 있다고 주장할 생각은 조금도 없다. 또 기독교 윤리에서 찾아볼 수 없는 어떤 완전한 도덕 계율을 구성하는 필수요건이 기독교 윤리와는 조화를 이룰 수 없다고 생각하지도 않는다. 더욱이 그리스도의 말씀과 가르침 자체에 이런 결함이 있다고 암시하려는 것도 아니다. 나는 그리스도의 말씀을 애초에 그 말을 할 때의 의도에 충실하게만 받아들여야 한다고 믿는다. 그리스도의 말씀은 도덕의 포괄적 요구와 얼마든지 조화를 이룰 수 있을 정도로 열려 있다. 그리고 세상의 모든 뛰어난 윤리가 보여주는 강점은 그리스도 말씀과 어렵지 않게 통합될 수 있다. 혹자는 그런 억지가 어디 있냐며, 그처럼 억지로 끌어다 붙이는 것은 그리스도 말씀을 훼손하는 폭력이라고 비난한다. 하지만 지난 수 세기 동안 예수의 말씀을 농단하며 억지로 실천적 윤리 체계를 세운 교회와 신학자만큼 폭력적이기야 하겠는가. 그러나 나는 그리스도의 말씀은 믿지만, 이 말씀이 모든 진리를 남김없이 담았다고 믿지는 않는다. 최상의 도덕이 중시하는 많은 본질적 요소, 이를테면 앞서 살펴본 인간의 존엄성과 명예 또는 공동체에 봉사하는 의무 같은 가치를 기독교 창시자의 기록된 말씀은 다루지 않았으며, 또 다룰 의도도 없었다고 봐야 정확하다. 당시와 오늘날의 상황은 다르기 때문이다. 그런데 기독교 교회는 그리스도의 말씀을 토대로 삼아 윤리 체계를 세운다면서 오로지 그리스도 말씀만 옳다는 폐쇄성으로 그 말씀에 담긴 개방성을 내팽개치고 말았다. 사정이 이러하므로, 나는 기독교 교리 안에서 우리 인생의 완전한 지침을 찾으려 고집하는 태도는 중대한 오류라고 생각한다. 이 교리의 창시자는 기독교 교리를 승인하고 이를 실천하도록 격려했을 뿐, 완전한 지침을 남김없이 제공하지는 않았으며, 오로지 그 일부만 제공했기 때문이다. 나는 또한 기독교 윤리만이 옳다는 편협한 이론이 심각한 실질적 해악을 부르고 있다고 믿는다. 이 이론은 선의를 가진 많은 사람이 이제야 비로소 중요성을 인지하고 올바로 바로잡으려는 도덕 교육과 훈련의 가치를 훼손하기 때문이다. 나는 오직 종교로만 정신과 감정을 훈육하려 드는 통에 저 '세속의 기준'(달리 마땅한 이름이 없어, 이렇게 부르지만), 곧 존엄과 명예와 의무를 중시하는 기준이 기독교 윤리를 보완하지 못하고 폐기됨으로써 비천하고 비굴하며 복종만 중시하는 노예근성이 나타나지 않을까 심히 우려한다. 노예 근성에 사로잡힌 인격은 '지존의 의지'(the Surpeme Will)는 따르지만, '지고의 선'(the Supreme Goodness)이라는 개념에는 이르지 못하며,

이에 공감할 능력도 없다. 나는 오로지 기독교로부터 발전한 게 아닌 다른 윤리가 기독교 윤리와 나란히 공존하며 나아가야만 인류의 도덕적 쇄신이 이뤄질 수 있다고 믿는다. 그리고 기독교 역시 인간 정신은 불완전하다는 점을 고려할 때, 진리의 갈망은 의견의 다양성을 요구한다는 철칙에서 예외일 수 없다. 기독교에 담기지 않은 도덕 진리를 무시하지 말라는 말이 기독교 진리는 무시해도 좋다는 뜻은 아니다. 그런 편견 또는 넘겨짚음은 심각한 해악이다. 그러나 이 해악은 피하고 싶다고 해서 피할 수 있는 게 아니며, 지고의 선에 이르기 위해 치러야만 하는 대가이다. 편견은 피해야 하는 게 아니라, 깨야 하는 것이기 때문이다. 편견을 깨려는 자세는 의견의 다양성을 인정한다. 그저 부분적인 진리를 전체라고 꾸며대는 허세는 반드시, 그리고 마땅히 항거의 대상이 되어야만 한다. 항거의 반작용으로 항거자가 부당한 대우를 받는다 해도, 한쪽의 편향이 다른 쪽의 편향과 마찬가지로 개탄스럽기는 해도, 우리는 반대편의 존재를 반드시 인정해야만 한다. 기독교 교인이 비신자에게 기독교를 공정하게 대하라고 가르치고 싶다면, 기독교인 스스로 비신앙을 공정하게 대접해야 한다. 문헌의 역사에 지극히 평범한 지식을 갖춘 사람이라면 누구나 아는 사실, 곧 고결하며 가장 귀중한 도덕적 가르침을 베풀어 준 책은, 기독교 신앙을 몰랐던 사람뿐만 아니라, 기독교 신앙을 잘 알면서 거부했던 인물의 작품이라는 사실을 외면한다고 해서 진리에 아무 도움이 되지 않는다.

나는 모든 가능한 의견을 표명할 무제한적인 자유가 종교나 철학의 분파주의에 종지부를 찍어주리라고 보지 않는다. 편협한 지성의 소유자는 자신이 진지하게 매달리는 모든 진리를, 마치 세상에 다른 진리는 없는 것처럼, 또는 그 어떤 제한이나 조건을 용납하지 않을 것처럼, 강변하고 다른 사람에게 주입하려 들며, 심지어 어떻게든 현실에 적용하려고 든다. 나는 자유로운 토론이 분파를 형성하는 의견의 경향을 치유할 수 없을 뿐만 아니라, 오히려 더욱 악화하고 고조시킬 수 있음을 인정한다. 마땅히 읽어냈어야 하지만, 보지 못한 진리는 적으로 간주되는 사람이 주장한다는 이유로 한층 더 격렬하게 거부당한다. 그러나 이런 의견 충돌로 진짜 혜택을 얻는 쪽은 서로 열을 올려 싸우는 쪽이 아니라, 차분하고 초연하게 참관하는 사람이다. 가공할 해악은 부분적 진리 사이의 격렬한 충돌이 아니라, 그 어느 한쪽이 알게 모르게 당하는 억압이다. 희망은 양쪽 모두 차분히 들어볼 때 솟아난다. 오로지 한쪽에만 귀를 기울일 때, 오류는 편견으로 굳어지고, 진리는 마구 부풀려져 가식의 껍데기를 쓰고, 그 진정한 힘을 잃는다. 그리고 양쪽 진영 가운데 어느 한쪽만 변호인이 나와 있는 상황에서 현명한 판단을 내릴 정신 능력의 소유자는 드물기만 하다. 따라서 진리는 모든 측면의 각기 다른 의견이 저마다 분파를 거느리고 변호인을 내세울 때, 더 나아가 정말 경청하고 싶은 마음이 들 정도로 성실한 변론을 펼치는 정도에 비례해 기회를 잡는다.

인류의 정신적 안녕(다른 모든 행복의 근간이랄 수 있는 정신적 안녕)을 위해 의견의 자유, 그리고 의사 표현의 자유가 필수적이라는 점을 이제 우리는 네 가지 뚜렷한 근거로 확인했다. 이 네 가지 근거를 간략하게 되짚어 보기로 하자.

첫째, 침묵을 강요당하는 어떤 의견은 얼마든지 진리일 수 있다. 이런 가능성을 부정하는 것은 우리가 오류를 저지를 리 없다고 여기는 태도와 다르지 않다.

둘째, 침묵하도록 강요당한 의견은 물론 틀렸을 수 있다. 그래도 이 의견에는 일부 진실이 포함되어 있을 수 있으며, 또 실제 그런 경우는 매우 흔하다. 그리고 어떤 주제든 일반적이거나 지배적 의견이 완벽한 진실인 경우는 거의 없으므로, 서로 다른 의견이 충돌할 때만 나머지 진리가 채워질 수 있다.

셋째, 설령 사회적으로 널리 받아들여지는 통념이 일부 사실과 부합할 뿐만이 아니라, 완전한 진실이라 할지라도, 이를 주제로 활발하고도 진지한 토론이 이뤄지지 않는다면, 대다수 국민은 합리적 근거가 무엇인지 포괄적 이해 또는 깊은 공감이 없이 통념을 일종의 편견으로 굳히게 마련이다. 그리고 이에 그치지 않고, 넷째, 통념에 담긴 본래적 의미는 힘을 잃거나, 아에 상실될 위험에 처한다. 결국 통념은 인격과 행동에 조금도 생생한 영향력을 발휘할 수 없다. 그저 껍데기만 남은 고정관념은 선善을 이룰 힘을 잃고, 쓸데없이 자리만 차지하면서, 이성적 성찰 또는 개인적 경험으로 얻는 진정한 확신, 진심에서 우러나오는 확신이 자라나지 못하게 방해하는 걸림돌이 될 따름이다.

의견의 자유라는 주제를 다룬 논의를 마치기 전에, 모든 의견의 자유로운 표현은 품위를 잃지 않는 온건한 태도로 이뤄져야 할 공정한 토론의 선을 넘지 않아야 한다는 조건 아래서만 허용되어야 한다는 주장을 잠시 살펴보도록 하자. 그런 경계를 긋기가 불가능에 가깝다는 근거는 헤아리기 힘들 정도로 많기만 하다. 그 기준이 공격받는 쪽의 불쾌감이라고 한다면, 공격이 강력해서 구석으로 내몰릴 때마다, 뭐라고 답하기가 힘들어질 때마다, 그래서 감정이 격해져 논리적으로 대응하기 어려울 때마다, 토론은 온건하게 이뤄지지 않는다고 나의 경험은 확인해 준다. 불쾌감이 이성적 토론의 경계를 정하는 문제에서 무시할 수 없는 요소이기는 하지만, 이 문제는 더욱 근본적인 차원에서 살펴야만 한다. 아무리 참인 의견이라 할지라도 이를 주장하는 태도는 의심할 바 없이, 불쾌감을 자극할 수 있으며, 이런 자극적인 태도는 심한 비난을 받아 마땅하다. 그러나 토론을 감정적으로 흐르게 하는 주요한 잘못된 공격 태도는 그 책임을 입증하기가 까다롭기만 하다. 공격자가 자기편을 의식하고 감정적 비난을 노골적으로 일삼는 태도, 우발적으로 의도를 드러내는 태도를 보이지 않는 한, 토론은 말꼬리 잡는 말싸움에 그칠 수밖에 없다. 잘못된 공격 태도의 주요 사례는 궤변을 늘어놓거나, 자신에게 불리한 사실이나 논거를 숨기거나, 사건의 핵심을 교묘하게 비틀거나, 상대의 의견을 멋대로 왜곡하는 따위의 태도이다. 하지만 이 모든 행위, 궤변을 늘어놓거나 왜곡을 일삼는 행위는, 심지어 극심한 경우라 할지라도, 완벽한 선의로 저질러지는 사례는 꾸준히 관찰된다. 이들은 무식하거나 무능한 사람이 전혀 아니다. 이들의 왜곡 행위를 충분한 근거를 가지고 도덕적으로 비난받아 마땅하다고 규정하는 일은 굉장히 까다롭다. 논점과 근거와 태도와 감정이 교묘하게 얽혀서 자칫 잘못 건드렸다가는 역공을 받을 수 있기 때문이다. 하물며 법적 대응 운운하는 개입은 문제를 더욱 꼬이게 할 뿐이다. 흔히 말하는 과열된 토론, 곧 독설과 비꼼과 인신공격이 난무하는 토론에서 이런 무기를 양측에 공평하게 금지하자는 제안은 원칙적으로 나무랄 데 없다. 하지만 현실은 다르다. 사람들은 소수 의견이 다수 의견을 공격할 때만 이런 무기 사용을 문제 삼는다. 반대로 다수 의견이 소수를 겨눠 공격할 때, '솔직하고 열정적이다', '정의로운 분노를 표했다'는 식으로 추켜세우는 말은 너무나 자주 듣는 것이다. 이런 무기의 사용으로 발생하는 해악 가운데 최악의 피해는 사회적 약자, 비교적 방어 능력이 없는 쪽이 입는다. 이로써 생겨나는 부당한 이득의 최대 수혜자는 언제나 오로지 통념, 사회적 다수 의견이다. 논쟁에서 저질러지는 최악의 공격은 반대편의 사람을 부도덕하다고 낙인찍으며 그 의견을 들어볼 필요조차 없다고 밀어붙이는 비열함이다. 이런 종류의 중상모략에 특히 취약한 쪽은 언제나 비주류 의견, 곧 소수 의견이다. 이들은 일반적으로 영향력이 없는 소수라서, 부당한 대우를 당한다고 거의 아무도 관심을 보이지 않기 때문이다. 무엇보다도 중상모략이라는 무기는 다수를 공격하는 소수에게 본질적으로 허용되지 않는다. 소수는 이렇게 공격하면서 자신의 안전을 심각하게 우려해야 할 뿐만 아니라, 설령 실행에 옮긴다 해도, 오히려 자신의 대의 전체에 해를 끼치는 부메랑이 되어 돌아온다는 점을 익히 알기 때문이다. 일반적으로 통념에 맞서는 소수 의견은 연구를 거듭해 단어를 신중하게 골라가며 불필요한 공격을 자제하는 표현을 해야만 간신히 대중의 주목을 받는다. 이 신중한 태도에서 조금이라도 벗어나면, 소수 의견은 거의 예외 없이 입지를 잃는다. 반면, 다수 의견 쪽이 거침없이 쏟아내는 무분별한 독설과 비난은 소수 의견을 경청하지 못하게 막을 뿐만 아니라, 이를 공개적으로 지지하는 선택을 노골적으로 방해한다. 그러므로 진리와 정의를 위해 소수 의견을 향한 독설을 제지하는 것이, 다수 의견을 향한 독설을 제지하는 것보다 훨씬 더 중요하다. 그리고 예를 들어, 종교를 겨냥한 비난을 막으려 난리를 피울 게 아니라, '나는 신을 믿지 않는다'고 선언하는 사람을 향한 공격과 독설을 막는 것이 훨씬 더 중요하고 시급한 일이다. 법과 권력이 다수나 소수 어느 한쪽을 제한하는 개입은 절대 일어나서는 안 되는 일이라는 점은 명백한 사실이지만, 의견은 어떤 것이든 그 개별 사안의 구체적인 상황을 살펴보고 평가해야만 한다. 다수이든 소수이든 상관없이 토론의 당사자가 솔직하지 않다거나, 악의적이라거나, 편협하고 비관용적인 태도를 보인다면, 우리는 그를 비난해야만 한다. 그러나 단지 반대편이라는 이유만으로 이런 나쁜 점을 가졌다고 추측하는 것은 곤란하다. 그리고 상대가 어떤 의견을 가졌든, 침착하게 관찰하고 그 의견을 정직하게 평가하며, 그가 가진 불리한 점을 과장하지 않고, 유리한 점을 숨기지 않고 인정할 줄 아는 사람은 우리의 존경을 받아 마땅하다. 이것이야말로 사회의 공적 담론이 지켜야 할 진정한 도덕이다. 물론 현실은 이 도덕을 자주 무시하기는 한다. 그렇지만 나는 많은 논객이 이 원칙을 상당 부분 지키려 노력하며, 양심으로 원칙을 지켜내고자 애쓰는 사람은 훨씬 더 많다는 점을 생각하면 기쁘고 행복한 마음이다.

제3장

개성, 사회 발전의 근본 초석

지금까지 우리는 왜 인간이 자신의 의견을 자유롭게 형성하고, 또 어떤 제한도 없이 표현할 수 있어야만 하는지, 그 근거를 살펴보았다. 만약 생각과 표현의 자유가 허락되지 않거나, 개인이 억압에 맞서 그 자유를 쟁취하지 못한다면, 결국 인간의 지성은 물론이고 도덕성까지 심각하게 망가질 수밖에 없다. 이제 똑같은 근거가 의견을 실행에 옮길 자유에도 적용되는지 살펴보도록 하자. 인생을 살며 자기 생각을 아무런 방해, 물리적으로든 도덕적으로든 주변 사람으로부터 아무 방해를 받지 않고 실행에 옮길 자유는, 그에 따른 책임과 위험을 당사자가 감당하는 한, 인정되어야 마땅하다. 책임과 위험을 스스로 감당해야 한다는 조건은 물론 반드시 지켜져야만 한다. 생각의 자유만큼이나 행동도 무제한의 자유를 누려야 한다고 여기는 사람은 아무도 없다. 반대로 의견일지라도 그 어떤 해로운 행위를 부추긴다면, 곧 의견의 표현이 특정 상황에서 그런 행위를 적극적으로 선동한다면, 면책특권을 잃어야 한다. 이를테면 '곡물 상인은 가난한 사람을 굶겨 죽인다' 또는 '사유재산은 남에게 훔친 것이다' 하는 따위의 의견이 언론을 통해 유포되는 일은 방해받지 않아야 마땅하다. 하지만 곡물 상인의 집 앞에 몰려든 군중에게 이렇게 외친다거나, 이런 구호가 적힌 플래카드로 군중을 자극하는 의사 표시는 처벌의 대상이 될 수 있다. 그리고 이런 법적 처벌은 정당하다. 어떤 종류든 타인에게 위해를 가하는 행동은 비판적 여론으로 통제해야만 하며, 더 심각한 사안에서는 필요하다면 사회의 적극적 개입으로 처벌해야만 한다. 요컨대, 개인의 자유는 타인에게 피해를 끼치지 않는 선에서 허용되어야 한다. 그러나 타인이 관련된 일에서 그들에게 피해를 주지 않는다면, 그리고 오로지 자기 일에서 성향과 판단에 따라 행동한다면, 사상의 자유가 보장되어야 하는 똑같은 논리로, 피해를 주지 않는 선에서 자신의 책임 아래 생각을 행동에 옮기는 자유 또한 보장되어야 한다. 공동체라고 해서 절대 오류를 저지르지 않는 존재는 아니다. 공동체가 진리라 여기는 의견은 대개 반쪽짜리 진리이다. 따라서 상반된 의견들을 완전히 자유로운 가운데 철저히 비교하지 않는 한,

의견 통합은 바람직하지 않다. 다양성은 악이 아니라 선이다. 다양성을 존중할 때만 공동체는 진리의 모든 측면을 한층 더 충실하게 살필 수 있다. 그러므로 다양성의 존중이라는 원칙은 사상에 못지않게 행동에도 적용되어야만 한다. 공동체는 다양한 의견이 혼재하는 게 당연할 정도로 불완전하기에, 인생을 살아갈 다양한 실험 역시 존중해 주어야 한다. 다재다능한 인물이 타인에게 피해를 주지 않는 한도 내에서 자신이 적절하다고 여기는 삶의 방식을 마음껏 시도할 수 있어야만 실제 그 재능의 가치가 증명될 수 있다. 요컨대, 타인을 배려한다는 조건 아래서 개성은 마음껏 발휘되는 것이 바람직하다. 반대로 개성이 아니라, 타인의 전통 또는 관습이 인간 행동을 지배하는 사회에서는 인류 행복을 보장할 핵심 요소, 곧 개인과 사회 발전의 주된 동력이 생겨나지 않는다.

개성을 자유롭게 발전시킬 수 있어야 한다는 원칙을 지켜나가는 데 있어 가장 큰 어려움은 이미 인정된 목표, 곧 개성의 다채로운 발전이라는 목표를 이룰 수단, 즉 자유와 관용이 왜 중요한지 이해시키는 데 있지 않다. 진짜 문제는 사람들이 이 목표에 보이는 무관심이다. 사람들은 그저 사회적 관습과 전통과 여론에 순응하며 사는 인생을 편안하며 가치 있는 삶으로 여길 뿐이다. 개성의 자유로운 발전이 건강한 사회를 이룰 중요한 본질 가운데 하나라면, 더 나아가 문명, 교양, 교육, 문화와 어깨를 나란히 하는 가치일 뿐만 아니라, 이 모든 것을 이룰 필수전제조건이라면, 자유의 가치가 과소평가될 위험은 없으리라. 또한 자유와 사회적 통제 사이의 경계를 분명히 정하는 일 역시 그리 어렵지 않다. 그러나 안타까운 현실은 자발적 개성, 곧 개인이 흔쾌히 개성을 드러내는 자유를 사회 통념은 그 어떤 내재적 가치를 지닌 것으로 존중하지 않으려 한다는 점이다. 지금 그대로의 공동체에 만족하는 다수(공동체 덕분에 누리는 게 많은 다수)는 사회의 통념이 도대체 왜 모든 사람에게 좋지 않다는 건지 이해할 수가 없다. 더욱이 이런 보수에 맞서 사회와 도덕을 개혁하겠다는 세력도 개인의 자발성을 질시의 눈초리로 바라보며 성가시고 반항적인 장애물로 여긴다. 개혁 세력은 인류에게 최선이라고 판단한 개혁안을 밀어붙이려면 무엇보다도 단결을 과시해야 한다는 생각에 사로잡힌 나머지 개인의 자발성을 방해물로 바라보기 때문이다. 석학이자 정치가로 드높은 명성을 자랑한 빌헬름 폰 훔볼트가 쓴 한 편의 논문은 안타깝게도 독일 바깥에서 그 의미를 알아봐 주는 사람을 거의 만나지 못하고 있다. "인간의 목적, 애매하고 일시적인 욕망이 아니라, 이성의 영원불변한 명령이 미리 규정한 인간의 목적은 모든 힘을 기울여 최고의 발달, 가장 조화로운 발달로 하나의 완전하고 일관된 전인격을 이루는 것이다." 바로 그래서 "인간은 누구나 부단히 노력을 기울여, 특히 주변 사람에게 선한 영향력을 줄 수 있도록 두 눈 부릅뜨고 개성의 역량을 키우는 발전을 이뤄야 한다." 이런 노력에 반드시 갖춰져야 하는 두 가지 필수 조건은. "자유 그리고 상황의 다양성"이다. 자유와 다양성이 결합할 때 "개성의 활력과 다채로움"이 생겨나며, 이런 결합이야말로 "독창성"의 원천이다.*

그러나 폰 훔볼트의 생각에 익숙하지 않아, 개성에 그처럼 높은 가치를 부여하는 게 놀라울 수 있을지라도, 개성의 발현이 중요하다는 점은 정도의 차이는 있지만 누구나 인정하리라. 타의 추종을 불허하는 탁월한 행동을 개성의 발현이라 여기기는 하지만 사람들은 어느 정도까지 남을 모방하지 말아야 하는지는 각기 다르게 보기 때문이다. 개성을 그다지 중시하지 않는 사람일지라도 인생을 살며 관심사를 처리하면서 자신만의 판단 또는 개성을 전혀 반영해서는 안 된다고는 아무도 생각하지는 않는다. 반면에 사람은 세상에 태어날 때 백지상태

---

* (원주) 훔볼트, 『정부의 범위와 의무』, 11~13쪽.[이 글에서 우리는 "독일 바깥에서"라는 표현을 주의해 읽어야 한다. 독일은 생각할 줄 아는 인간의 이성이야말로 경험이 아닌, 자발적으로 우러나는 자유의 표현이라는 이른바 '이상주의'(Idealism, '관념론'은 잘못된 번역어이다)를 키워냈다. 이 전통 선상에서 훔볼트는 '빌둥'(Bildung, 교양), 곧 교육을 통한 인격의 완성을 최고 가치로 여겼다. 그러나 영국은 경험주의와 공리주의처럼 실용적 문제에 주로 관심을 가진 탓에, '개인의 내면적 완성' 같은 주제는 별로 다루지 않았다. 밀은 은근슬쩍 "독일 바깥에서"라고 쓰며 자유가 곧 인격 완성의 본질적 바탕이라는 중요한 생각을 영국인들이 좀 알아주었으면 좋겠다고 꼬집는다. 다시 말해서 자신은 독일 사상과 영국 사상을 모두 아우르는 경지에 올랐다고 선언하는 일종의 전략적 표현이다. - 옮긴이]

인 만큼 오로지 개성이 원하는 대로 살아야 한다거나, 경험이 어떤 생활방식 또는 행동 방식이 더 나은지 알려준 게 없으므로 그때그때 마음 가는 대로 살아도 좋다고 여길 사람 역시 아무도 없다. 젊었을 때 인류가 쌓은 경험의 확실한 성과를 깨우치도록 교육과 훈련을 받는 것이 유익하다는 점을 부정할 사람은 없다. 그러나 능력이 성숙한 단계에 이르러 자신의 고유한 관점과 방식으로 경험을 해석하고 활용하는 자세는 인간이 누려 마땅한 특권이다. 기록된 경험 가운데 어떤 것이 자신의 환경과 성격에 맞는지 알아내는 일은 각자의 몫이다. 다른 사람의 전통과 관습은 경험으로 배운 것 가운데 그만하면 충분하다고 확인한 증거의 결과물이다. 확실하지는 않지만, 그 정도면 믿을 만하다고 여기는 추정적 증거 역시 존중받을 자격을 가진다. 하지만 그런 경험은 편협하거나, 올바로 해석되지 않았을 수 있다. 둘째, 해석은 정확할 수 있지만, 자신과 맞지 않는 경험도 존재한다. 관습은 습관을 중시하는 성격과 환경과 맞는다. 역으로 환경과 성격이 관습과 맞지 않을 수도 있다. 셋째, 나무랄 데 없이 좋고 잘 맞는 관습일지라도 인간의 독특한 자질로 키워지거나 교육되기에 적절하지 않은 경우도 얼마든지 생각할 수 있다. 지각, 판단, 분별력, 정신 활동 그리고 도덕적 선호와 같은 인간의 능력은 선택이라는 과정을 통해서만 연마된다. 관습이라서 따른다는 사람은 선택을 모른다. 이는 곧 무엇이 최선인지 가려보고 욕구하는 훈련을 못 한다는 것을 의미한다. 무엇이 옳은지 가려보는 도덕적 판단을 내릴 정신력은 근육과 같아서 써야 힘을 키운다. 그저 남이 한다는 이유로 그대로 따라 하는 사람은 자기 능력을 전혀 연마하지 못한다. 남이 믿는다고 맹목적으로 따라서 믿는 사람에게 우리가 무엇을 기대할 수 있을까. 어떤 의견의 근거가 자신의 이성을 전혀 설득하지 못하는 데도 그런 의견을 받아들인다면, 이성은 전혀 힘을 얻지 못하고 허약해진다. 어떤 행동을 하도록 유인하는 동기가 당사자의 감정 및 성격과 어긋난다면, 그 감정과 성격은 활기를 잃고 무기력하게 마비될 뿐이다(물론 내키지 않지만, 사랑하는 사람을 위해 과감히 나선다거나, 다른 사람의 권리를 지켜주는 경우는 다르다). 세상 또는 자기 주변의 환경이 시키는 대로 인생을 살겠다고 하는 사람이 흉내나 낼 줄 아는 원숭이보다 무슨 더 나은 능력이 있을까. 스스로 인생 계획을 선택하는 사람은 자신이 가진 모든 능력을 아낌없이 쏟아붓는다. 관찰하고, 추론하며 앞날을 내다볼 자료를 모아 어떤 것이 필요할지 변별력을 키우며 신중한 결정을 내리고 이를 확고하게 유지하기 위해 굳건한 의지와 자제력을 발휘하는, 그야말로 최선을 다하는 자세로 능력은 발전을 거듭한다. 그리고 이런 자질들은 자신의 고유한 판단력과 감정으로 결단을 내리는 영역이 크면 클수록, 정확히 그 크기에 비례해 연마되며, 적재적소에 활용된다. 물론 이런 능력들이 없이도 해로운 길을 가지 않고 선한 길로 인도되는 사람이 없지는 않다. 하지만 자발적으로 능력을 키워 온전한 인격체로 성장한 인간의 드높은 가치에 그저 우연히 좋은 길을 걸어온 인생이 비교 상대가 될 수 있을까? 인간은 무슨 일을 하는지만이 아니라, 그 일을 어떤 방식으로 해내느냐, 곧 자율과 책임을 중시하는 온전한 인품으로 최선을 다하는가 하는 물음이 진짜 중요하다. 인생을 살며 올곧게 힘을 쏟아 완벽함과 아름다움을 추구하며 이뤄내야 할 작품 가운데 최고의 명작은 단연코 인간 자신이다. 가령 집을 짓고, 곡식을 기르며, 전쟁을 치르고, 재판을 벌이며, 심지어 교회를 세우고 기도를 올리는 일까지 기계, 곧 인간 형상을 한 자동 장치가 대신한다고 가정해 보자. 이런 자동인형을 얻는 대가로 오늘날 발전한 문명 지역에 사는 남성과 여성을, 문명이 발달했다고는 하나, 자연이 베푼 천부적 소질에 비하면 여전히 볼품없는, 영양실조로 충분한 발달을 이루지 못한 모습의 남성과 여성을 내어주어야 한다면, 이는 너무 엄청난 손실이다. 자연이 선물한 인간은 정해진 모델대로 제작되어 규정된 과제를 정확히 수행하도록 설정된 기계가 아니다. 인간은 자신을 살아 있는 생명체로 만드는 내면의 힘이 인도하는 손길을 따라 사방으로 가지를 뻗으며 자라고 발전해야 하는 나무이다.

이해력을 연마하고, 관습 가운데 어떤 것을 따르고, 어느 것을 버려야 좋은지 판단할 지적 능력을 키우는 자세가 맹목적이고 단순히 기계적으로 관습에 매달리는 태도보다 훨씬 더 좋다는 점은 아마도 누구나 인정하리라. 우리의 이해력이 다른 누구도 아닌 우리 것이어야 한다는 점은 확실한 사실로 여겨진다. 그러나 욕구와 충동 역시 우리 것이어야 한다는 점은 누구나 똑같이 확실한 사실로 받아들이지 않는다. 어느 정도 강렬하든 상관없이 충동은 위험한 함정이라는 주장에 우리는 무조건 동의해야 할까? 하지만 욕망과 충동은 신념과 절제만큼이나 인간의 전인격에서 빼놓고 생각할 수 없는 부분이다. 강력한 충동은 적절한 균형을 잃을 때만 위험하다. 자신의 성향을 고려해 인생 목표를 세우는 균형이 이뤄지지 않으면, 인격 안에 공존하는 요소들 가운데 활발하지 못한 부분은 취약해지게 마련이다. 바로 이런 균형 상실이 위험을 부른다. 인간은 욕망이 강해서 그릇된 행동을 저지르는 게 아니다. 잘못된 행동은 양심이 취약해 벌어진다. 강력한 충동이 반드시 취약한 양심 때문에 빚어진다고 볼 필연적 연관은 없다. 필연적 연관은 오히려 거꾸로 볼 때 성립한다. 잘못된 양심은 강한 충동의 범죄를 부른다. 어떤 사람의 욕망과 감정이 다른 사람의 그것보다 더 강하고 다양하다는 점은 단지 그 당사자가 그만큼 더 풍부한 자연적 자질을 타고났음을 뜻한다. 이렇게 볼 때 이 풍부한 재료로 악행을 벌일 사람이 없지는 않겠지만, 더 많은 선행이 확실히 이뤄질 수 있다. 강력한 충동은 넘쳐나는 힘을 부르는 다른 이름이다. 물론 에너지는 나쁘게 쓰일 수 있다. 그러나 무감각한 나머지 나태한 본성보다는 활력이 넘치는 본성이 언제나 더 많은 선행을 실천한다. 타고난 감성이 풍부한 사람일수록 교육으로 감성을 고양해 아주 강력한 감정을 표현할 줄 안다. 개인적인 충동을 생생하고 강력하게 만드는 바로 그 섬세한 감수성이야말로 덕을 키우려는 열망과 엄격한 자제력의 원천이다. 섬세한 감수성을 키우는 일은 개인의 몫일 뿐만 아니라 사회가 신경 써서 보호하는 의무를 다해야 할 과제이다. 영웅이 될 재료를 타고났는데, 어떻게 만들어야 좋을지 모르겠다는 이유로 방치하고 거부하는 것은 어리석은 일이다. 자신의 고유한 욕망과 충동을 자기 자신의 본성을 드러내는 표현으로 보고 해당 문화가 키워줄 때, 개성을 자랑하는 인물이 나온다. 욕구와 충동이 외부에서 주입되기만 한 사람은, 증기기관과 마찬가지로, 아무런 개성을 지니지 않는다. 고유한 충동에 더해 강인한 의지의 지배 아래 개성을 키우는 사람은 활기가 넘치는 인생을 산다. 개성 있는 욕구와 충동이 스스로 발현하도록 장려해서는 안 된다고 여기는 사람, 사회는 강한 본성이 필요하지 않다고 생각하는 사람, 뚜렷한 개성을 자랑하는 인물이 많은 사회가 더 낫지 않다고 보는 사람은 높은 수준의 평균적 활력이 바람직하지 않다고 실토해야만 한다.

초기 사회, 아직 법과 제도가 틀을 갖추지 못한 초기 사회에서는 개인의 욕망과 충동이 이를 통제하고 적절한 방향으로 나아가도록 훈육할 힘보다 앞서 나갔을 수 있으며, 또 실제 그러한 경우가 드물지 않았다. 자발성과 개성이 넘쳐나는 바람에 사회가 이를 다스리려 곤욕을 치른 때는 예전에도 지금도 존재한다. 이런 싸움은 강인한 심신의 소유자를 그 충동을 절제하라고 요구하는 규칙에 복종하게 유도하려다 보니 어려울 수밖에 없다. 이런 어려움을 이겨내고자 법과 규율은, 교황이 세속의 황제를 상대로 벌인 싸움에서 보듯, 마치 인간을 남김없이 지배할 권력을 가진 양 위세를 부렸다. 이런 식이 아니면 사회는 인간을 구속할 충분한 수단을 찾을 수 없었기 때문이다. 그러나 이제 사회의 위세는 개성을 아주 잘 압도한다. 인간 본성은 개인의 욕구와 충동이 과도해서가 아니라, 부족한 탓에 이런 위협에 속절없이 노출된다. 지위가 높거나, 타고난 능력이 뛰어난 강자가 법과 제도에 맞서 싸우는 일이 거의 상습적으로 일어나는 통에 그들의 영향력 아래 있는 평범한 사람이 최소한의 안전이라도 보장받기 위해 사회는 이 강자를 강력하게 옭아맬 장치를 강구하곤 했지만, 이제 상황은 엄청나게 달라졌다. 오늘날 우리 사회에서는 최상위층에서 최하위층에 이르기까지 누구나 적의에 가득 찬 검열관의 위협적인 감시 아래서 살아간다. 이 검열관의 이름은 통념 또는 여론이다. 남의 문제든 자신의 문제든, 개인 또는 가족은 이렇게 묻지 않는다. 내가 무엇을 더 좋아하지? 뭐가 내 성격과 기질에 맞을까? 내 안의 가장 뛰어나고 고귀한 것이 마음껏 발현해 성장하고 번성하도록 무엇이 도울까? 그 대신 사람들은 이렇게 자문한다. 내 지위에 맞는 게 무엇일까? 나와 같은 위치에 비슷한 재산을 가진 사람은 보통 뭘 하고 살까? (더 못난 물음도 있다.) 나보다 높은 지위와 환경의 사람은 뭘 하고 살까? 나는 저들이 자신의 성향에 맞는 것보다 관습이 더 좋아 선택했다고 말하는 게 아니다. 저들은 관습 외에 어떤 성향이라는 게 아예 없다. 이리하여 정신은 멍에를 뒤집어쓰고 말았다. 심지어 즐거운 기분을 맛보자고 하는 일에서조차 저들은 어떻게 해야 대세에 순응할까부터 따진다. 군중 속에 살며 그저 남들이 뭘 하나 흘깃거리며 따라 하기 바쁘다. 독특한 취향, 기발한 행동은 마치 범죄처럼 기피된다. 고유한 본성을 따르지 않은 끝에, 결국 따를 본성이 깨끗이 사라졌다. 우람한 나무처럼 무성해야 할 인간 능력은 굶주린 탓에 시들어 말라비틀어지고 말았다. 저들은 그 어떤 강렬한 희망도 품지 않으며, 천성적인 즐거움도 누리지 못한다. 일반적으로 저들은 내면에서 우러나는 의견 또는 감정, 진정으로 고유한 의견 또는 감정을 가지지 않는다. 과연 이런 상태가 인간 본성의 바람직한 모습인가, 아닌가?

예를 들어 칼뱅주의를 살펴보자. 이 이론에 따르면, 인간이 짓는 가장 큰 죄는 자기 의지이다. 인간이 행할 수 있는 모든 선행은 오로지 순종하는 자세로만 이룰 수 있다. 달리 선택지가 없다. 반드시 해야만 하는 바로 그것을 행하며 순종하라. "순종의 의무를 지키지 않는 것은 그게 무엇이든 죄다." 인간의 본성은 뿌리까지 썩었기 때문에, 이 뿌리를 뽑지 않으면, 구원은 없다. 인생을 보는 이런 관점을 고스란히 따르는 사람에게 인간 본연의 능력과 감수성을 깨고 나오는 행위는 악이 아니다. 인간은 하느님의 뜻에 따르는 순종 이외에 어떤 능력도 필요하지 않다. 주님의 뜻을 더 잘 따르기 위해 자기 능력을 쓰는 것도 허락되지 않는다. 이런 관점이 칼뱅주의이다. 자신을 칼뱅주의자로 여기지 않는 사람도 이런 관점은, 약간 완화한 형태이기는 하지만, 고스란히 받아들인다. 완화한 형태란 저들이 내세우는 '하느님의 뜻'을 좀 덜 금욕적으로 해석했다는 의미이다. 다시 말해서, 저들이 말하는 '하느님의 뜻'은 고맙게도 인간의 몇몇 성향은 만족시켜 줘도 좋다고 허락한다. 물론 인간 좋을 대로 하지 않고, 오로지 순종하는 믿음으로. 요컨대, 이런 교리는 무엇을 순종해야 하는지 교단의 권위가 정하는 대로 따라야 한다고 주장할 따름이다. 결국 교리가 요구하는 삶은 모두가 똑같이 순종하는, 천편일률적인 인생, 개성은 깨끗이 자취를 감춘 인생이다.

이런 교리처럼 인간을 전인격으로 존중하지 않고 일방적이고 편협하게 전체에 순종하고 봉사하라고 강조하는 이론은 옹색하고 경직된 유형의 인간만 후원하는 경향을 노골적으로 드러낸다. 이런 관점 탓에 위축되고 왜소한 인간을 조물주가 빚은 피조물이라 믿는 사람은 많기만 하다. 이는 마치 나무를 자연 그대로 두지 않고, 가지를 잘라 둥글게 다듬거나 동물 모양으로 깎아놓는 것이 훨씬 더 아름답다고 여기는 태도와 같다. 선한 조물주가 인간을 창조했다고 믿는 자세가 종교라고 한다면, 이 자세로부터 얻어지는 일관된 믿음은 창조주가 인간에게 베풀어 준 능력을 뿌리 뽑거나 말라비틀어지게가 아니라, 마음껏 펼쳐질 수 있게 계발되어야 마땅하다는 굳은 신념이다. 하느님은 피조물 인간이 그 천부적 능력을 구현하면서 이해력, 실천력 또는 인생을 즐길 줄 아는 능력 가운데 어느 하나라도 늘어날 때마다 기뻐하시리라. 칼뱅주의의 인간관과는 다르게 인간의 고유한 특성을 이해한 관점도 얼마든지 찾아볼 수 있다. 이 이해에 따르면 인간의 본성은 부정되기 위해 부여된 게 아니라, 그 고유한 실현 목적을 가진다. "이교도의 자아 주장", 곧 고대 그리스 철학이 바라본 인간관은 "기독교의 자아 부정", 곧 오로지 순종만 강조하는 인간관 못지않게 중요하다.*

---

* (원주) 존 스털링(John Sterling, 1806~1844)의 『수필집(Essays)』에 나오는 표현.[존 스털링은 스코틀랜드 출신의 작가이다. - 옮긴이]

순종이든 인간의 탁월한 능력이든 모두 인간의 고유한 가치로 인정되어야 하기 때문이다. 플라톤과 기독교의 금욕적 '자아 관리'와 어느 정도 일치하기는 하지만, 그와는 확연히 다른 관점을 보여주는 고대 그리스의 이상은 '자아 계발'이다. 아테네의 정치가이자 장군 알키비아데스는 뛰어난 재능을 자랑했지만, 절제력이 부족해 무절제한 개인의 상징으로 여겨지는 인물이라는 점에서 절제력을 강조한 존 녹스보다 뒤처진다. 그러나 존 녹스도 알키비아데스도 페리클레스에 견줄 수는 없다. 오늘날 페리클레스와 같은 인물이 있다면, 그는 개인의 뛰어난 재능과 더불어 존 녹스 못지않은 절제력을 보여주리라.

인간이라는 존재가 성찰해 볼 만한 고귀하고 아름다운 대상인 까닭은 그 모든 개별적 특성을 획일적인 틀 안에 욱여넣지 않고, 타인의 권리와 이해관계를 해치지 않는 범위 안에서 각각의 장점을 살려 키우고, 적재적소에 활용하는 능력 때문이다. 작품이 그것을 만든 사람의 성격을 반영하듯, 개성의 존중은 고결한 생각과 섬세한 감성에 풍부하고도 다양하며, 생동감에 넘치는 자양분을 공급해 줌으로써 개인들의 결속을 강화해 모든 개성이 인류로 집약해서 인간의 가치를 무한히 높이는 효과를 낳는다. 개성의 발달과 비례해 각 개인은 더욱 풍부한 가치를 자랑하며, 이로써 타인에게 더욱더 가치 있는 봉사를 할 수 있다. 개인의 삶이 생명력으로 충만해지고, 개개의 구성원이 넘치는 활력을 자랑하는 사회는 그만큼 건강해진다.

강력한 재능으로 타인의 권리가 침해되는 경우를 방지하는 데 필요한 억제는 생략될 수 없다. 하지만 인류의 발전이라는 관점에서 볼 때 이런 억제에는 충분한 보상이 따른다. 타인에게 입히는 피해를 예방함으로써 일어나는 손실은 타인의 발달로 얼마든지 상쇄된다. 그리고 심지어 강자 역시 사회성을 더 잘 키우는 보상, 이기적 행태를 제한함으로써 생겨난 손실을 메우고도 남을 보상을 얻는다. 타인의 안녕을 지켜주는 엄격한 정의 법칙을 지키는 자세는 타인을 배려할 줄 아는 감정과 능력을 키워주기 때문이다. 그러나 타인의 안녕을 해치지 않는 일을 단순히 타인이 마음에 들어 하지 않는다는 이유만으로 막는 규제는 아무런 가치를 키우지 못한다. 이런 부당한 규제에 저항하는 강인한 기개만 예외적으로 키워질 따름이다. 구속을 그저 묵묵히 따르는 순응은 인간 본성 전체를 굼뜨고 둔하게 만든다. 각자의 천부적 재능이 발현할 공정한 기회의 제공은 저마다 자신에게 맞는 인생을 살도록 허락해 주는 제도를 요구한다. 어느 시대든 이런 자유가 허용된 정도에 비례해 후세의 주목과 칭송을 누렸다. 심지어 전제정치도 개성을 허락해 주는 한에서 최악의 폐해는 낳지 않았다. 그리고 신의 뜻을 앞세우든 인간의 명령을 따르든, 개성을 짓밟는 정치는 최악의 독재이다.

개성이 발전할 여건을 만드는 일, 개성의 함양이 잘 발달한 인간을 빚어낼 조건이라는 점을 확인한 것으로 나는 논증을 맺고자 한다. 인간이 최선의 존재로 발돋움할 조건을 이보다 더 잘 이야기할 수 있을까? 이 조건을 가로막는 그 어떤 방해물을 꾸며내는 일보다 더 나쁜 악덕이 따로 있을까? 하지만 의심할 바 없이 이런 고찰은 확실한 증거를 절박하게 필요로 하는 사람까지 확신시키기에는 아직 충분하지 않다. 발달한 인간이 그렇지 못한 사람에게 어떤 유익을 주는지, 곧 자유를 원하지도 활용하지도 않을 사람에게 자유롭게 살아가도록 허용받은 인간이 어떤 보상을 베푸는지 충분히 납득이 가도록 더 설명할 필요가 있다. (그럼, 지금부터 논리적 근거에서 더 나아가 실증적 근거를 살피기로 하자.)

먼저 나는 자유로운 사람에게 배울 점이 많다고 말하고 싶다. 독창성이 인간의 소중한 가치라는 사실을 부정할 사람은 없으리라. 새로운 진리를 발견하고, 한때 진리였던 것이 도대체 언제 더는 유효하지 않게 되는지 알아내는 데 그치지 않고, 새로운 실천을 시도하면서 어떤 행동이 계몽에 충실해서 더 나은 취향과 감성을 성취하게 하는지, 살펴볼 필요는 언제나 있다. 세상이 이미 모든 면에서, 이론이든 실천이든 남김없이 완벽하다고 믿는 사람이 아니라면, 이런 관찰은 필요하다고 인정하리라. 물론 자유가 선물하는 유익함을 자유롭게 사는 모든 사람이 똑같이 확인해 주는 것은 분명 아니다. 전체적으로 볼 때 기존의 관행을 어떻게든 개선할 실험을 하는 사람은 극소수이다. 그러나 이 소수야말로 세상의 소금이다. 이들이 없다면, 사회는 고인 채 썩어가는 웅덩이다. 예전에 없던 좋은 것을 새롭게 선보이거나, 이미 있는 좋은 것에 활력을 불어넣는 쪽은 전적으로 이 소수이다. 만약 새롭게 할 일이 전혀 없다면, 인간의 지성은 더는 불필요하지 않을까? 독창적으로 뭔가 새로운 일을 시도하는 게 아니라, 옛날 하던 대로 답습하는 것만으로 충분하다면, 인간은 매일 밭을 가는 소와 무엇이 다른가? 최고의 신념과 실천이라 할지라도 전통과 관행으로 굳어지면서 기계적으로 퇴화하는 경향이 너무 강하게 일어난다. 끊임없이 독창성을 발휘해 이런 퇴행을 막는 사람이 계속 나타나지 않는다면, 그런 기계적 전통은 활력을 잃은 탓에 진정한 생명력을 자랑하는 독창성이 주는 아주 작은 충격에도 저항하지 못하고 무너질 수밖에 없다. 그렇다면, 비잔틴 제국의 사례에서 보듯, 문명이 소멸하지 않으리라는 보장도 없다. 천재는 물론 소수이며, 앞으로도 언제나 소수이리라. 하지만 천재가 나오려면, 이 소수가 성장할 토양을 마련해 주어야만 한다. 천재는 자유의 "공기" 안에서만 자유롭게 숨 쉴 수 있다. 천재성을 가진 사람은 말 그대로 다른 사람보다 개성이 강하다. 따라서 사회가 정해놓은 획일적인 틀에 자신을 억지로 맞추는 일에 큰 고통을 느껴, 천재성을 가진 사람은 사회 적응에 어려움을 겪는다. 소심해서 사회가 강요하는 틀에 동의하는 사람은 그 억압 아래 자신의 천재성을 키우지 못한다. 이런 상태가 지속되면 사회는 그 천재성으로부터 거의 아무런 이익을 얻지 못한다. 강인한 성격이라 그 속박을 깨뜨린다면, 이들을 평범하게 머무르도록 하는 데 실패한 사회는 "거칠다", "괴팍하다" 따위의 엄포를 놓으며 표적으로 삼아 괴롭힌다. 이런 작태는 마치 네덜란드 운하처럼 그 둑 안에서 잔잔하게 흐르지 않는다고 나이아가라 폭포를 비난하는 꼴이다.

천재성의 중요함 그리고 생각이든 실천이든 천재성이 자유롭게 펼쳐지도록 보장해야 할 필요성을 내가 이토록 강조하는 이유는, 이론적으로는 누구도 이 주장을 부정하지 않겠지만, 현실적으로 이 문제에 거의 아무도 관심을 가지지 않는다는 점을 잘 알기 때문이다. 사람들은 천재성을 흥미진진한 시를 쓰거나, 멋진 그림을 그리는 재능쯤으로 여긴다. 그러나 진정한 의미에서 천재성은 생각과 실천의 독창성이다. 물론 누구나 이런 능력이 경이롭다며 감탄해 마지않는다. 하지만 사람들은 거의 모두 속으로는 독창성이 없이도 얼마든지 잘 살 수 있다고 여긴다. 불행한 일이지만 이들의 이런 태도는 너무나 자연스러워서 놀랍지도 않다. 독창성은 그게 뭔지 알지 못하는 사람의 눈에 아무 쓸모 없는 낭비일 따름이다. 독창성이 자신에게 뭘 해줄 수 있는지 이들은 보지 못하기 때문이다. 두 눈으로도 보지 못하는데, 어찌 알까? 실용적 쓸모를 두 눈으로 볼 수 있다면, 그건 이미 독창적이지 않다. 독창성이 사람들에게 베풀어주는 첫 번째 봉사는 두 눈이 번쩍 떠지게 하는 신선한 충격이기 때문이다. 이런 경험을 온전히 누려야만, 사람들은 스스로 독창성을 발휘할 기회를 얻는다. 다른 한편으로, 지금까지 일궈낸 성취는 누군가 최초로 시도한 사람이 있었다는 사실, 현존하는 모든 좋은 일은 독창성의 결실이라는 점을 우리는 늘 새겨야 한다. 앞으로도 여전히 성취되어야 할 일이 있음을 믿는 겸손한 자세로, 고쳐야 할 이유를 잘 느끼지 못하는 안주 상태일수록 독창성이 더 절실히 요구된다는 점을 우리는 의식해야 한다.

냉정한 진실은, 진짜 천재성이든 추정된 정신적 우월함이든, 이에 경의를 표하거나, 실제 그에 합당하게 대우한다고 할지라도, 전 세계적으로 볼 때 천재성보다는 평범함을 인류의 지배적인 덕목으로 간주하는 경향이 흘려볼 수 없이 강하다는 점이다. 고대와 중세, 그리고 봉건제에서 오늘에 이르는 오랜 기간에 걸친 변화를 기록한 역사를 살펴볼 때 명확해지는 지점은 개인이 시간의 흐름과 더불어 그 힘을 점차 잃어왔다는 사실이다. 탁월한 재능이나 높은 사회적 위상을 자랑한 인물이 상당한 권력을 과시하던 시절은 역사의 곳곳에서 잘 확인할 수 있다. 오늘날 개인은 군중 속으로 자취를 감추었다. 오늘날의 정치에서 대중의 의견, 곧 여론이 세상을 지배한다는 말은 거의 상식처럼 통하는 진부한 이야기이다. 오늘날 그 이름에 무색하지 않은 권력은 오로지 대중의 권력이다. 정부는 대중의 성향과 본능을 대변하는 기관으로 변모해 왔기 때문이다. 국가의 공적 관계는 물론이고 개인의 사적인 영역에서 이뤄지는 도덕과 사회관계도 여론의 지배를 받는다. 자신의 의견이 곧 여론이라고 주장하는 사람이 언제나 같은 종류의 대중은 아니다. 미국에서는 백인만이 대중 행세를 할 수 있으며, 영국의 대중은 주로 중산층이다. 어쨌거나 대중은 항상 일종의 덩어리, 곧 평범함의 집합이다. 그리고 더욱 새로운 사실은 이제 대중이 그 여론을 교회나 국가의 높으신 분들, 겉만 그럴싸한 지도자 또는 책으로부터 받아들이지 않는다는 점이다. 대중은 자신과 비슷한 처지인 사람이 대중이라는 이름을 빌려 즉흥적으로 불러주거나 써준 대로 생각한다. 저 신문이라는 것이 이런 새로움의 정체이다. 그렇다고 내가 무슨 불평이나 늘어놓으려는 것은 아니다. 현재 인간 정신의 낮은 수준을 다스리려면 어쩔 수 없이 대중을 고려한 일반적인 법보다 더 나은 어떤 것이 있다고 주장하고 싶지도 않다. 그래도 분명한 사실은 평범함의 정부는 결국 평범한 정부를 막을 수 없다는 점이다. 민주주의든 몇몇 귀족을 앞세운 과두정치든 대중의 평범함을 기준으로 삼는 정치는 의견이든 기질이든 정신적 기조에서 평범함을 넘어선 적이 없으며, 넘어설 수도 없다. 다만 주권을 가진 다수가 매우 뛰어난 재능을 가졌으며 그에 알맞은 교육을 받은 한 사람 또는 소수의 지도를 받는 경우는 예외에 해당한다(다수가 소수의 가르침에 따랐던 모습은 전성기를 구가한 사회가 늘 보여준다). 지혜롭거나 고결한 모든 일의 시초는 개인이며, 또 그럴 수밖에 없다. 아무튼 모든 일의 첫걸음은 누군지 정확히 알 수 없다 하더라도 개인이 뗀다. 평균적인 사람은 이 첫걸음을 따라갈 때 명예와 영광을 얻는다. 다시 말해서, 평균적 인간은 그 지혜롭고 고결한 일에 내심 감동해 두 눈을 뜨고 가르침을 놓치지 않으려 노력할 때 명예와 영광을 얻는다. 그렇다고 내가 무슨 "영웅 숭배"를 지지하는 것은 분명히 아니다. 철권으로 세속의 정부를 장악해, 그 어떤 저항에도 자신의 명령을 밀어붙이는 강한 남자는 천재라 할지라도 용인될 수 없다. 아무리 강한 남자라 할지라도, 그가 가진 자유는 이리로 가라고 길을 가리키는 것뿐이다. 이를 다른 사람에게 강요하는 태도는 자유라는 개념과 합치하지 않을 뿐더러, 모든 다른 사람의 발전 정도를 무시한다. 강요와 무시는 결국 강한 사람 자신을 부패하게 한다. 그러나 단지 평균적인 사람의 의견 집합에 불과한 여론이 지배적인 권력을 차지했거나 하려 할 때, 이를 바로잡을 균형추와 대응책으로 탁월한 수준의 생각을 길어 올리는 개인의 중요성은 아무리 강조해도 지나치지 않다. 이런 특수성을 고려할 때 뛰어난 개인은 대중과 다르게 행동하지 못하게 막을 게 아니라, 오히려 장려받아야 한다. 물론 다르게 행동한다고 해서 특별한 이득이 없던 시절은 분명 존재했다. 이런 시대에는 다른 행동만으로는 부족했으며, 더 나은 행동이 꼭 필요했다. 그러나 오늘날에는 단지 관습에 따르지 않겠다는 본보기만으로도, 곧 관습에 무릎 꿇기를 거부하는 행동만으로도 하나의 공헌이 된다. 여론의 폭정은 다른 의견을 유별나다고 비난하며 찍어 누르려 안간힘을 쓴다. 이런 폭정을 깨기 위해서라도 다르게 행동하는 것이 바람직하다. 독특한 개성이 넘쳐나는 곳은 언제 어디라도 기행이 넘쳐났다. 어떤 사회의 기행은 천재, 활력이 넘치는 정신, 도덕적 용기의 정도와 비례해 늘어나는 일반적 경향을 보여준다. 오늘날 다른 행동을 감행하는 사람을 거의 찾아볼 수 없다는 사실이야말로 시대가 얼마나 큰 위험에 처했는지 보여주는 단적인 증명이다.

나는 지금까지 관습과 어긋나는 생각과 행동을 되도록 자유롭게 풀어주는 게 중요하다고 강조했다. 이런 생각과 행동 가운데에는 시간이 흐르면서 관습으로 바뀌는 게 틀림없이 있기 때문이다. 그러나 관습을 무시하고 독립적으로 행동하는 태도를 장려해야 하는 이유가 더 나은 행동 방식 또는 일반적으로 받아들일 만한 관습을 얻고자 하는 목적만은 아니다. 더욱이 우월한 정신을 가진 사람은 자기 뜻대로 살아갈 정당한 권리를 누리지 못한다. 모든 인간이 몇 가지 유형 또는 몇몇 극소수 패턴에만 맞춰 인생을 살아야 할 이유는 어디에도 없다. 어느 정도 상식과 경험을 쌓은 사람은 나름대로 뜻에 맞춘 인생을 살아가는 것이 최선이다. 그런 인생이 그 자체로 최선이라서가 아니라, 그 사람의 고유한 인생이기 때문이다. 인간은 양과 같지 않으며, 심지어 양조차 서로 구분할 수 없을 정도로 똑같이 생기지 않았는데, 어찌 인간이 서로 같을까. 맞추거나, 창고에 가득한 제품 가운데 맞는 것을 고르지 않는 한, 인간은 자기 몸에 맞는 코트나 신발 한 켤레조차 구할 수 없다. 그런데 코트보다 인생을 맞춰준다니, 이게 말이 되는 소리인가? 아니, 모든 인간이 발 모양보다 그 심신이 더 비슷한 획일적 존재일 수 있을까? 취향이 서로 다르다는 사실만으로도 모든 인간을 하나의 모델에 맞추지 말아야 할 이유는 충분하다. 취향만 해도 이런데 정신의 발달을 위한 조건 역시 사람마다 다를 수밖에 없다. 다양한 식물이 똑같은 물리적 환경, 같은 공기와 기후에서 건강하게 자랄 수 없듯, 천편일률적인 도덕 아래서 정신적 건강은 무너지게 마련이다. 어떤 사람에게는 고상한 본성을 키우도록 도움을 주는 바로 그 일이 다른 사람에게는 얼마든지 방해가 될 수 있다. 어떤 인생 방식은 건강한 자극을 주어 행동의 능력을 끌어올려 그 결실을 온전히 맛볼 수 있게 해주지만, 똑같은 방식이 다른 사람에게는 그 내면을 황폐하게 만들어 인생을 뒤죽박죽으로 짓밟는 짐이 되는 경우는 심심찮게 볼 수 있다. 인간은 기쁨을 느끼는 근원, 아픔을 받아들이는 감수성, 어떤 자극에 보이는 육체적 도덕적 반응이 서로 크게 다르다. 따라서 삶의 방식에도 이런 다양성이 존중되지 않는다면, 누구도 자신이 누려 마땅한 행복을 잃으며, 또한 타고난 재능을 정신과 도덕과 아름다움을 아우를 줄 아는 높은 수준의 능력으로 끌어올릴 수 없다. 그렇다면 도대체 왜 우리는 여론을 방패삼아 '많은 사람이 따르니까 어쩔 수 없이 이미 받아들여진 삶의 방식이나 취향'에만 관용을 베풀어야 할까? 취향의 다양성을 전혀 인정하지 않는 곳은 찾아보기 힘들다(일부 수도원을 제외하고). 사람은 누구나 노 젓기, 흡연, 음악, 운동, 체스, 카드놀이, 공부를 좋아하거나 싫어할 수 있다. 어느 것을 좋아하고 어떤 것은 싫어한다고 해서 비난받을 일은 아니다. 어느 쪽이든 취향의 차이는 존중해 주어야 할 정도로 다양하기 때문이다. 하지만 그런 일은 "아무도 하지 않는다"거나 "다른 사람은 다 하는 데 왜 하지 않냐?"는 비난, 특히 여성을 겨눈 비난은 마치 무슨 심각한 도덕적 비행이라도 저지른 양 윽박지르기 일쑤이다. 평판을 염려하지 않고 마음대로 행동할 수 있는 사치를 어느 정도 누리려면, 그럴듯한 직함이나 계급 배지, 또는 고위층의 봐주기가 필요하다고 여기는 사람은 많기만 하다. 다시금 강조하지만, 허용되는 건 '어느 정도'일 뿐이다. 선을 넘으면서까지 주변의 관용을 기대하는 사람은 단순한 비방 이상의 위험을 각오해야 한다. 그런 사람은 '정신병 심의위원회'에 회부되어 미쳤다는 판정을 받고, 재산을 모두 빼앗겨 친척에게 뜻밖의 은덕을 베풀 공산이 크다.*

오늘날 대중은 어떤 식으로든 개성의 표현을 용납하지 못하는 독특한 경향을 보여준다. 평균적인 보통 사람은 지적 능력뿐만 아니라 취향 면에서도 평범하다. 그들은 무엇인가 통례를 벗어난 일을 벌일 만큼 강한 취향 같은 것이 아예 없어, 애

---

* (원주) 최근 개인을 겨냥해 그 어떤 일 처리도 할 능력이 없다며 사법적으로 금치산 선고를 내리는 한심하고도 경악스러운 사례가 드물지 않게 일어난다. 심지어 당사자가 사망한 뒤에도 소송비용을 그 사유재산에 부과하는 바람에 재산 처분마저 금지된다. 저열하기 짝이 없는 판단 능력을 갖춘 타인이 일상생활의 사소한 부분까지 낱낱이 파헤쳐 조금이라도 상식과 다른 모든 점을 정신 이상의 증거로 법원에 내놓아 성공하는 일이 드물지 않게 일어난다. 배심원도 이런 증인 못지않게 천박하고 무지하기 때문이다. 심지어 판사들조차 이처럼 상황을 오도하는 데 일조한다. 이는 영국 법조인이 인간의 본성과 인생에 얼마나 무지한지 잘 보여주는 놀라운 사실이 아닐 수 없다. 이런 재판은 인간의 자유를 보는 일반 대중의 감정과 의견의 현주소를 여실히 보여준다. 개성에 어떤 가치도 인정하지 않고, 각 개인이 사적인 관심사에서 고유한 성향과 판단에 따라 행동할 권리를 존중하지 않는 탓에, 판사와 배심원은 심지어 건강한 정신 상태의 인물이 자유를 원한다는 점을 상상조차 하지 못한다. 옛날에 무신론자를 화형에 처하자는 주장이 들끓었을 때, 심성이 자비로운 사람들은 그 대신 정신병원에 가두는 게 낫지 않냐고 제안하곤 했다. 오늘날 자비로운 표정을 지으며 정신병원에 보내자면서 스스로 만족해 박수치는 사람을 보면 정말이지 아연실색할 지경이다. 아마도 저들은 종교를 위해 박해하는 편에 서는 대신, 그나마 인도적이고 기독교 정신에 맞는 방식으로 저 불행한 사람, 단지 상식과 다르게 행동했다는 이유로 불운을 당하는 사람에게 정신병원이라는 마땅한 벌을 주었다며 내심 만족한 미소를 짓는 게 아닐까.

초에 그럴 생각도 품지 않는다. 그래서 대중은 뭔가 독특한 일을 벌이는 사람을 보면 도무지 이해하지 못하고, 자신이 늘 경멸해 왔던 방탕하고 무절제한 부류와 동일시하며 얕잡아 보는 데 익숙하다. 이제, 개성을 인정하지 않으려는 일반적 경향의 확인에 더해, 도덕을 개선하고자 하는 강력한 운동이 일어나고 있다고 가정해 보면, 앞으로 어떤 일이 벌어질지 우리는 대강의 윤곽을 그릴 수 있다. 실제로 오늘날 그런 운동은 이미 일어났다. 이 운동으로 행동을 규제하는 규범성이 한층 강화되었으며, 지나친 방종이 억제되는 여러 변화가 실제 일어났다. 박애를 강조하는 자선 정신이 널리 퍼진 것은 분명 긍정적 변화이기는 하다. 그런데 이웃을 도덕적으로 개선해 사려 분별이 분명한 인간으로 개조하는 일만큼 자선 정신이 가장 활발히 발휘되는 매력적인 무대도 따로 없다. 시대의 이런 경향은 과거 그 어느 시기보다도 더 강하게 행동의 일반 규칙을 정하고 모든 사람에게 이 공인된 기준에 맞추도록 요구한다. 그리고 이 기준은, 명시적이든 암묵적이든, 아무것도 강력하게 욕구하지 말라고 지시한다. 이 기준이 이상으로 여기는 성격은 그 어떤 두드러짐도 없는 성격이다. 마치 예쁘게 만든다며 압박해 불구가 된 중국 여인의 발처럼, 두드러지는 인간 본성의 모든 부분을, 평범한 인간의 윤곽과 현저히 달라 보이는 모든 부분을 잘라 그저 그런 평균치로 남을 것을 이런 경향은 요구한다.

통상적으로 건강한 전체의 절반을 잘라버린 것이 이상(理想)이듯, 오늘날 사회의 칭찬 기준은 그 잘려 나간 절반마저도 서투르게 베낄 뿐이다. 활력이 넘치는 이성의 인도를 받는 강렬한 에너지, 그리고 양심의 의지가 통제하는 강렬한 감정 대신, 평균적 기준에 매달린 결과는 허약한 감정과 맥없는 에너지이다. 이로 말미암아 의지 또는 이성 그 어느 쪽의 힘도 누리지 못하고 그저 외부에서 주어진 법에만 순응하는 획일화는 피할 수 없다. 어떤 무대든 넘치는 활력을 자랑하던 위인은 이제 단순히 전통 속 화석으로 굳어졌다. 이제 이 나라에서 활력을 쏟는 곳은 직장, 곧 돈벌이 외에는 없다. 그나마 돈벌이에 쏟는 에너지는 상당하다. 직장 생활을 하고 남는 얼마 안 되는 에너지는 취미 생활에 소비된다. 취미는 유용할 수 있으며, 심지어 자선을 취미로 하는 경우도 없지 않지만, 대개 소소한 일, 규모가 작은 차원의 일에 지나지 않는다. 작금 영국에서 벌어지는 '큰일'이라 할 만한 것은 모두 집단 차원에서만 가능하다. 개인적으로 보잘것없는 우리는 담합하는 습관으로만 뭔가 '큰일'을 도모할 수 있는 것처럼 보인다. 그리고 우리의 도덕적이고 종교적인 자선사업가는 이런 현실에 아무 문제의식이 없이 만족해한다. 그러나 오늘날의 영국이 있게 만든 사람은 평균이라는 기준과 상식이라는 통념에 안주하는 부류의 인간이 아니었으며, 앞으로 영국이 쇠퇴를 피하려면 다른 유형의 인간, 곧 창의적 개성을 자랑하며 이를 실천하는 자유인이 필요하다.

관습의 독재는 어디서든 인류의 발달을 가로막는 끊임없는 장애물이다. 이에 맞서 이른바 '자유 정신' 또는 진보나 개선의 정신은 관습보다 더 나은 것을 목표로 삼는다. 발전을 중시하는 정신이 항상 자유 정신은 아니다. 발전 정신은 원하지 않는 사람에게 발전을 강요하기도 하기 때문이다. 그리고 자유 정신은 시간과 지역에 따라 발전의 반대자와 연합해 그런 강요 시도에 저항하기도 한다. 하지만 발전의 유일하고도 변함없는 원천은 항상 자유이다. 자유가 보장되어야 개인은 발전의 독립적 중심지 노릇을 할 수 있기 때문이다. 하지만 진보의 원리는, 자유의 사랑이든 발전의 사랑이든 상관없이, 관습의 지배에 대립하며, 최소한 그 멍에로부터의 해방을 목표로 한다. 그리고 인류 역사는 관습의 지배와 발전의 원리가 항상 대립하며 경쟁해 온 기록이다. 엄밀히 말해서 세계의 대부분은 관습과 진보가 경쟁하는 역사를 가지지 않는다. 늘 관습의 지배가 완전히 장악했기 때문이다. 바로 동양 전체가 그렇다. 동양에서는 관습이 모든 일을 결정한다. 그곳에서 정의와 법은 관습의 순응을 의미한다. 관습에는, 권력에 취한 독재자가 아니라면, 누구도 저항할 엄두를 낼 수 없다. 이제 우리는 그 결과를 본다. 동양 국가들도 한때는 독창성을 틀림없이 누렸다. 인구가 많고 학식이 높으며 다양한 기예를 자랑한 동양 국가라고 해서 땅에서 갑자기 솟아오른 것은 아니었다. 그들은 스스로 이런 발전을 이뤄냈으며, 당시에는 세계에서 가장 위대하고 강력한 국가였다. 하지만 지금 그들은 어떤가? 웅장한 궁전과 화려한 사원을 자랑했던 저들은 다른 부족, 그 조상이 숲을 떠돌며 살았던 부족의 신민 또는 종속 민족으로 한때 전락했다. 이 다른 부족은 관습의 지배만 받지 않고 때때로 자유와 진보의 지배도 받은 덕에 오히려 문명국가를 정복할 힘을 키웠다.* 어떤 민족은 한동안 진보적이었다가 멈춰 섰다. 진보는 언제 멈출까? 진보는 바로 개성을 포기할 때 멈춘다. 완전히 똑같지는 않지만, 유럽의 민족들은 비슷한 변화 과정을 겪었다. 민족들을 위협한 관습의 전횡은 정확히 말해 정체상태는 아니다. 관습의 전횡은 개인의 독립적 변화는 금지하지만, 모두 함께 변화해야 한다면, 이 변화를 허용하기 때문이다. 우리는 조상의 전통 복장을 버렸다. 물론 여전히 누구나 다른 사람이 걸친 것과 비슷한 옷을 입어야만 하지만, 유행은 일 년에 한두 번 바뀐다. 이처럼 유행의 변화에 신경 써야 하지만, 이는 아름다움이나 편의보다는 그저 유행의 흐름이라는 변화에 뒤처지지 않으려는 선택일 따름이다. 아름다움이나 편리함에 대한 이상은 결코 전 세계를 같은 순간에 휩쓸거나, 또 같은 순간에 모두에게서 외

* 밀은 이 문장을 중국과 몽골(유목민족)을 염두에 두고 쓴 것으로 보인다. - 옮긴이

면당하지는 않기 때문이다. 하지만 우리는 단순히 변화하는 수준을 넘어서서 발전을 갈망하기도 한다. 우리는 끊임없이 기계 제품을 새롭게 발명하고, 어떻게 하면 더 나은 것으로 대체할 수 있을까 고민한다. 마찬가지로 정치와 교육, 심지어 도덕에서도 우리는 개선을 열망한다. 다만 우리는 주로 우리가 좋다고 여기는 것을 굳이 다른 사람에게 설득하거나 강요하는 태도를 도덕의 개선으로 착각한다. 우리는 진보에 반대하는 게 아니다. 오히려 거꾸로 우리는 인류 역사상 자신이 가장 진보적이라고 자부한다. 우리는 개성을 못마땅하게 여길 뿐이다. 만약 우리가 자신을 서로 똑같이 만들 수만 있다면, 기적적인 성취를 이루었다고 믿으리라. 하지만 다른 점이야말로 서로 주목하며, 자신의 불완전함을, 그리고 타인의 우월함을 깨닫거나, 양쪽의 장점을 결합해 어느 쪽보다도 더 나은 무언가를 만들어 낼 기회라는 점을 우리는 잊고 있다. 우리는 중국을 보며 경종을 울리는 본보기를 얻는다. 중국은 풍부한 재능, 그리고 어떤 면에서는 심지어 지혜를 누리는 보기 드문 행운으로 초창기부터 특히 좋은 일련의 관습을 부여받은 국가이다. 이는 심지어 가장 계몽된 유럽인조차, 물론 관점 차이로 이해하기 힘든 부분이 없지 않지만, 현자 또는 철학자로 인정하지 않을 수 없는 인물들의 업적 덕분이다. 또한 중국은 공동체 구성원 각자에게 최고의 지혜를 되도록 충실히 전수하고, 그 지혜를 가장 잘 체득한 사람이 명예롭고 권위 있는 지위에 오르도록 하는 훌륭한 제도를 갖추었다는 점에서도 주목해 볼 본보기이다. 이런 체계를 세웠다는 것은 분명 인간 진보의 비결을 발견했기에 가능한 일이며, 해당 국가는 세계사의 움직임에서 줄곧 선두를 지켰어야 마땅하다. 하지만 현실은 정반대이다. 저들은 멈춰 섰고, 수천 년 동안 그대로 정체했다. 만약 정체를 벗어나 더 발전한 어떤 측면이 있다면, 이런 변화는 자생적이 아니라, 외세의 영향을 받아 일어났다. 저들은 영국의 자선가가 작금 열심히 애쓰는 일, 곧 모든 사람을 똑같이 만들고, 모두가 똑같은 격언과 규칙에 따라 생각하고 행동하게끔 유도하는 일을 모든 기대를 뛰어넘을 정도로 철저히 달성했다. 바로 그 결과가 수천 년의 정체이다. 오늘날 대중 여론이라는 "정권"은 중국이 교육과 정치를 조직화한 그 모습 그대로를 조직하지 않은 형태로 보여줄 뿐이다. 그리고 개성이 이런 획일화라는 멍에에 맞서 자신을 성공적으로 주장하지 못한다면, 유럽은 고귀한 전통과 기독교적 신념을 자랑할지라도 결국 또 다른 중국이 되고 말리라.

지금까지 무엇이 유럽을 이런 운명으로부터 보호해 주었을까? 다른 지역처럼 정체기를 겪지 않고, 유럽 국가들이 발전을 거듭할 수 있었던 이유는 무엇일까? 유럽의 민족들이 무슨 탁월한 능력을 지녔기 때문은 아니다. 어떤 우월한 특성이 있다고 하더라도, 그것은 원인이 아니라 결과일 따름이다. 유럽이 발전을 거듭한 진짜 원인은 바로 저 놀라울 정도로 다양한 개성과 문화이다. 개인, 계층, 민족은 서로 더할 수 없이 달랐다. 유럽인은 각자 자신이 가치 있다고 믿는 어떤 것에 이를 다양한 경로를 개척해 왔다. 시대마다 사람들은 각자 다른 길을 가면서 서로 대립각을 세울 정도로 다투면서 너그럽게 품을 줄 몰랐고, 저마다 자신의 길을 남에게 강요했지만, 서로 상대의 발전을 가로막으려는 시도는 거의 성공을 거두지 못했다. 오히려 유럽인은 시간이 흐르면서 타인이 성취한 가치를 자신에게 유익하게 활용할 줄 알았다. 유럽은, 내가 판단하기에, 이렇게 개척된 다양한 길 덕분에 여러 분야에 걸쳐 발전을 이룰 수 있었다. 하지만 오래 가지 못해 유럽은 이미 이런 혜택을 상당 부분 잃기 시작했다. 유럽은 모든 사람을 비슷하게 만들려는 중국의 이상을 확실하게 답습하는 방향으로 나아갔다. 토크빌은 그의 마지막 중요한 저작에서 오늘날의 프랑스인이 심지어 바로 전 세대의 프랑스인과 비교해도 서로 비슷한 면모를 보여준다는 촌평을 썼다.* 이런 촌평은 영국인에게 훨씬 더 잘 들어맞는 게 아닐까. 앞서 살펴본 인용문에서 빌헬름 폰 훔볼트는 인간이 발달하는 데 필요한 조건을 두 가지로 정리한다. 인간이

---

* Alexis de Tocqueville(1805~1859)은 프랑스의 철학자이자 정치학자로 사회학을 개척한 인물이다. - 옮긴이

다른 사람과의 차이를 당당히 드러내는 데 필요한 조건은 자유 그리고 자유롭게 개성을 펼칠 '상황의 다양성'(variety of situations), 곧 마음껏 자유를 구사할 조건의 다양성이다. 이 두 조건 가운데 두 번째 것, '상황의 다양성'은 이 나라에서 매일 줄어들고 있다. 다른 계층과 개인을 둘러싼 환경, 이들의 성격을 형성해 주는 환경은 매일 갈수록 더 비슷해진다. 예전에는 서로 다른 계급, 다른 이웃, 다른 직업과 전문직이 각기 다른 세상이라고 불러도 좋을 환경에서 살았지만, 오늘날에는 어디를 보나 똑같다. 예전과 비교해 말하자면, 오늘날 사람들은 같은 것을 읽고, 같은 것을 들으며, 같은 것을 보고, 같은 곳을 찾는다. 희망도 판박이, 두려워하는 것도 판박이이다. 같은 권리와 자유를 누리면서, 이를 주장하는 수단도 똑같다. 사회적 지위의 격차는 여전히 크다고 할지라도, 사라져 버린 차이와 비교하면 아무것도 아니다. 오늘날 지위 차이가 크다 해도 봉건제보다야 훨씬 더 나아졌으니까. 그리고 비슷하게 만들어지는 동질화, 또는 획일화는 여전히 진행형이다. 시대의 모든 정치적 변화는 동질화를 간판으로 내건다. 교육의 모든 확장 역시 동질화에 매달린다. 교육은 모든 사람에게 통하는 영향력을 키우고자, 사실과 감성을 쟁여놓은 공동의 창고, 곧 표준화한 지식 창고에 접근할 자격을 부여하기 때문이다. 소통 수단과 방식의 발전도 마찬가지다. 서로 멀리 떨어진 공간의 사람들이 개인적으로 직접 접촉할 수 있게 해서, 공간 사이에 변화의 흐름이 빠르게 전파될 환경을 만든다. 상업과 제조업의 발전도 쉽고 편리한 환경의 이점을 널리 확산함으로써 모든 종류의 야망, 심지어 가장 높은 곳에 오르려는 야망까지 품게 해 어느 분야든 경쟁이 치열해지게 조장한다. 이로써 신분 상승의 욕구는 어느 특정 계층의 전유물이 아니라, 계층을 막론하고 벌어지는 일반적인 현상이다. 어떤 공동체든 비슷해지는 이런 일반적 경향에서 더욱 강하게 두드러지는 변화는 이 나라든 다른 자유 국가든, 정부가 여론을 가장 우선시할 수밖에 없는 환경의 확립이다. 사회적 지위가 점차 평준화하고, 의견 차이를 조정할 권위가 사라지면서, 여론이라 할지라도 잘못된 의견에는 저항할 수 있어야 한다는 생각, 다수의 생각이라고 해서 무조건 받아들이지 않으려는 의지는 현실 정치에서 갈수록 더 희미해졌다. 이로써 무조건적인 순응을 거부할 기반, 곧 다수의 지배에 반대해 여론과 배치되는 의견을 보호해 주려는 그 어떤 실질적인 힘은 사라지고 말았다.

개성을 저해하는 이 모든 원인이 여론의 힘을 지나치게 키워주면서, 어떻게 해야 개성이 설 자리를 다질지, 문제는 해법을 찾기 어렵다. 대중의 지성이 개성의 가치를 느끼지 못하는 한, 어려움은 계속 더 커지리라. 심지어 개성의 차이를 존중하는 태도가 더 나은 선택은커녕, 더 나쁘다고 보는 한, 어려움은 계속 커질 수밖에 없다. 개성의 권리를 지키자는 주장은, 강제적인 획일화가 아직 완성되지 못한 바로 지금 머리를 맞대고 고민해야 할 문제이다. 어떤 일이든 폐해를 막을 최적기는 초기 단계이다. 다른 모든 사람이 우리와 비슷해야만 한다는 요구는 바로 이 욕구를 먹고 자란다. 곧 이 요구는 반복될수록 강해질 수밖에 없다. 인생을 '거의 하나의 획일적인 형태'로 줄여버리면, 이에서 벗어나는 모든 것은 불경하고 부도덕하며, 심지어 자연과도 어긋나는 괴물 취급을 받는다. 얼마 동안 다양성을 가려 읽을 수 없게 되면, 인간은 이를 상상하거나 받아들이는 능력을 빠르게 잃는다.

제4장

개인을 지배할 사회적 권위의 한계

그렇다면 개인은 스스로 다스릴 정당한 주권을 어디까지 행사할 수 있을까? 사회의 권위는 어디서부터 시작할까? 인간의 삶 가운데 어디까지가 개인의 몫이며, 어디서부터 사회에 따라야 할까?

각 개인은 자신에게 특히 관련된 부분에서 자유의 적절한 몫을 얻는다. 개인에게는 주로 개인의 관심사가 되는 삶의 부분이, 사회에는 사회의 관심사가 되는 부분이 적절한 몫으로 분배되어야 한다. 사회적 관심사의 예는 공동체의 안녕이다.

비록 계약을 기반으로 세워진 사회가 아니라도, 사회적 의무를 도출하려는 목적으로 계약을 쓰는 것이 그 어떤 좋은 목적과 부합하지 않는다고 하더라도, 사회의 보호를 받는 사람은 누구나 그 혜택에 보답해야 한다. 그리고 사회 속에서 살아간다는 사실만으로도 각자는 다른 사람에게 선을 넘지 않는 행동을 해야 할 필수적인 의무를 진다. 이런 행위는, 첫째, 당사자 상호 간에 이익을 해치지 않아야 한다. 더 정확히 말해서, 명시적인 법적 규정 또는 암묵적 합의를 바탕으로 권리로 인정되는 특정 이익은 누구도 해치지 않아야 한다. 둘째, 각 개인은 사회를 방어하거나, 그 구성원을 피해와 괴롭힘으로부터 지켜줄 자신의 몫(공정한 원칙에 따라 정해진 몫)을 감당해야 한다. 이런 조건의 이행을 유보하는 사람에게 사회는 어떤 대가를 치르더라도 그 이행을 강제할 정당성을 지닌다. 사회는 이런 강제만 행사할 수 있는 것도 아니다. 개인의 행동이 타인에게 해를 끼치거나, 타인의 안녕을 충분히 배려하지 않는다고 하더라도 법이 정한 권리를 침해하지 않는 경우는 얼마든지 생각할 수 있다. 이 경우에 가해자는 법은 아니지만, 여론으로 정당하게 처벌할 수 있다. 누군가의 행위가 타인의 이익에 해로운 영향을 미칠 때, 곧바로 사회는 이 행위를 심판할 수 있으며, 이 행위로 말미암아 사회 전체의 안녕이 간섭받는지, 여부를 놓고 공개적인 토론을 벌일 수 있다. 그러나 어떤 사람의 행동이 당사자를 제외한 그 누구에게도 영향을 미치지 않거나, 타인의 동의 아래서 이뤄질 때는, 사회가 간섭할 이유가 없다(단, 모든 관련 당사자가 성인이며, 정상적인 이해력을 가져야 한다). 이런 모든 조건을 만족할 때, 개인은 자신이 원하는 행동을 하고 그 결과를 감수할 완전한 자유, 법적으로든 사회적으로든 자유를 보장받아야 한다.

나의 이런 주장을 오로지 자신의 이익만 생각하는 이기적인 무관심으로 바라보는 것은 중대한 오해이다. 인간이 자신과 무관한 일이라면 전혀 신경 쓰지 않아도 좋으며, 이해관계가 걸려 있지 않는 한, 타인의 행동이 선행인지 악행인지 개의치 않아도 되며, 또는 다른 사람의 안녕 따위는 아무래도 좋다고 나는 주장하지 않았다. 오히려 타인을 위해 선행하는 사심 없는 노력은 줄어들기는커녕, 대폭 늘어난다. 사심 없이 베푸는 자비는 사람들에게 선행을 실천하라고 설득할 수 있는 훌륭한 본보기이다. 글자 그대로든 비유적으로든, 채찍 또는 회초리를 쓰지 않아도 선행은 다른 사람에게 당신도 선행을 하라고 감화시킬 수 있다. 나는 개인의 덕목, 이를테면 자아 수양이나 자기 책임 또는 선행을 결코 가볍게 여기면 안 된다고 믿는다. 물론 이런 덕목은 사회적 덕목과 비교하면 중요성에서 두 번째로 여겨질 수 있다. 하지만 이런 순위 매기기가 의미 없을 정도로 나는 개인적 덕목을 중시해야 한다고 본다. 교육의 과제는 이 두 덕목 모두 균형 있게 키워주는 일이다. 그리고 교육도 회초리를 들기보다 설득으로 확신을 심어줄 때 가장 효과적이다. 교육 기간이 끝난 성인은 오로지 설득과 확신으로만 개인적 미덕을 함양할 수 있다. 인간은 무엇이 더 좋고, 어떤 게 더 나쁜지 분별할 수 있게 서로 도와야 하며, 더 나은 것을 선택하고 더 나쁜 것을 피하도록 격려할 책임이 있다. 인간은 서로 끊임없이 자극하며 능력을 더 높이 끌어올리고, 어리석음보다는 지혜를, 추락 대신에 고양을 목표로 삼아 열과 성을 다해 사물의 본질을 탐구하고 깊이 성찰해야 한다. 그러나 어떤 개인도 몇 사람으로 이뤄진 집단도 어엿한 성인인 다른 사람에게 그가 자신의 인생을 살며 좋다고 선택한 일을 하지 못하게 막을 권리는 없다. 인간은 어떻게 해야 잘 살 수 있을지, 자신의 인생에 가장 큰 관심을 가진다. 개인적으로 누군가에게 강한 애정을 보이는 경우를 제외하고, 인간이 다른 사람의 안녕과 행복에 갖는 관심은 자신의 그것에 비하면 미미할 수밖에 없다. 반면, 사회가 개인에게 품는 관심은 단편적이며 간접적이다(개인이 타인에게 위해를 가하는 행동을 제외한다면). 사실 지극히 평범한 남성 또는 여성은 자신의 환경과 고유한 감정을 누구보다도 더 잘 안다. 사회가 개인에게 간섭해서 그의 판단과 목적을 규제하려는 시도는 일반적인 추정을 근거로 이뤄진다. 그런데 이런 추정은 완전히 잘못될 수 있고, 설령 옳다고 하더라도 개별 사례에 적용하기에는 무리인 경우가 많기만 하다. 특히 그런 사례가 어떤 상황에서 일어났는지 외부에서 보는 사람이 당사자보다 더 잘 안다는 것은 말이 되지 않는 이야기이다. 이처럼 인간사에는 '개성'만의 고유한 활동 영역이 엄연히 존재한다. 물론 서로 교류를 나누는 사회에서 인간은 어떤 일이 벌어질지 예상할 수 있도록 일반적인 행동 규칙을 지켜야 한다. 하지만 개인의 문제에서 '개별적인 자발성'은 자유롭게 발휘할 권리를 보장받아야 한다. 타인이 개인의 판단을 돕기 위해 정보를 제공하고, 의지를 키우도록 충고하며 심지어 강요할 수도 있지만, 최종 판단은 어디까지나 개인 자신의 몫이다. 개인이 충고와 경고를 무시하고 저지를 수 있는 모든 오류는 타인의 강제를 허용해 발생하는 해악에 비하면 그리 심각하지 않다.

개성이 침해받아서는 안 된다는 나의 주장은, 개인의 어떤 특성이나 결점 때문에 생기는 타인의 감정이나 태도까지 억제해야 한다는 뜻은 아니다. 예컨대, 게으른 사람을 보며 실망하거나 비난하는 감정은 자연스러운 반응이며, 이를 억누르려 해서는 안 된다. 그런 감정을 통제하는 것은 가능하지도 않고, 바람직하지도 않다. 반대로 어떤 개인이 지닌 뛰어난 자질을 보며 다른 사람이 느끼는 감정, 이를테면 존경이나 칭찬은 바람직한 것으로 오히려 권장해 주어야 한다. 만약 개인이 이런 자질에서 현저히 부족한 모습을 보인다면, 존경이나 경탄과 정반대의 감정을 느끼는 것은 지극히 자연스러운 반응이다. 어느 정도의 어리석음, 그리고 저속함 또는 부패한 취향(비록 이 표현이 전적으로 적절하지는 않지만)을 드러내 보이는 개인에게 위해를 가하는 것은 틀림없이 정당하지 않다. 그러나 이 개인에게 반감, 심지어 경멸을 표현하는 것은 정당하다. 이런 반감이나 경멸을 품을 때 그 정반대의 자질을 키우려는 욕구가 자극받기 때문이다. 피해를 주지 않는 행동일지라도 그 행동을 보며 우리는 당사자를 어리석은 자나 못난이로 여길 수 있다. 당사자는 분명 이런 평가를 원하지 않을 것이기에, 다른 불쾌한 반응과 마찬가지로 미리 경고해 주는 편이 본인에게 도움을 준다. 사실 지금 통용되는 일반적인 예의범절보다는, 선의에서 우러난 충고를 훨씬 더 자유롭게 주고받는 문화가 더 바람직하다. 다른 사람의 잘못을 솔직히 지적했다고 해서 무례하거나 주제넘다는 평을 듣는 일은 없어야 한다. 또한 우리는 어떤 사람의 행동이 마음에 들지 않을 때, 이런 감정을 다양한 방식으로 표현할 권리를 가진다. 이는 그 사람의 개성을 억압하는 게 아니라, 우리 개성의 발현이다. 예컨대, 우리는 그와 어울려야만 하는 의무가 없으며, 피할 권리가 있다(단, 노골적인 회피는 안 된다). 우리는 서로 마음에 맞는 사람과 교류할 선택권을 가지기 때문이다. 어떤 사람의 말이나 행동이 주변 사람들에게 나쁜 영향을 미칠 수 있다면, 우리는 이를 경고할 권리가 있으며, 때로는 경고가 의무이기도 하다. 우리는 선택적 호의로 잘못을 저지른 사람보다 자신의 개성을 키우려 노력하는 사람에게 도움을 베풀 수 있다. 물론 잘못한 사람을 개선하고자 하는 충고는 예외로, 이런 충고는 충분히 권장할 만하다. 이처럼 다양한 방식으로 잘못된 행동을 한 사람은 그 잘못이 오로지 자신의 문제임에도 타인에게 가혹한 벌을 받을 수 있다. 하지만 이런 처벌은 어디까지나 당사자가 저지른 잘못 자체의 자연스러운 결과, 곧 자발적으로 선택한 행동의 결과로 겪는다. 다시 말해서 이 처벌은 의도적으로 타인이 강요하는 것이 아니다. 성급하고 완고하며 자만심을 거침없이 드러내는 사람, 절제하지 못해 방종하며, 소모적인 해로운 감정에 휘둘리며 지성을 희생하면서까지 동물적 쾌락을 추구하는 사람은 타인에게 저급하다는 평가를 받아 그들의 호의를 누리지 못할 것을 각오해야 한다. 하지만 그는 이런 평가에 불평할 권리가 없다. 단, 인생을 살며 사회에 어떤 특별한 자질이나 덕성으로 공헌해서 타인의 호의를 받을 자격을 충분히 증명한 사람은 이런 결함이 있다고 해서 그 자격까지 부정당해서는 안 된다.

내 주장의 핵심만 간추리자면 이렇다. 오로지 자신의 안녕과 행복을 염두에 두었을 뿐, 타인에게 해를 끼치지 않는 행동이라면, 타인의 비판이 초래하는 불편함을 감수하는 것 외에 그 어떤 제재도 받아서는 안 된다. 다른 사람에게 위해를 가하는 행동은 전혀 다르게 취급되어야 한다. 타인의 권리 침해, 부당한 손실이나 피해 야기, 거짓말로 기만하는 행위, 우월한 지위를 이용한 비리나 착취 그리고 이기심에서 도움을 주지 않는 행위는 도덕적으로 비난받아야 마땅하며, 심하면 처벌의 대상이 된다. 이런 행위뿐만 아니라, 행위를 유발하는 성향 역시 본질적으로 부도덕하며, 비난받아 마땅하다. 이런 비난은 심지어 혐오로 이어질 수 있다. 잔인한 성향, 악의와 고약한 심술, 모든 열정 가운데 가장 반사회적인 질투, 위선과 불성실, 별것도 아닌 일에 극도로 흥분하는 분노, 약한 도발에 보이는 과도한 적개심, 타인을 지배하려는 욕구, 자신에게 할당된 몫보다 더 많이 차지하고야 말겠다는 탐욕(그리스인들은 이를 '플레오넥시아(πλεονεξία)'라 불렀다), 타인의 굴욕을 보며 만족의 미소를 짓는 자만, 오로지 자기 중심으로 생각하면서 모든 불확실한 물음을 자신에게 유리하게 결정하는 이기심, 이 모든 성향은 도덕적 악덕이며, 열악하며 혐오스러운 도덕적 인격을 형성한다. 이 모든 성향은 앞서 언급한 결점, 그 자체로 부도덕은 아니며, 아무리 심해도 사악함과는 거리가 먼 결점과 다르다. 개인의 행동은 아무리 어리석거나, 개인적 품위와 자존감 결여를 보여준다고 할지라도, 타인에게 지켜야 할 의무를 위반했을 때만 도덕적 비난의 대상이다. 다시 말해서 개인은 타인을 의식하고 배려해 개인 자신을 돌보아야 할 의무를 다해야 한다. 물론 이런 의무, 이른바 '자기 자신을 돌볼 의무'는 단순히 신중함의 차원에 머무르지 않고, 꾸준히 자기 계발에 힘쓰며 자존심을 키워야 한다는 뜻이다. 자기 자신을 돌볼 의무는 사회적으로 강제할 수 있는 것은 아니다. 정황상, 이 의무의 준수가 곧 타인을 위한 배려를 뜻하지 않는 한에서, 이 의무는 강제될 수 없다. 자존감을 키우고 자기 계발에 힘써야 할 의무는 개인이 타인에게 지는 것이 아니다. 이런 의무는 강제한다고 해서 공동체에 아무 유익을 주지 않기 때문이다.

한편으로는 신중함의 결여 또는 부족한 개인적 품위로 받는 경시와, 다른 한편으로는 타인의 권리를 침해한 범죄로 받는 비난 사이의 구별은 단순히 명목상 차이가 아니라, 실질적으로 각각에 상응하는 조치가 근본적으로 달라야 한다는 확인이다. 어떤 사람이 불쾌감을 조장할 때, 그의 행동이 우리가 간섭할 권리를 가지는 영역에 속하느냐 여부에 따라 그 사람을 대하는 우리의 감정과 행동은 근본적으로 달라진다. 만약 그가 불편하게 만들면, 우리는 그에게 불만을 표시할 수 있다. 기분 나쁜 사물을 보고 피하듯, 우리는 그에게 거리를 둘 수 있다. 하지만 그렇다고 해서 그의 인생을 불편하게 만들 권리까지 우리가 가지지는 않는다. 우리는 그가 자기 잘못으로 생겨난 결과를 이미 감수하고 있는지, 아니면 앞으로 감수하게 될지 우선 살피는 자세를 갖추어야 한다. 잘못된 판단으로 그가 인생을 망치고 있다면, 우리는 이를 빌미 삼아 그의 인생을 더욱 힘들게 만들려 해서는 안 된다. 벌을 주려 하기보다 오히려 그의 행동이 가져올 폐해를 피하거나 극복할 방법을 알려주어 그의 고통을 덜어주려 우리는 애써야 한다. 그는 동정이나 혐오의 대상일 수는 있지만, 분노나 원망의 대상은 아니다. 우리는 그를 사회의 적으로 취급해서는 안 된다. 관심을 보여주고 염려해 주며 선의의 도움을 베풀 게 아니라면, 우리가 정당하다고 여길 수 있는 극단의 조치는 그를 홀로 내버려 두는 것이다. 하지만 그가 개인으로든 집단의 일원으로든 동료 시민을 보호하는 데 필요한 규칙을 위반했다면, 이야기는 전혀 달라진다. 그의 행동이 몰아올 나쁜 결과는 그 자신에게 돌아가는 게 아니라, 우리에게 영향을 미친다. 그러므로 모든 구성원의 보호자인 사회는 응분의 처벌을 그에게 내려야 한다. 물론 이 처벌은 그 목적이 명확해야 하며, 충분히 가혹한 고통을 받도록 설계되어야 한다. 타인에게 손해를 끼쳤다면, 우리는 가해자를 공동체의 심판대에 세워 심판하고, 적절한 방식으로 판결을 집행해야 한다. 반대로, 그저 자신이 원하는 일을 하다가 불쾌감을 자극한 사람에게 우리는 그 어떤 고통도 가해서는 안 된다. 다만, 우리 역시 그와 마찬가지로 자신의 일을 자유롭게 결정할 권리를 행사함으로써 생겨나는 부수적 불편함은 감수해야 한다.

개인의 인생에서 오로지 자기 자신과 관련된 부분과 타인과도 관련된 부분의 이런 구분을 받아들이지 않는 사람은 많기만 하다. 사회의 구성원 한 명이 하는 행동이 어떻게 다른 구성원에게 아무 상관이 없는 문제가 될 수 있을까?(이들은 반문한다.)

완전히 고립되어 살아가는 사람은 아무도 없다. 개인이 자신에게 심각하거나 지속적인 손상을 가한다면, 그 피해가 최소한 주변 사람에게, 그리고 그보다 훨씬 더 광범위하게 영향을 미치지 않기란 불가능하다. 자기 재산을 방탕하게 낭비하는 개인은 직접적이든 간접적이든 이 재산으로 생계를 얻던 사람들에게 피해를 주며, 결국 공동체의 전체 자산은 많든 적든 감소할 수밖에 없다. 몸이든 정신이든 그 능력을 스스로 훼손하는 개인은 그와 함께 행복을 나누고자 했던 모든 이에게 해악을 끼칠 뿐만 아니라, 더 나아가 인류에게 봉사할 자격을 저버리는 만행을 저지른다. 아마도 그런 개인은 타인의 애정이나 자비에 기대야만 하는 짐일 수밖에 없다. 그리고 이런 못난 짓을 아주 자주 저지른다면, 보편적 선에 끼치는 해악은 그 어떤 범죄보다도 더 클 수 있다. 결국 어떤 나쁜 습관이나 어리석은 행동이 타인에게 직접적인 해를 끼치지 않는다고 할지라도, 그런 습관 또는 행동은 모방의 사례로 여전히 악영향을 미친다. 그런 행위를 보거나 아는 것만으로 타락하는 잘못된 길로 빠질 수 있으므로 우리는 그 개인이 스스로 자제하고 절제할 수 있게 강제해야 한다.

그리고 심지어 (꼭 덧붙여 생각해 봐야 하는데) 어떤 잘못된 행동의 결과가 그저 아무 생각 없이 사는 악독한 개인에게만 국한한다고 할지라도, 사회는 그저 손 놓고 아무런 자제 능력이 없는 이 개인을 그저 자신의 판단대로 살라고 내버려 두어도 좋은 걸까? 자기방어 능력이 없는 아동과 미성년자를 사회가 보호해 주어야 하듯, 성년을 넘겼다고 할지라도 스스로 자신을 지킬 줄 모르는 성인도 똑같이 보호해 주어야 하지 않을까? 노름, 음주, 무절제한 행동, 게으름 또는 불결함처럼 행복을 무너뜨리며, 발전의 심각한 장벽으로 작용하는 고약한 버릇은 왜 법으로 금지하지 않는 걸까? 얼마든지 현실에 적용할 수 있으며, 사회 질서 유지라는 편의와도 맞아떨어진다면, 당연히 이런 습벽은 법으로 규제해야 하지 않을까?(아무튼 반문은 끊임없이 이어질 수 있다.) 법의 피할 수 없는 결함을 보완할 수만 있다면, 최소한 여론은 악덕에 맞서는 강력한 경찰 노릇을 자임하며 그런 고약한 행위를 저지르는 자들에게 엄격한 사회적 제재를 가해야 하지 않을까? 개성을 제한한다거나(흔히 말하듯), 인생을 살며 새롭고 독창적인 실험을 시도하는 노력을 막는 것이 문제의 핵심은 아니다. 막아야 할 유일한 문제는 태초부터 지금까지 계속 되풀이해 온 경험에 비추어 개성에 전혀 유용하지 않거나, 적합하지 않은 습벽의 예방일 따름이다. 다시 말해서 도덕적으로 확실한 어떤 진리가 두각을 드러낼 수 있으려면 상당한 시간을 거친 경험의 축적은 꼭 필요하다. 세대마다 선대를 나락으로 빠뜨린 치명적 오류를 되풀이하는 것을 막기 위해 바람직한 진리는 조급해 하지 않고 기다릴 줄 알아야 얻어진다.

나는 개인이 자신에게 저지르는 해악이 그와 가까운 사람들의 공감과 이해관계를 통해, 그리고 가까운 관계의 반응만큼은 아니라 할지라도 사회 전체에도 어느 정도 영향을 미칠 수 있다는 점을 전적으로 인정한다. 이런 종류의 행동으로 개인이 타인에게 지는 명확하고 특정 가능한 의무를 위반하면, 그 사안은 개인의 차원을 넘어서서 말 그대로 도덕적 비난의 대상이 된다. 예를 들어 어떤 개인이 무절제한 생활 또는 낭비로 빚을 갚을 능력이 없거나, 같은 이유로 가족을 부양하거나 교육할 도덕적 책임을 감당할 수 없다면, 당사자는 마땅히 비난받아야 하며, 법적인 처벌도 받을 수 있다. 하지만 이런 처벌은 가족을 돌볼 의무 또는 채무 불이행에 따른 것일 뿐이다. 사회는 그가 낭비했다고 처벌할 수는 없다. 가족을 부양하거나 빚을 갚아야 할 돈을 가지고 제아무리 신중한 투자를 위해 썼다고 하더라도, 당사자는 똑같은 도덕적 책임을 져야 한다. 조지 반웰은 애인에게 줄 돈을 마련하려고 삼촌을 살해해 교수형에 처해졌다. 만약 사업을 하려고 그랬다면 교수형이 면제될까.* 다시금 흔히 보는 사례를 보면, 나쁜 습관에 빠져 가족에게 고통

---

* George Barnwell은 조지 릴로(George Lillo)라는 영국의 극작가가 1731년에 발표한 희곡 『런던 상인. 조지 반웰의 이야기(The London Merchant: or the History of George Barnwell)』에 등장하는 주인공이다. 이 작품은 이른바 "가정 비극"(domestic tragedy)이라는 장르를 개척했다는 평가를 받는다. - 옮긴이

을 주는 사람은 불친절하고 배은망덕하다고 비난받아 마땅하다. 하지만 그런 습관이 본질적으로 악하지 않더라도, 그와 함께 살아가는 사람, 또는 그와의 개인적 유대 때문에 그의 배려나 보살핌에 의존하고 있는 사람에게 고통을 준다면, 이 역시 비난받아 마땅하다. 요컨대, 어떤 행동이나 습관은 그 자체로 판단할 게 아니라, 타인에게 해악을 끼치는지에 따라 평가되어야 한다. 타인의 이익과 감정을 배려하라는 일반적 요구를 소홀히 하는 사람은 더 중요한 의무를 지키기 위해 어쩔 수 없었다거나, 자신은 선호하는 취향이 달라 그랬다는 정당한 변론을 할 수 없다면, 그 소홀함에 따른 도덕적 비난을 피할 수 없다. 그러나 그 소홀함이 빚어질 수밖에 없었던 원인인 개인적 선호, 또는 오직 개인 차원에 국한된 잘못까지 도덕적 비난의 대상이 되어서는 안 된다. 마찬가지 근거로 순전히 자신의 행위로 공중에 지켜야 할 어떤 명확한 의무를 저버린 사람은 사회적 비난을 받아 마땅하다. 그저 술에 취했다는 이유만으로 누구도 처벌받아서 안 되지만, 군인이나 경찰이 근무 중에 취했다면 처벌받아야 한다. 요컨대, 개인 또는 공중에 명확한 피해가 발생하거나, 피해의 위험이 있는 경우, 해당 사안은 자유의 영역을 벗어나 도덕 또는 법의 영역에 놓인다.

그러나 어떤 개인이 공중에 지켜야 할 특정 의무를 위반하지 않았고, 타인에게 해를 끼치는 것으로 인지될 행위를 하지 않았음에도, 우발적인 해악, 이른바 '해악으로 추정되는 피해'를 이야기한다면, 이 정도 불편은 인간의 자유라는 더욱 원대한 이상을 위해 사회가 감수해야 한다. 성인이 스스로 자신을 돌보지 않았다는 이유로 처벌받아야 한다면, 나는 이 처벌이 사회에 제공해야 하는 능력을 그르쳤다는 구실을 그 근거로 내세우기보다, 당사자 개인의 이익을 위해 이뤄지는 편이 더 낫다고 믿는다. 하지만 나는 사회의 취약층을 합리적으로 선도할 다른 방도가 전혀 없는 것처럼, 비합리적인 행위를 저지를 때까지 기다렸다가 법적으로든 도덕적으로든 처벌하는 것만이 유일한 방법이라는 주장에 전혀 동의할 수 없다. 사회는 인생 초기, 곧 유년기 동안 개인에게 완전한 권력을 행사한다. 다시 말해서 개인이 합리적으로 행동할 능력을 키워주는 일은 유년기와 미성년기 기간을 통틀어 충분히 이뤄질 수 있다. 현세대는 자라나는 세대의 교육과 전체 환경을 책임지고 돌보아야 할 전권을 가진다. 물론 현세대의 지혜와 선함은 한숨이 나올 정도로 부족하므로, 후대를 완벽하게 지혜롭고 선하게 키울 수는 없다. 최선을 다하는 노력이 개개의 사안마다 다르기는 하겠지만, 언제나 성공한다고 보기는 힘들다. 그렇지만 전체적으로 볼 때 현세대는 후대를 자신보다 조금이라도 더 낫게 키울 능력만큼은 충분하다. 그 구성원 대다수를 그저 어린애 같은 지적 수준, 곧 사안과 멀리 떨어진 요인까지 두루 살필 줄 아는 합리적 사고능력에 미치지 못하는 수준으로 키워내는 사회는 결국 그 부정적인 결과의 피해를 고스란히 떠안을 수밖에 없다. 사회는 교육의 힘만 자랑하지 않는다. 이른바 '통념'의 권위는 자기 일에서조차 제대로 판단할 줄 모르는 빈약한 정신력의 소유자들을 쥐고 흔드는 지배력을 자랑하게 마련이다. 물론 사회는 이런 부족한 정신력의 소유자가 자신이 누구인지 아는 지혜로운 사람의 혐오나 경멸과 같은 자연적인 처벌을 받는 것으로 어느 정도 잘못을 바로잡는 도움을 받기는 한다. 이 모든 문제를 감안하더라도 사회는 개인의 사적인 문제에 명령을 내리고 복종을 강요할 권력의 필요를 주장해서는 안 된다. 이런 문제의 결정은 그 결과를 온전히 감당해야 할 개인에게 일임해야 한다. 행동을 바꿀 더 나은 방법이 있음에도 여전히 나쁜 방법에 매달리는 자세만큼 신뢰를 떨어뜨리고 의욕을 꺾는 일도 따로 없다. 신중함이나 절제를 강요당하는 사람 가운데 강인하고 독립성이 강한 인물은 틀림없이 이런 멍에에 저항하리라. 그런 인물은 자신의 관심사에 타인이 간섭할 권리가 있다고 느낄 리 만무하다. 물론 타인에게 해악을 끼치지 않게 제지할 권리는 그도 인정하겠지만, 자신의 관심사만큼은 누구도 간섭해서는 안 된다고 여길 게 분명하다. 부당한 간섭을 일삼는 권위에 맞서 과시하듯 정반대로만 뻗대는 행동은 흔히 기개와 용기의 표시로 여겨지는 이유는 바로 이것이다. 청교도 정권이 광신적으로 엄격한 도덕을 강조하며 억압을 일삼다가 다시 왕정 복고가 이뤄진 찰스 2세 시절 상스러움과 방탕함이 유행처럼 번졌던 일이 바로 그 한 예이다. 방종을 일삼거나 악덕한 사람이 보여주는 나쁜 본보기로부터 사회를 보호해야 마땅하다는 주장은 실제로 나쁜 본보기가 악영향을 미칠 수 있다는 점에서 새겨볼 필요가 있다. 특히 타인에게 해를 끼치고도 가해자가 아무런 처벌을 받지 않는 사례는 매우 심각하다. 그러나 지금 우리 논의의 주제는 타인에게 해를 끼치는 행위가 아니라, 당사자 자신에게 해가 되는 행위이다. 그렇다면 그 나쁜 본보기가 단순히 해악만 끼치는 게 아니라, 오히려 그렇게 하면 안 된다고 하는 교훈을 주는 유익함도 베푼다는 점은 왜 생각하지 않는지 나는 이해할 수 없다. 나쁜 본보기는 잘못된 행동이 무엇인지 드러내는 동시에, 그에 따르는 고통스럽거나 비천한 결과도 함께 보여주기 때문이다. 어떤 행동이 그릇되었다는 비난이 정당하다면, 그에 따르는 고통스럽거나 비천한 결과를 반면교사로 삼는 유익함도 중시해야 하지 않을까.

그러나 순전히 개인적인 행동을 사회가 간섭해서는 안 된다는 가장 강력한 논리는, 대중이 십중팔구 잘못된 방식으로, 엉뚱한 대목에서 간섭한다는 점에 주목한다. 사회 도덕, 곧 타인에게 지켜야 하는 의무 문제에서 여론, 곧 지배적 다수의 의견은 반드시 옳다고 할 수 없지만, 왕왕 옳을 가능성도 무시할 수 없다. 지배적 다수는 오로지 자신의 이익과 관련한 부분만 판단하기 때문이다. 다시 말해서 지배적 다수는 어떤 행동이 자신에게 무슨 영향을 미치는지 하는 문제에만 관심을 가진다. 그러나 개인의 행동과 관련해서 다수의 의견이 소수에게 법으로 강제될 때, 여론은 맞고 틀리고를 따질 수 없는 의견일 뿐이다. 다시 말해서 여론은 개인의 행동과는 무관하게, 이런 행동이 다른 사람에게 좋으냐 나쁘냐만 따지는 다수의 의견을 뜻한다. 그리고 대개 진짜 다수의 의견을 담아냈는지조차 아리송한 게 여론이다. 대중은 개인이 어떤 인생을 살며 즐거움을 느끼는지, 무슨 일에서 편안함을 맛보는지 하는 문제는 철저히 무관심하게 무시하고, 오로지 자신의 호불호만 따진다. 자신이 싫어하는 행동을 보면 그 행동이 자신에게 상해를 입히는 것으로 여기는 사람은 많기만 하다. 심지어 자신의 감정을 모욕한다고 분개하기까지 한다. 이게 무슨 말인지는 종교적 맹신자를 보면 잘 알 수 있다. 왜 다른 종교를 믿는 사람의 감정을 무시하냐는 비난을 들으면, 맹신자는 그 섬뜩한 예배나 신앙을 고집하면서 너희가 나의 감정을 무시한다고 되받아친다. 하지만 어떤 사람이 자신의 고유한 의견에 품는 감정 그리고 이 의견을 보며 불쾌하게 여기는 다른 사람의 감정은 서로 같지 않다. 도둑이 남의 지갑을 훔치려는 욕구와 이 지갑을 지키려는 주인의 욕구는 서로 같을 수 없다. 그리고 어떤 사람의 취향은 그의 의견이나 지갑의 돈과 마찬가지로 지극히 개인적인 문제이다. 공적인지 사적인지 경계를 가르기가 좀 어려운 사안에서 개인의 자유로운 선택을 보장해 주며, 다만 보편적 경험으로 '이건 아니다' 하는 행동만 자제하도록 하는 이상적인 사회는 누구라도 쉽게 상상할 수 있으리라. 그러나 검열의 한계를 이처럼 이상적으로 정하는 사회가 어디 있을까? 도대체 언제 대중이 보편적 경험에 신경이나 썼을까? 개인의 행동에 간섭하면서 대중은 유별난 행동이나 감정을 극악한 잘못이라고만 몰아붙일 뿐이다. 그리고 허술하기 짝이 없는 이런 판단 기준을 생각 놀음이나 일삼는 도덕주의자와 작가 열 명 가운데 아홉 명은 종교와 철학의 명령이라고 포장한다. 이들은 어떤 사안이든 자신이 옳게 생각하기 때문에 그것이 옳다고 가르친다. 우리가 그렇게 느끼기 때문에 너희도 그렇게 느껴야 한다고 우겨댄다. 모든 사람에게 구속력을 갖는 행동 법칙을 너만의 생각과 감정에서 찾으라고 저들은 말한다. 불쌍한 대중은 이 가르침을 고스란히 받아들여 선과 악을 갈라보는 자신의 고유한 기준으로 삼아, 마치 만장일치라도 된 듯, 온 세상의 의무로 여긴다. 이런 어처구니없는 일이 또 있을까?

이 글에서 지적한 악함이 단지 이론상으로만 존재하는 것은 아니다. 아마도 혹자는 내가 이 시대의 대중과 국가가 그 호불호를 도덕 법칙으로 부적절하게 포장하는 사례를 구체적으로 언급해 주었으면 하는 기대를 품을 수도 있으리라. 그러나 나는 현존하는 도덕 감정이 어떤 일탈을 저지르는지 살피는 에세이를 쓰고 있는 게 아니다. 이런 주제는 잠깐 다루면서 예시 몇 개로 살피기에는 너무 무겁다. 그럼에도 내가 주장하는 원칙의 실질적 중대성을 보여줄 몇몇 사례는 필요하다. 내가 그저 허구의 해악을 막을 장벽을 쌓으려는 게 아님을 보여주기 위해서도 이 사례는 살펴보아야 한다. 그리고 이른바 '도덕 경찰'의 경계를 의심할 여지가 털끝만큼도 없는 개인의 자유를 침해할 정도로 확장하는 것이야말로 인류가 보여준 가장 보편적인 습성이라는 점을 보여줄 사례는 차고도 넘쳐난다.

그 첫 번째 사례는 오로지 신앙이 다르다는 이유만으로 품는 반감, 자신의 종교 의례, 특히 종교적 금기를 지키지 않는다는 이유로 품는 반감이다. 다소 지엽적으로 보일 수 있는 사례이지만, 마호메트교의 신도들이 기독교에 품는 혐오는 기독교의 교리나 풍습이 아니라, 무엇보다도 돼지고기를 먹는다는 사실로 더욱 독기를 띤다. 단지 때가 되어 끼니를 해결하는 행위를 보는 무슬림의 혐오는 기독교인 또는 유럽인이 무슬림의 풍습을 보며 품는 몇 안 되는 혐오보다 훨씬 더 크다. 그 이유는 물론 이슬람교가 돼지고기를 먹는 것을 금지했기 때문이지만, 이런 금지만으로 그들이 느끼는 혐오의 강도나 성격은 충분히 설명되지 않는다. 예를 들어 이슬람교는 포도주를 마시는 것을 금지하기는 하지만, 대다수 이슬람교도는 포도주 마시는 걸 그처럼 혐오하지는 않는다. 반면, 이들이 "불결한 짐승"의 고기에 품는 혐오는 일종의 본능적 반감을 닮은 매우 독특한 성격을 지닌다. 일단 불결함이라는 관념이 감정을 속속들이 점령한 사람은, 개인적 습관이 꼼꼼할 정도로 청결함을 챙기는 게 전혀 아니라 할지라도, 고기가 불결하다고 질색한다. 힌두교도가 신앙과 관련해 특히 강렬하게 드러내는 불순함이라는 감정이 관념에 사로잡힌 감정의 두드러진 예이다. 이제 무슬림이 주류이며, 그 주류가 자국의 국경 안에서는 돼지고기를 절대 먹어서는 안 된다고 고집하는 상황을 상정해 보자. 이런 이야기가 마호메트교를 믿는 국가에서는 새로운 게 전혀 아니리라.* 특정 음식을 먹지 말라는 이런 금기가 여론의 도덕적 권위를 행사하는 정당한 방식일까? 정당하지 않다면, 그 이유는 무엇일까? 사실 그 사회의 대중은 돼지고기 섭취를 극도로 혐오하며,

---

* (원주) 봄베이의 파르시족은 종교적 금기와 관습 사이의 이런 관계를 잘 보여주는 흥미로운 사례이다. 8세기에 이슬람교의 박해를 받아 페르시아의 파르시에서 쫓겨나 인도 봄베이로 옮겨온 이 부지런하며 진취적인 파르시족, 본래 불을 숭배한 조로아스터교도의 후손인 파르시족은 소고기를 먹지 않겠다는 조건으로 힌두교 군주에게 이곳에 살아도 좋다는 허락을 받아냈다. 나중에 이 지역이 이슬람 정복자의 지배 아래 들어가자, 이번에 파르시족은 돼지고기를 먹지 않겠다는 조건으로 관용을 얻어냈다. 이처럼 처음에는 단지 권위에 복종했던 태도가 점차 '제2의 천성'으로 뿌리내려 오늘날에도 파르시는 소고기와 돼지고기를 먹지 않는다. 이런 이중의 금욕은 세월이 흐르며 부족의 관습으로 자리 잡았다. 그리고 동방에서는 관습이 곧 종교다.

신이 이를 금지하고 혐오한다고 진심으로 믿는다. 이런 금지를 종교적 박해라고 보기도 어렵다. 그 풍습의 기원이 종교일 수는 있겠지만, 어떤 종교도 돼지고기를 먹는 것을 의무로 규정하지는 않았기 때문이다. 결국 이 금지에 이의를 제기할 수 있는 유일한 근거는, 개인의 취향이나 자기 자신과 관련된 문제에 대중이 간섭할 정당한 권한은 없다는 점이다.

좀 더 가까운 예를 들어보자. 스페인 국민 대다수는 로마 가톨릭이 아닌 다른 방식으로 신을 섬기는 것을 심각한 불경이자, 더할 수 없는 모욕으로 여긴다. 바로 그래서 스페인 땅에서는 다른 예배가 합법한 것으로 인정되지 않는다. 유럽 남부의 사람들은 대개 결혼한 성직자를 보며 불경하다 못해 음란하며 외설스럽고 추잡하며 심지어 노골적으로 역겨워한다. 이처럼 나무랄 데 없이 충직한 믿음을 개신교는 어떻게 생각할까? 그리고 그 충직한 신앙을 비가톨릭 신자에게 강요하려는 시도는 어떻게 볼까? 하지만 타인의 이익과 무관한 일에서 자유를 간섭하는 것이 정당하다면, 이런 간섭을 정당화하는 기준은 도대체 무엇인가? 신과 인류가 보기에 추문인 일이라서 그걸 막아야 하겠다는데, 누가 이를 비난할 수 있을까? 부도덕하고 불경한 행위라 막는다는데 이보다 더 강력한 근거는 없지 않은가? 그러나 우리가 옳으므로 타인을 박해해도 된다는 논리를 그대로 받아들인다면, 저들이 싫어하는 일이라면, 우리는 당연히 박해받아야만 한다. 다시 말해서 우리 자신에게 적용될 경우를 생각해 보고 심각한 불의로 여겨질 원칙은 절대 받아들이지 않아야 한다, 바로 이 점을 명확히 인식하면 비로소 문제의 핵심이 드러난다.

앞서 살펴본 사례들은 우리 나라에서는 그런 일이 일어나지 않는다며 무시하는 사람이 없지 않으리라. 육식하면 안 된다거나, 예배는 반드시 이래야 한다고 강요하거나, 성직자의 결혼 여부는 개인의 신조나 성향에 따라 선택할 문제일 뿐, 그런 간섭을 우리는 하지 않는다고 이들은 반박한다. 그렇다면 다음 예는 어떤가? 이 사례는 개인의 자유를 간섭해 발생한 사건으로 우리가 여전히 그 위험에 노출되어 있음을 분명히 보여준다. 뉴잉글랜드나 영연방 시절의 영국처럼 청교도가 충분히 강력한 세력을 형성한 곳은 어디나 거의 모든 여흥, 공적이든 사적이든 여흥을 규제하려는 시도가 있었고, 실제로 상당한 성공을 거두었다. 특히 음악, 춤, 운동대회를 비롯해 기분 전환 목적의 유흥 그리고 극장이 규제의 대상이었다. 이곳에는 여전히 오락 활동을 도덕적으로나 종교적으로 비난하는 사람이 많기만 하다. 주로 중산층 출신인 이들은 작금 왕국의 사회와 정치 상황에서 지배적인 세력이다. 이런 정서를 가진 사람이 언젠가 의회에서 다수를 차지할 가능성은 결코 배제할 수 없다. 공동체의 다른 구성원들은 이처럼 엄격한 종교와 도덕 정서를 지닌 칼뱅주의와 감리교가 오락을 규제하는 걸 어떻게 받아들일까? 이처럼 간섭이나 일삼는 지배층에 이들은 단호한 어조로 너희가 할 일이나 제대로 신경 쓰라고 요구하지 않을까? 이런 요구야말로 오락에 빠지는 건 잘못이라며 어떤 쾌락도 누려서는 안 된다고 주장하는 모든 정부와 대중에게 해주고 싶은 말이다. 그러나 일종의 신념에 가까운 이런 주장이 원칙으로 관철된다면, 다수의 건전한 감각 또는 이 나라의 지배적 여론으로 포장된 원칙에 그 어떤 반론, 아무리 합리적 근거를 가진 반론도 통하지 않는다. 쇠퇴하는 듯 보였던 종교가 잃어버린 지위를 되찾는 데 성공한다면, 이를테면 뉴잉글랜드 초기 정착민이 품었던 기독교 공동체라는 이상이 관철된다면, 우선 사회의 다른 구성원이 기꺼이 이에 따를 준비가 되어 있어야만 한다.

앞선 사례보다 훨씬 더 현실적인 가능성을 하나 상상해 보자. 오늘날 세계는 사회 전반에 걸쳐 민주주의 체제로 나아가려는 뚜렷한 경향을 보이고 있다. 물론, 이러한 민주화가 실제로 대중의 의사를 반영하는 제도적 장치로 이어지고 있는지는 여전히 불확실하다. 이런 경향이 가장 뚜렷하게 실현된 모습을 보이는 나라, 곧 현재 사회와 정부가 가장 민주적인 국가 미국에서 이른바 '국민감정'은 경쟁하기 어려울 정도로 과시적인 인생 또는 돈을 흥청망청 쓰는 라이프스타일을 규제하는 '사치금지법', 실제 법은 아니지만 매우 강렬한 감정으로 사회적 압력을 효과적으로 행사한다. 그리고 실제로 연방의 대다수 지역에서 막대한 수입을 자랑하는 사람은 대중의 비난을 받지 않고 돈을 쓸 방법을 찾기가 매우 어렵다. 물론 이런 이야기가 현실을 정확히 반영했다고 보기에는 과장된 측면이 없지 않지만, 묘사된 상황은 충분히 실제 일어날 개연성이 높다. 민주적인 감정, 곧 평등을 갈망하는 감정은 개인의 소비 방식에 대중이 품는 거부감과 결합해 얼마든지 이런 권리 의식을 빚어낼 수 있기 때문이다. 더 나아가 사회주의 사상이 상당히 확산했다고 가정하면, 평균보다 조금이라도 더 많은 재산을 가진 사람, 또는 육체노동으로 벌어들이지 않은 재산을 가진 사람은 대중의 눈에 탐욕에 절은 악당으로 낙인찍힐 수 있다. 원칙상 사회주의 사상과 유사한 생각은 이미 수공업자 계층에 널리 퍼져, 이 계층의 여론을 특히 중시하는 사람들, 곧 이 계층의 구성원에게 상당한 억압으로 작용한다. 업계의 다양한 분야에서 대다수를 차지하는 서투른 노동자는 숙련도가 뛰어난 장인급 노동자와 똑같은 임금을 받아야 한다고 주장한다. 성과제든 다른 어떤 방식이든, 뛰어난 기술을 가졌다거나 근면하다고 해서 다른 노동자보다 더 많은 돈을 벌어서는 안 된다고 이들은 굳게 믿는다. 이런 주장은 실로 사회주의에 가까운 주장으로, 이미 현실로 나타나는 추세이다. 그리고 이들은 일종의 도덕 경찰, 기회만 있으면 실제 물리력도 행사하는 경찰을 동원해 숙련된 노동자가 더 유용한 서비스를 제공하고 더 많은 보수를 받으며, 또 고용주가 그런 보수를 주는 걸 막으려 한다. 만약 대중이 개인의 사적인 일에 간섭할 어떤 관할권이라도 가진다고 한다면, 이들에게 잘못된 간섭의 책임을 어떻게 물을 수 있을지 나는 알 수 없다. 또 어떤 개인의 특정한 대중, 이를테면 저 실력 없는 노동자들 무리가 실력 있는 장인에게, 전체 대중이 사람들 일반에게 행사하는 것과 같은 권한을 주장한다고 해도 무어라 비난할지 나는 모르겠다.

그러나 굳이 가상의 사례를 논하지 않더라도, 오늘날 우리 시대에는 사생활의 자유를 위협하는 심각한 침해가 실제로 일어나고 있으며, 그보다 더한 침해가 성공할 거라는 예상마저 우리를 위협한다. 대중은 정확한 근거도 없이 뭔가 잘못되었다고 여기는 일을 법으로 금지할 무제한의 권리를 주장할 뿐만이 아니라, 이 '잘못된 일'에 이른다고 여기는 모든 길, 심지어 대중도 그게 무해하다고 인정하는 일까지 싸잡아 금지해야 한다고 거리낌 없이 언성을 높인다.

음주로 발생하는 폐해를 예방한다는 명목으로 영국의 어떤 식민지와 미국의 거의 절반에 해당하는 지역 주민은 의료 목적을 제외하고 거의 모든 발효 음료의 사용을 법으로 금지당했다. 사실상 주류 판매를 막는 이 법은 물론 음주 자체를 금지하는 조치였다. 현실을 도외시한 탓에 제대로 집행되기 힘들었던 이 법은 채택했던 여러 주는 물론이고 심지어 법안의 이름이 유래한 주에서조차 폐지될 수밖에 없었다. 그럼에도 영국의 자칭 박애주의자들은 비슷한 법을 제정하고자 상당한 열정을 쏟아부었다.* 이 목적을 위해 결성된 단체, 연합군을 자처하듯 스스로 "연맹"이라는 명칭을 끌어다 쓴 단체는 그 사무총장이 영국의 몇 안 되는 공인 가운데 한 명, 곧 정치인은 무릇 원리원칙에 기반해 생각할 줄 알아야 한다는 의견을 피력한 공인 한 명과 주고받은 서신이 대중에 공개되면서 어느 정도 악명을 떨쳤다. 단체 사무총장과 서신을 주고받는 가운데 스탠리 경이 보인 태도는 그가 평소 공식 석상에서 몇 차례 보여준 자질이, 안타깝지만 극소수 정치가에게서만 볼 수 있던 것임을 아는 사람들에게, 이미 그에게 품었던 기대를 한층 더 키우게 했다.** 연맹의 사무총장은 "편협함이나 박해를 정당화하는 데 악용될 수 있는 원칙의 승인에 깊이 개탄할 일"이라면서, 이런 원

---

* 본문이 언급하는 금주법은 1851년에서 1856년까지 시행된 "메인법"(Maine Law)을 가리킨다. 모두 열두 개 주에서 도입했던 이 법은 메인주 포틀랜드에서 일어난 반대 폭동이 결정적 계기가 되어 폐지되었다. 박애주의는 사회의 다양한 문제, 특히 빈곤, 가정 폭력, 범죄, 건강 악화, 아동 방치, 도덕적 타락, 생산성 저하와 같은 문제의 주된 원인이 음주라고 보고 금주 운동을 사회 개혁으로 밀어붙였다. - 옮긴이

** '연맹'이란 1853년에 설립된 "영국 동맹"(United Kingdom Alliance)으로 절주와 금주 운동을 벌인 단체이다. Lord Edward Henry Stanley(1826~1893)는 제15대 더비 백작이며, 보수당 소속으로 외무장관을 지낸 인물이다. 금주 동맹의 과도한 개입에 비판적 입장을 견지하면서, 원칙을 중시하는 정치 신념으로 높은 평가를 받았다. - 옮긴이

칙과 연맹이 천명하는 원칙 사이에 "넘기 힘든 두터운 장벽"이 놓여 있다고 주장했다. 그는 계속해서 "생각, 의견, 양심과 관련한 모든 문제는 입법의 영역 밖에 있는 것"으로 보이며, 반대로 "사회적 행위, 습관, 관계와 관련한 모든 일은 정부에 부여된 재량권의 영역으로, 개인의 차원을 넘어서기에 입법의 영역 안에 있다"고 썼다. 이 두 가지와는 다른 제3의 범주, 곧 사회가 아닌, 개인의 행위와 습관을 그는 언급하지 않았다. 그리고 발효주를 마시는 행위는 확실히 이 범주에 속한다. 하지만 발효주를 파는 행위는 거래이며, 거래는 사회적 행위이다. 주류 판매가 사회적 행위이기에 국가가 이 자유를 침해해도 좋다는 논리는 그러나 판매자의 자유만 건드리는 게 아니라, 구매자와 소비자의 자유를 침범한다. 정부가 아예 와인을 마시지 못하게 하는 금지는 와인을 구매하지 못하게 하는 의도적인 금지와 다를 바가 전혀 없기 때문이다. 그러나 사무총장은, "한 사람의 시민으로, 타인의 사회적 행위로 나의 사회적 권리가 침해될 때마다, 나는 이런 침해를 막을 법을 정해야 할 권리를 주장할 수 있다"고 결론지었다. 그렇다면 도대체 그가 말하는 "사회적 권리"가 정확히 무슨 뜻인지 들어봐야 한다. "어떤 것이 나의 사회적 권리를 침해한다면, 그 분명한 본보기는 독주의 유통이다. 주류 유통은 끊임없이 사회적 혼란을 부추기고 초래함으로써 안전을 누려야 할 나의 가장 기본적인 권리를 짓밟는다. 또

주류 판매는 고통을 만들어 내는 데서 이득을 얻고, 술로 빚어진 폐해에 정부가 구제 활동을 벌이도록 내 세금으로 지원해야 해서, 결국 나의 평등권이 침해받는다. 술은 내가 다니는 길마다 위험 요소를 가득 심어 놓아, 서로 교류하며 도움을 나눠야 할 사회를 약화하고 타락시킴으로써 자유롭게 도덕과 지성의 발달을 추구해야 할 나의 권리를 침해한다." 그가 말하는 "사회적 권리" 이론은 아마도 예전에 이처럼 분명한 어조로 속내를 드러낸 예를 찾지 못할 정도로 섬뜩하다. 간단히 말해서, 개개인은 모든 면에서 자신의 마땅한 의무가 요구하는 방식대로 정확히 행동해야만 하는 것이 그의 절대적인 사회적 권리이다. 그러므로 누구든 이 의무를 조금이라도 그르친다면, 이는 곧 나의 사회적 권리를 침해하는 행위이며, 나는 입법부에 이 고충을 해결해달라고 요구할 권리를 가진다. 이런 기괴한 이론은 자유를 겨눈 그 어떤 개별적인 간섭보다 훨씬 더 위험하다. 사회적 권리를 앞세운 원칙은 자유의 어떤 침해도 정당화할 수 있기 때문이다. 이 원칙은 사실상 그 어떤 자유도 권리로 인정하지 않는다. 기껏해야 의견을 절대 입 밖에 내지 않고 비밀리에 품는 정도만 허용한다. 누군가의 입에서 내가 해롭다고 여기는 어떤 의견이라도 발설되는 순간, 이 발언은 '연맹'이 나에게 부여한 모든 "사회적 권리"를 침해하기 때문이다. 이런 독단적 이론은 모든 인간이 서로의 도덕적, 지적, 심지어 육체적

완전성을 요구할 기득권을 가졌다고 주장한다. 그 완전성의 기준은 각각의 주창자가 자기 나름대로 정한 기준으로 정해진다.

개인의 정당한 자유를 부당하게 간섭하는 또 다른 중요한 사례는 바로 '안식일 법률'이다. 이 법은 단순한 위협에 그치지 않고, 오랫동안 승승장구를 거두어 왔다. 인생을 살며 긴급히 처리해야 하는 일이 없는 한, 일주일 가운데 하루를 일상적 업무에서 벗어나 쉬는 것은, 비록 유대인을 제외하면 누구에게도 강제되지 않는 종교 관습일지라도, 대단히 유익한 풍습임이 틀림없다. 그런데 근면한 계층의 동의 없이 이 관습은 소기의 효과를 달성하기 힘들다. 쉬기로 한 날에 굳이 일하는 사람을 보며 다른 사람도 어쩔 수 없이 일해야만 하는 상황을 배제할 수 없는 한, 법이 따로 하루를 정해 주요 산업 활동을 중단시키는 것은 모든 사람이 이 관습을 지키도록 보장해 주는 조치로 권리의 정당한 선택일 수 있다. 하지만 이런 정당화는 일주일에 하루 쉬기를 원하는 사람의 이익을 보장해 주려는 선택일 뿐, 개인이 자신의 여가 시간에 누릴 자유로운 활동에 적용될 수 없다. 또한 오락을 즐기는 것은 이런 법적 제한을 조금도 받아서는 안 된다. 물론 어떤 사람의 오락이 해당 요일에 다른 이의 노동을 의미하는 건 사실이다. 하지만 굳이 유용한 오락이라고까지는 아니라 하더라도, 많은 이가 누리는 즐거움은 소수의 노동을 감수할 만한 충분한 가치이다. 다만, 이 직업을 자유롭게 선택할 수 있고, 또 자유롭게 그만둘 수 있어야 한다는 전제조건은 충족되어야만 한다. 모두 일요일에 일해야 한다면, 엿새에 해당하는 임금으로 칠 일 노동을 하는 것이라는 노동자들의 생각은 분명 맞는 말이다. 하지만 대부분의 노동이 중단되는 한, 다른 이들의 즐거움을 위해 여전히 일하는 소수는 그에 비례하는 수입 소득을 올린다. 물론 수입보다 여가가 더 중요한 사람은 이런 직업을 선택하지 않으면 된다. 추가적인 해결책을 찾는다면, 특정 계층의 사람을 위해 일주일 가운데 다른 날을 휴일로 정하는 대안도 얼마든지 생각해 볼 수 있다. 그러므로 주일에 즐기는 오락을 규제하는 유일한 근거는 종교적으로 주일 오락이 잘못되었다는 점일 따름이다. 입법의 동기가 종교적 관습이라면, 이는 절대 수긍할 수 없는 강제이다. "신에게 저지른 잘못은 신이 처분하게 하자."(Deorum injuriae diis curae) 전지전능한 신을 모독한 경우일지라도, 이 모독이 이웃에게 해악을 끼치지 않은 한, 사회 또는 공직자가 이를 처벌할 권한을 신으로부터 위임받았다는 증거는 아직 어디에도 없다. 신앙을 가진 사람의 의무는 다른 사람도 신앙을 갖게 만들어야만 하는 것이라는 주장은 지금껏 자행된 모든 종교적 박해의 근원이다. 만약 이런 주장을 용인한다면, 우리는 종교 박해가 완전히 정당하다고 인정해 주어야만 한다. 일요일에 기차 운행을 중단시키려는 반복적인 시도, 박물관 개장을 반대하는 움직임에서 노출되는 감정이 옛 종교 박해의 잔혹성까지 보이지는 않는다고 하더라도, 그 심리 상태는 근본적으로 똑같다. 타인의 종교가 허용하는 행위를 자기 종교는 금지하기 때문에, 그 행위를 타인이 하는 것조차 눈 뜨고 봐줄 수 없다는 고집이 그런 심리이다. 이런 편협한 믿음은 신이 믿음을 보이지 않는 자의 행위를 혐오할 뿐만 아니라, 그를 막지 않고 내버려 두는 우리까지 죄인으로 여긴다고 고집한다.

나는 인간의 자유를 경시하는 이런 사례들에 더해, 모르몬교라는 주목할 만한 현상을 언급해야 할 때마다 영국의 언론이 퍼붓는 노골적인 박해의 언어를 짚지 않을 수 없다. 신문과 철도와 전보가 널리 보급된 시대에 그 창시자라는 사람의 비범한 자질 운운하는 종교가 내세우는 이른바 '새로운 계시'가 어느 모로 보나 속내가 훤히 들여다보이는 사기극임이 분명함에도, 수십만의 신도를 거느리고 어엿한 사회 집단을 이루었다는 전혀 예상하지 못한 사실은 많은 점에서 시사하는 바가 크기만 하다. 모르몬교에서 우리가 주목해야 할 점은, 이 종교가, 다른 종교와 더 나은 종교와 마찬가지로, 순교자를 낳았다는 사실이다. 자칭 예언자인 창시자는 그가 설파한 가르침 탓에 폭도에게 암살당했으며, 그 추종자들도 똑같은 무법적 폭력으로 목숨을 잃었다. 모르몬교는 최초로 뿌리내린 지역에서 강제로 집단 추방당해, 지금은 사막 한가운데 외딴곳에 쫓겨난 처지이다.

그럼에도 영국의 많은 사람은 모르몬교를 처벌할 원정대를 파견해 그들의 잘못된 믿음을 바로잡아주는 게 옳다고 강변한다(단지 실행하자니 여러모로 불편해 참고 있을 뿐이라나). 보통 꾹 참기 마련인 종교적 관용을 무너뜨리는 반감의 주된 원인은 모르몬교가 일부다처제를 그 교리 가운데 하나로 인정한다는 사실이다. 일부다처제는 이슬람교, 힌두교, 중국에서 흔히 보는 관습이지만, 영어를 쓰면서 기독교의 일파라고 주장하는 종교집단이 채택했다는 사실에 쉽게 가라앉지 않는 적개심을 자극한 모양이다. 모르몬교의 일부다처제에 나보다 더 깊은 반감을 품는 사람은 없으리라. 일부다처제는 무엇보다도 자유의 원칙에 비추어 용납될 수 없을 뿐더러, 이 원칙을 정면으로 위배하기 때문이다. 일부다처제는 공동체의 절반(여성)에게 족쇄를 채우는 동시에, 다른 절반(남성)을 결혼생활에서 지켜야 할 상호 의무를 저버릴 수 있게 해주는 남성 해방 제도일 따름이다. 하지만 우리는 일부다처제가 여성의 자발적인 선택일 수 있음을 유념할 필요가 있다. 언뜻 보기에 이런 제도로 고통받는 피해자일 수 있는 여성이 자발적으로 선택했다는 사실이 놀랍게 보일지라도, 세상을 지배하는 일반적인 상식과 관습에 비추어 보면 이런 선택을 설명할 실마리가 잡힌다. 세상의 통념과 관습은 여성에게 틈만 나면 결혼이 인생에서 꼭 필요한 유일한 것이라고 주입해 댄다. 바로 그래서 많은 여성은 결혼해야만 한다는 강박에 시달린 나머지, 홀로 사느니 차라리 여러 명의 아내 가운데 한 명이 되는 편이 낫다고 여긴다. 다른 나라들이 이런 결혼제도를 인정해 달라는 요청을 받은 바 없으며, 모르몬교를 믿는다고 그 나라의 법 적용에서 제외해 달라는 요구한 일도 없다. 더욱이 모르몬교는 그 교리를 받아주지 않는 나라들을 제발로 떠나 지구의 어떤 외딴 구석에 처음으로 정착해 사람이 살 만하게 개척하는 수고를 감내하는 양보까지 했다. 또 다른 국가를 침략하지 않았으며, 모르몬교의 방식에 불만을 품는 사람은 언제라도 떠날 수 있는 완벽한 자유를 보장해 주었다. 그럼에도 자신이 원하는 법 아래서 살아가지 못하게 막을 유일한 방법은 독재 외에는 없다. 최근 어떤 작가, 여러모로 상당히 훌륭한 인물이라 할 수 있는 작가는 (그 자신이 쓴 표현을 빌리자면) "십자군"(Crusade)이 아니라 "문명군"(Civilizade)을 보내 이 일부다처제 공동체가 벌이는 문명의 퇴보에 종지부를 찍어야 한다고 제안했다.* 문명의 퇴보라는 말에는 동의하지만, 어떤 공동체가 다른 공동체에 문명화를 강요할 권리를 가진다는 말은 금시초문이다. 나쁜 제도 탓에 고통받는 이들이 외부의 다른 공동체에 도움을 요청하지 않는 한, 아무 관련이 없는

* 이 작가가 누구인지는 학계에서도 의견이 분분하다. 국내 번역판 가운데 매튜 아놀드(Matthew Arnold, 1822~1888)를 지목한 경우가 있는데, 이는 어디까지나 일설이다. 밀 자신은 이 작가가 누구인지 명시적으로 밝힌 바 없다. - 옮긴이

제삼자가 나서서, 직접적인 이해당사자가 만족하는 제도를 폐지하라는 요구는 어불성설이다. 수천 마일 떨어진 곳에 사는, 아무 상관도 없고, 이해당사자도 아닌 사람이 문명의 그런 퇴행은 불쾌하기 짝이 없다고 느낀다고 해서 바꾸거나 폐지하라고 요구한다는 것은 말이 되지 않는 소리이다. 원한다면 선교사를 보내 그래서는 안 된다고 설교하게 하라. 그리고 반드시 공정한 수단을 써서 그런 퇴행적 교리가 사람들 사이에 퍼지는 것을 막도록 하자(교리를 가르치는 교육자를 침묵하게 만드는 것은 공정한 방법이 아니다). 온 세상이 야만으로 물들었던 시절에도 문명이 야만을 이겨냈는데, 문명사회에서 야만이 부활해 문명을 정복할까 두려움에 떠는 것은 지나친 기우이다. 만약 문명이 야만에 이처럼 쉽게 굴복한다면, 그 문명은 이미 썩을 대로 썩었기 때문이다. 자신을 방어할 능력도 의지도 없는 문명은 사제든 교육자든 아무도 지키려 들지 않는다. 사정이 이 지경에 이르렀다면, 문명은 하루라도 빨리 퇴출 선고를 받는 편이 더 낫다. 악화일로에 처한 문명은 결국 활력이 넘치는 야만인의 손에 파괴되어야만 다시 회복해 재생할 수 있다(서로마 제국과 마찬가지로).*

---

* 이 문장에서 '야만인'(Barbarian)은 그리스어 'barbaros'와 라틴어 'barbari'에서 온 것으로 '자신들의 언어를 이해하지 못하는 이방인'이라는 뜻이다. 역사적 맥락에서 이는 로마제국을 무너뜨린 고트족, 훈족, 반달족과 게르만족을 지칭한다. - 옮긴이

제5장

적용

이 책이 묘사한 원칙은 정부와 도덕의 여러 분야에 일관되게 적용될 때 비로소 실제적인 유용성을 가질 수 있다. 따라서 우리는 구체적 논의를 시작하기에 앞서, 이 원칙을 널리 인정하고 받아들일 필요가 있다. 세부적인 문제를 다루기 위해 내가 제시하고자 하는 몇 가지 논점은 원칙에서 어떤 결과가 도출되는지 구체적으로 살피기보다는 오히려 원칙을 설명하기 위한 것이다. 나는 원칙의 적용 자체보다는, 적용의 몇 가지 구체적 사례를 제시하고자 한다. 이 글이 묘사한 전체 이론의 뼈대를 이루는 두 가지 기본 원칙의 의미와 한계를 보다 더 명확히 밝히고, 어느 경우에 무슨 원칙을 적용해야 할지 애매할 때, 두 원칙 사이의 균형을 잃지 않으면서 올바른 판단을 내릴 수 있게 도왔으면 하는 것이 나의 바람이다.

이 원칙들은 다음과 같다. 첫째, 개인은 타인이 아닌 오직 자기 자신의 이익과 관련한 행위에서 사회에 그 어떤 책임도 지지 않는다. 사회가 개인의 행동에 품은 불만과 비난을 정당하게 표현할 방법은 오로지 충고, 가르침, 설득일 뿐이다. 그리고 타인은 자기 이익을 지키기 위해, 필요하다고 판단할 경우, 상대의 행동을 회피하면 그만이다. 둘째, 타인의 이익에 해가 되는 행위의 책임은 개인이 지며, 이때 사회가 나서서 보호해 줄 필요가 있다고 판단할 경우, 개인은 사회적 처벌 또는 법적 처벌을 받을 수 있다.

우선, 타인의 이익에 끼친 피해 또는 그 가능성만으로 사회의 간섭이 정당성을 얻는다고 해서, 그런 간섭이 항상 정당하다고 간주해서는 결코 안 된다. 많은 경우, 개인이 정당한 목표를 추구하는 과정에서 타인에게 고통을 주거나 손해를 입히는 일, 타인이 합리적으로 기대한 이익을 가로채는 일은 피할 수 없이 일어난다. 이런 경우의 피해는 필연적 결과이며, 사회적 제재나 처벌의 대상이 될 수 없다. 개인의 이해관계가 이처럼 대립하는 일은 종종 불합리한 사회 제도 탓에 발생하며, 이런 제도가 존속하는 한, 불가피하다. 또 어떤 제도 아래서도 피할 수 없는 대립 역시 존재하기 마련이다. 포화 상태에 이른 전문직에서 성공하는 사람, 경쟁이 심한 시험에서 합격하는 사람,

또는 하나의 대상을 목표로 이뤄지는 경쟁에서 우선적으로 선택받는 사람은 경쟁 상대의 피해, 물거품이 되어 버린 노력으로 절망에 빠진 상대의 좌절로부터 이익을 얻는다. 그러나 일반적으로 인정되듯, 이런 종류의 성과를 방해받지 않고 추구할 수 있는 환경의 조성은 공동체의 보편적 이익과 부합한다. 바꿔 말해서, 사회는 좌절한 경쟁자가 이런 종류의 고통을 모면하게 해달라는 요구의 법적 또는 도덕적 권리를 인정하지 않는다. 그리고 사회는 공동의 이익을 위배하는 성공 수단, 이를테면 사기, 배신 또는 물리력 행사의 경우에만 개입할 의무를 진다.

또한 교역은 사회적 행위이다. 대중을 상대로 어떤 종류든 상품을 판매하는 사람은 타인의 이해관계 그리고 더 나아가 사회 전체의 이익에 영향을 미치는 행동을 한다. 그러므로 그의 행위는 사회가 관할해야 할 대상이다. 실제로 한때, 중요한 사안으로 여겨지는 모든 경우에서 정부는 가격을 정하고 생산과정을 규제하는 의무를 다해야 했다. 그러나 오랜 투쟁 끝에 우수한 품질과 저렴한 가격의 상품은 생산자와 판매자가 완전히 자유로운 환경에서 가장 효과적으로 제공된다는 점은 이제 누구나 인정하는 사실이다. 그리고 구매자 역시 동등한 자유로 원하는 상품을 얼마든지 다른 곳에서 조달할 수 있어야 한다는 조건이 사회가 교역을 규제할 유일한 수단이다. 이것이 이른바 자유무역주의이다. 그 근거는 이 글이 다룬 개인의 자유라는 원칙과 다르기는 하지만, 못지않게 견고한 논리이다. 무역 또는 무역 목적의 생산을 규제 대상으로 삼는 규정은 사실상 일종의 구속이다. 그리고 모든 구속은, 그것이 구속이라는 점에서, 해악이다. 그러나 이런 규제는 사회적 행위의 영역에 국한할 뿐이다. 요컨대, 규제는 사회의 권한이다. 다만 규제가 잘못된 이유는 그 자체가 본질적으로 부당해서가 아니라, 규제를 통해 달성하고자 하는 목적이 실제로는 성취되지 않기 때문이다. 자유무역의 원칙과 개인 자유의 원칙은 본질적으로 서로 다른 문제이다. 자유무역의 한계를 정하는 문제, 곧 생산과 유통 및 판매를 사회가 규제해야 한다는 논리는 개인 자유의 문제를 전혀 침해하지 않는다. 예를 들자면, 불량품이나 모조품으로 사기 행각을 벌이는 것을 사전에 방지하기 위한 공공의 규제는 마땅히 허용되어야 한다. 또는 위험한 직업에 종사하는 노동자를 보호하기 위한 위생 조치나 안전설비를 고용주에게 의무화하는 규제 또한 마땅히 시행되어야 할 제도이다. 이런 문제는 사람들이 자신이 원하는 대로 하도록 내버려 두는 것이, '다른 모든 조건이 같다'(cæteris paribus)는 전제 아래, 간섭과 규제보다 낫다는 점에서만, 개인의 자유 원칙 영역 안에 포함된다. 그러나 공공의 안녕과 이익을 지키려는 목적의 개인 통제는 원칙적으로 부정될 수 없이 정당하다. 반면, 무역의 규제와 관련한 문제 가운데도 본질적인 자유 문제가 제기될 수 있다. 예컨대, 앞서 언급한 바 있는 "메인법", 중국산 아편 수입 금지, 독극물 판매 제한 따위는 개인의 자유를 침해한다. 요컨대, 어떤 특정한 물품을 얻기 어렵게 만들거나, 아예 얻을 수 없게 하는 모든 규제는 생산자나 판매자의 자유가 아니라 구매자 개인의 자유를 침해하기 때문에 문제가 된다.

이런 사례 가운데 하나인 독극물 판매는 새로운 문제를 열어놓는다. 이른바 '경찰의 적절한 공권력 행사'의 한계는 어디까지일까? 범죄 또는 사고 예방을 위해 공권력은 개인의 자유를 어디까지 침해할 수 있을까? 범죄가 일어나기 전에 취해지는 사전 조치는 물론이고, 범죄 발생 이후 이를 수사하고 상응한 처벌을 내리는 것은 논란의 여지가 없는 정부의 핵심 기능이다. 하지만 정부의 예방 기능은 처벌보다 자유를 침해하는 방향으로 남용될 위험이 훨씬 더 크다. 인간의 정당한 자유 가운데 범죄를 키우는 쪽으로 오용될 부분, 또는 그렇게 표현될 부분이 전혀 없다고 할 수는 없기 때문이다. 그렇지만 공권력이든 심지어 민간인이든 누군가 범죄를 준비하고 있는 정황을 명확히 목격했다면, 범죄가 실제 저질러질 때까지 두 손 놓고 지켜보기만 할 게 아니라, 예방 차원의 개입이 이뤄져야 한다. 만약 독극물이 오로지 살인 목적으로만 구매되거나 사용된다면, 독극물의 제조와 판매는 금지되어야만 한다. 하지만 독극물은 심지어 치료라는 유용한 목적으로도 활용할 수 있다. 따라서 악용을 막겠다는 금지는 유용한 활용마저 침해할 수 있다. 또한 사고를 미리 방지하는 것 역시 공권력이 감당해야 할 정당한 직무이다. 공무원이든 평범한 시민이든 안전하지 않다고 확인된 다리를 건너가려는 어떤 사람을 보았다면, 그를 건너지 못하게 붙잡아 되돌려 보내는 행위는 자유를 조금도 침해하지 않는다. 자유란 원하는 어떤 일을 실행할 권리이며, 강에 빠지는 사고를 원할 사람은 아무도 없기 때문이다. 그렇지만 이처럼 사고 위험이 확실하지 않고, 오히려 오판할 위험이 클 때, 이런 위험을 감수하기에 행위의 동기가 충분한지 아닌지 판단할 수 있는 사람은 오로지 본인이다. 그러므로(본인이 어린아이이거나 정신착란 상태이거나 극도로 흥분하거나 어떤 일에 과도하게 빠진 나머지 사고능력이 충분하지 않은 경우를 제외하고) 단지 위험을 경고해 주는 것만으로도 충분하다고 나는 본다. 요컨대, 어떤 사람이 자기 자신을 위험에 빠뜨리는 행위라 할지라도, 강제로 막는 금지는 부당하다. 독극물 판매도 비슷한 논리를 적용해 살펴야 할 문제이다. 가능한 규제 방식 가운데 어떤 통제가 원칙에 부합할까? 아니, 원칙에 어긋나는 규제가 이뤄지고 있지는 않을까? 예를 들어 위험성을 알리는 경고 문구를 약물 포장의 상표에 넣는 예방조치는 자유를 침해하지 않는 규제이다. 구매자는 당연히 자신이 복용할 약물에 독성이 있는지 알고 싶어 할 것이기 때문이다. 그러나 모든 경우에 의료 전문가의 인증서를 요구하는 정책은 정당한 용도의 해당 품목 구매를 때로는 불가능하게 만들 뿐만 아니라, 무엇보다도 항상 비용 부담을 가중시키는 결과를 낳을 수 있다. 독성 물질을 정당한 용도로 원하는 사람의 자유에 심각한 침해를 가하지 않으면서, 약물로 범죄 행각을 벌이기 어렵게 하는 방법, 내가 보기에 유일한 방법은 벤담의 적절한 표현대로 이른바 "사전 지정 증거"의 제공이다.* 이런 대비책은 계약을 통해 누구나 익히 아는 것이다. 계약을 체결할 때, 법률이 합의 사항의 이행을 강제하는 조건으로서 서명, 증인의 공증과 같은 일정한 형식을 준수하라는 요구는 통상적이고도 올바른 선택이다. 나중에 분쟁이 발생할 경우, 계약이 실제 체결되었다는 점, 계약을 법적으로 무효화할 상황이 없다는 점을 증명할 증거는 꼭 필요하다. 사전 지정 증거의 효과는 허위 계약 또는 이면 합의처럼 나중에 유효성을 잃을 계약을 현저하게 어렵게 만드는 억제력이다. 비슷한

---

* 제러미 벤담(Jeremy Bentham, 1748~1832)은 공리주의를 창시한 영국의 철학자이다. 밀의 아버지와 친분이 두터워 밀에게 지대한 영향을 주었다. "사전 지정 증거"(preappointed evidence)란 벤담이 『사법적 증거의 존재 이유(Rationale of Judicial Evidence)』(1827)에서 제안한 것으로, 사건 발생 전에 정보를 수집하고 기록을 남기는 방식, 예를 들어 구매자의 신원 확인, 구매 목적 및 수량 기록, 유통 경로 투명화를 아우르는 방식이다. 추적 가능성이라는 심리적이고 실질적인 억제 효과를 유도하면서, 정당한 사용자의 접근을 원천적으로 차단하기보다 합리적 수준의 협력을 요구해 개인 자유의 침해를 최소화한다. - 옮긴이

성격의 예방조치는 범죄 도구로 쓰일 수 있는 물품의 판매에도 시행될 수 있다. 예를 들어, 판매자는 거래의 정확한 시간, 구매자의 이름과 주소, 판매된 물품의 정확한 품질과 수량을 기록으로 남겨놓아야 한다. 또한 구매 목적을 묻고, 그 답변도 기록해야 한다. 의사의 처방이 없는 경우에는 제삼자가 입회해 거래 사실을 확인해 줄 증인 노릇을 해야 한다. 나중에 약품이 범죄에 사용되었을 가능성이 제기될 때를 대비한 조치이다. 이런 규정은 일반적으로 물품을 구하는 데 실질적 장애는 되지 않겠지만, 몰래 부적절한 용도로 사용하는 데에는 상당한 억제 효과를 발휘한다.

사회의 고유한 권리, 곧 선제적 예방조치로 범죄를 억제해 구성원이 입을 피해를 최소화할 권리는 개인의 순전한 자유에 따른 위법 행위가 예방이나 처벌로 간섭받아서는 안 된다는 원칙의 한계가 무엇인지 명확히 보여준다. 예를 들어 일상에서 흔히 보는 음주는 법으로 간섭해야 할 대상이 아니다. 그러나 술의 영향으로 타인에게 폭력을 행사해 한 번 유죄판결을 받은 사람은 개인적으로 특별한 법적 통제를 받는 게 전적으로 정당하다고 나는 본다. 다시 말해서 그는 나중에 다시 만취한 상태로 발견되면 벌금형을, 그 상태에서 다른 범죄를 저지를 때는 훨씬 더 강력한 처벌을 받아야만 한다. 술만 마시면 흥분해 주먹을 휘두르는 사람의 음주 행위는 타인을 겨눈 범죄이다. 또한 태만함의 경우도 마찬가지다. 공적 지원을 받는 사람의 태만함, 또는 계약을 지키지 않는 태만함을 제외한다면, 게으르다고 법적 처벌을 하는 행위는 독재정권에서나 볼 수 있는 만행이다. 그러나 예를 들어 자녀 부양과 같은 법적 의무를 소홀히 하는 태만은 그 의무를 이행하도록 강제 노동에 처해야 할 대상이며, 이런 강제는 독재가 아니다.

다시금 강조하지만 오로지 자신에게만 직접적으로 해를 끼치는 많은 행위는 법적 금지의 대상이 아니다. 그러나 공개적인 행위 가운데 미풍양속과 예의범절을 심각하게 손상하는 추태는 타인에게 피해를 주는 행위의 범주에 속하기 때문에, 법으로 얼마든지 금지될 수 있다. 이런 유형에 해당하는 범죄는 이른바 '품위 손상'이다. 하지만 이런 행위는 우리의 주제와 간접적으로만 관련한 것이라, 이 책에서 더 깊게 다루지는 않겠다. 타인에게 직접적으로 해를 끼치지 않으며, 또 굳이 비난받을 행동은 아니라고 하더라도, 공공장소에서 벌이는 지나친 애정행각이나 음주는 격심한 거부감을 불러일으킨다. 이처럼 사적인 공간에서는 아무런 문제가 되지 않지만, 공공연하게 벌이는 행동 가운데는 사회의 규제를 받아야 할 행위가 적지 않다.

앞서 확인한 원칙을 일관되게 지키면서 답을 찾아야 할 물음은 이렇다. 비난받을 소지가 다분한 개인의 행동이지만, 사회는 자유 원칙을 존중해 그저 손 놓고 보면서 예방이나 처벌을 전혀 하지 말아야 할까? 그 행위로 발생하는 해악은 오로지 당사자의 몫이라서, 개인은 무슨 일이든 자유롭게 해도 좋은가? 그렇다면 타인은 그런 행위를 해도 좋다고 조언하거나, 심지어 부추겨도 될 똑같은 자유를 누리는가? 이 물음은 답을 찾기가 쉽지 않다. 타인에게 어떤 행동을 하라고 권유하는 경우는 엄밀하게 말해 자기 자신에 국한한 행위가 아니다. 타인에게 조언하거나 유인책을 제시하는 행위는 사회적 행동이며, 따라서 타인에게 영향을 미치는 여타 일반적 행위와 마찬가지로 사회적 통제의 대상이다. 그러나 조금만 살펴보면, 이런 첫인상은 정확하지 않음이 드러난다. 개인 자유의 영역 안에 속하지 않는 행동처럼 보일지라도, 개인 자유의 원칙을 떠받드는 근거는 일관되게 적용되어야 하기 때문이다. 오로지 자기 자신과 관련한 일에서 모든 위험을 스스로 감당한다는 각오로 최선의 선택지를 찾도록 허용해 주는 것이 자유 원칙인 만큼, 어떤 선택이 좋을지 타인과 의견을 나누며, 서로 제안을 주고받는 것 역시 자유롭게 이뤄져야만 한다. 어떤 행위가 허용되어야 한다면, 그 행위와 관련해 조언을 구하는 것 또한 마땅히 허용되어야 한다. 그러나 조언을 제공하는 사람이 순수한 조언이 아니라, 자기 이익을 우선적인 동기로 하여 그 행위를 부추긴다면, 그때부터는 문제가 다소 복잡해진다. 사회와 국가가 해악으로 간주하는 어떤 일을 장려하거나 조장하면서, 이를 생계 수단이나 금전적 이득의 기회로 삼는 경제적 이해집단은 공익을 해칠 위험이 크다. 이 경우는 확실히 새로운 하나의 복잡성을 추가한다. 곧, 공익에 반하는 이해관계를 지닌 계층은 그 생계방식을 위해 체계적으로 공익을 해칠 수 있다. 이런 행위는 규제해야 할까, 아닐까? 예를 들어 간통이나 도박은 용인되어야 한다. 하지만 포주로 성매매를 중개하거나 도박장을 운영할 자유 역시 권리로 인정되어야 할까? 이 문제는 정확히 두 원칙 사이의 경계에 걸친 것으로, 둘 가운데 어느 쪽에 더 기우는지 당장은 분명하지 않다. 양쪽 모두 저마다 논거는 제시한다. 너그럽게 받아주자는 관용의 입장에 선 사람은 이런 주장을 한다. 어떤 일을 직업으로 삼아 생계를 유지하거나 이윤을 취한다고 해서, 개인 차원에서는 용인되는 행위를 범죄로 볼 수 없다는 것이 그 주장이다. 요컨대, 행위는 일관되게 허용되거나, 일관되게 금지되어야 한다. 지금까지 살펴본 개인 자유 원칙이 옳다면, "공동체로서의" 사회는 오직 개인만 관련한 그 어떤 것도 잘못되었다고 결정할 권한이 없다. 사회는 단념하도록 만류하는 것 이상의 개입을 할 수 없다. 개인은 설득할 자유를 가지는 만큼, 타인을 만류할 자유도 동등하게 가진다. 이에 반대하는 주장도 대두된다. 공공 또는 국가는 어떤 행위가 좋거나 나쁘다고 단정해 이를 억제하거나 처벌하려는 목적으로 권위 있게 결정할 권한은 없다고 할지라도, 그 행위가 나쁘다고 여긴다면, 적어도 이런 판단이 논쟁의 여지가 있는 문제로 볼 정당성은 충분하다는 것이 이 주장의 내용이다. 따라서 공공 또는 국가는 뚜렷한 사적 이익을 노리고 그릇된 행동을 획책하는 사람 또는 세력의 영향력을 배제하는 것을 잘못된 규제로 볼 수는 없다. 현명하든 어리석든, 사람들에게 스스로 판단해서 선택하도록 여건을 조성해 주면서, 사익을 노리고 상황을 호도하는 작태를 규제한다면, 그 어떤 손실, 유익함의 희생은 생겨나지 않는다는 것이 그런 주장의 속내이다. 이 주장을 충실히 따른다면, 불법 도박을 규제하는 법률은 조금도 정당성을 지니지 않으며, 누구나 자기 집 또는 상대의 집 혹은 회비로 운영되는 회원제 공간에서 자유롭게 도박을 할 수 있더라도, 공공 도박장만큼은 허용해서는 안 된다는 결론은 피할 수 없다. 이런 금지는 절대 효과적이지 않으며, 경찰에게 막강한 독재 권한을 부여하더라도, 도박장은 늘 다른 구실을 내세워가며 운영되어 온 것이 사실이다. 차라리 겉으로 드러나지 않게 운영하도록 강제해서 굳이 찾는 사람 외에 일반인은 잘 알 수 없게 하는 정도의 규제로 사회는 만족해야 한다. 사회는 이 이상의 규제는 시도하지 않아야 한다. 이런 주장은 상당한 설득력을 자랑한다. 그러나 행위 주체는 처벌하지 않으면서(처벌하지 않아야 마땅하다), 행위를 부추긴 주변 인물만 처벌하는 모순까지 이 논증이 해결하지는 못한다. 간통을 저지른 사람은 그대로 두고 매춘 알선업자만, 도박에 빠진 사람은 놔두고 도박장 운영자만 처벌하는 규제가 과연 도덕적으로 맞는지 나는 감히 단언하지 않겠다. 이 주장은 자유와 규제 사이의 모순을 명확히 해소하지 못한 채, 여전히 도덕적 일관성이라는 문제를 남기기 때문이다. 비슷한 논리로 물건을 사고 파는 일반적 거래에 간섭하는 규제는 더욱 부당하다. 판매되는 거의 모든 물품은 과도하게 사용될 수 있으며, 판매자는 매상을 올리려는 금전적 이해관계로 과도한 사용을 조장할 수 있다. 하지만 이를 근거로 '메인법'이 정당성을 얻을 수는 없다. 독주 판매업자는 물론 많이 팔아 금전적 이득을 취하려는 욕구를 갖기는 하지만, 그렇다고 영업을 막게 되면, 적당히 음주를 정당하게 즐기는 고객에게 피해가 돌아간다. 분명 무절제한 음주를 조장하는 이해타산은 실질적 해악이다. 따라서 국가가 이를 규제하고 이행의 적절한 보증을 요구하는 것은 정당하다. 이런 정당화가 없으면 정당한 자유는 침해받는다.

다음으로 다루어야 할 의문은 이렇다. 국가가 어떤 행위를 허용했지만, 이 행위가 당사자가 누릴 최선의 이익을 그르친다고 판단할 경우, 간접적으로라도 이를 억제해야 할까? 예를 들어, 정부는 음주 수단을 더 비싸게 만들거나, 판매처를 제한해 술을 구하기 어렵게 해도 좋을까? 대부분의 실용적 문제가 그렇듯, 이 문제 역시 여러 측면을 명확히 구분해야 한다. 자극적 물질을 구하기 어렵게 만들려는 목적으로 세금을 부과하는 억제는 사실상 전면적 금지와 정도의 차이만 있을 뿐 규제라는 본질은 똑같다. 이런 간접적 억제는 전면적 금지가 정당할 때만 정당성을 얻는다. 모든 비용 상승은 그 오른 가격을 감당할 수 없는 사람에게 금지령이나 마찬가지이다. 반대로, 비용을 감당할 수 있는 사람에게 오른 가격은 특정 취향을 만족시키는 데 들어가는 벌금과 다르지 않다. 정부와 국민에게 법적 도덕적 의무를 다하고 비용의 자기 부담으로 취향을 즐기는 선택은 온전히 각자의 소관이며, 나름대로 판단해 결정할 문제이다. 이런 고려는 얼핏 보면 세수(정부 수입) 확보를 목적으로 기호품에 특별 세금을 부과한다는 비난처럼 비칠 수 있다. 하지만 재정 확보 목적의 과세는 불가피하며, 대부분 국가는 그 세금의 상당 부분을 간접세로 징수할 수밖에 없다는 점, 따라서 정부는 특정 소비재에 일부 국민에게 사실상 금지 조치와 다를 바 없는 벌칙을 부과해야만 한다는 점을 우리는 유념해야 한다. 따라서 국가는 조세를 부과할 때 소비자들이 가장 쉽게 감내할 수 있는 소비재가 무엇인지 살펴야 마땅하다. 더 나아가, 일정 수준을 넘는 소비가 명백히 해롭다고 판단되는 물품이라면, 그런 품목은 우선적인 과세 대상으로 삼아야 한다. 그러므로 자극적 기호품에 가장 많은 세수를 확보할 수 있는 수준까지 과세하는 것은 (국가가 그만큼의 재정이 필요하다는 전제 아래)

허용되어야 하며, 또 이런 허용이 바람직하다. 기호품을 다소 독점 성격이 짙은 상품으로 판매해도 좋은가 하는 물음은 그런 규제가 어떤 목적에 이바지하는가에 따라 물음이 달라진다. 모든 공공분야는 경찰이 통제해야 한다. 공동체를 겨눈 범죄의 진원지가 공공분야이기 때문이다. 그러므로 이런 상품의 판매권(최소한 매장 소비 상품, 곧 포장이 아니라서 간접세가 부과되는 소비 상품의 판매권)은 평소 품행이 단정해 존경할 만한 인품을 확인해 영업허가를 취득한 인물에게 국한하는 게 적절하다. 또한 공공 감시를 위해 영업의 시작과 끝을 알리는 명확한 규정을 만들고, 만약 업주가 묵인하거나 무능해 반복적으로 소란이 발생하거나, 해당 업소가 불법 행위를 모의하고 준비하는 장소로 쓰인 게 발각되면 영업 면허는 취소되어야 한다. 원칙적으로 볼 때, 그 이상의 규제는 어떤 경우라도 정당성을 얻을 수 없다. 예를 들어, 술집이나 주류 판매 업소의 수를 제한하는 규제(접근을 어렵게 하고 유혹의 기회를 줄이려는 명확한 목적)는 일부 사람이 그 편의를 남용할 수 있다는 이유만으로 모든 사람을 불편하게 만든다. 심지어 노동 계층을 공공연하게 미성년자나 야만인처럼 취급하는 수준 이하의 사회만이 그런 규제를 일삼는다. 이는 마치 언제가 될지 모르는 미래에나 자유라는 특권을 누릴 수 있으려면, 이런 강압적 교육을 감수하라고 윽박지르는 무례함이다. 그 어떤 자유 국가도 이런 원칙으로 노동자 계층을 지배하는 모양새를 취하지 않는다. 그리고 자유의 가치를 제대로 아는 사람은 그런 식의 통치를 절대 용납하지 않는다. 노동자에게 자유의 소중함을 가르치고, 그들을 자유인으로 다루려 모든 노력을 아끼지 않았음에도, 노동자는 어린애 취급해야만 한다고 확실히 입증된 경우라면 이야기가 달라지겠지만. 노동자의 교육이라는 대안의 실상을 있는 그대로 살펴보면, 실제 그런 노력이 이루어졌다는 말이 얼마나 터무니없는 허언인지 고스란히 드러난다. 우리 나라(영국)의 제도는 앞뒤가 맞지 않는 모순투성이여서, 전제정치 또는 이른바 '가부장적 정부'가 현실에 깊은 뿌리를 내렸다. 제도는 자유를 표방하는 모양새를 취하지만, 자유의 소중함을 가르치는 도덕 교육이 실제 효과를 발휘하지 못하게 막는 잘못된 규제는 넘쳐난다.

이 글의 서두에서 이미 언급했듯, 개인이 오로지 자기 자신과 관련한 일에서 자유를 누린다는 원칙은, 마찬가지로 다수의 개인이 상호 합의를 전제로 서로에게만 영향을 미치는 일을 규율할 자유를 누릴 수 있음을 뜻한다. 관련 당사자 모두가 합의한 뜻을 유지하는 한, 다수 개인 사이에서 빚어질 수 있는 의견 충돌은 별 어려움 없이 해결할 수 있다. 하지만 의견은 언제든 바뀔 수 있으므로, 서로 합의한 내용을 약속 형태로 남겨놓는 것이 필요하다. 그리고 일단 이뤄진 약속은 모두 성실히 지키는 태도가 바람직하다. 그러나 법은 아마도 거의 모든 나라에서 이런 일반 원칙에 몇 가지 예외를 인정한다. 약속이 제삼자의 권리를 침해할 때, 당사자는 그 약속을 지킬 의무가 없다. 더욱이 그 약속으로 당사자 본인이 피해를 본다면, 이는 의무를 지키지 않아도 되는 정당한 사유로 인정받는다. 예를 들어 영국을 비롯해 대다수 문명 국가는 개인이 자신을 노예로 팔거나, 노예로 팔아도 좋다고 맺은 계약의 법적 효력을 인정하지 않는다. 이런 약속은 법은 물론이고 사회 통념상 효력을 갖지 않기 때문이다. 개인이 자신의 인생을 자발적으로 처분할 권한을 이처럼 제한해야 하는 근거는 명백하며, 극단적이기는 하지만 바로 이 사례에서 더할 수 없이 분명하게 드러난다. 어떤 사람이 자발적으로 한 행동을, 다른 사람에게 피해를 주지 않는 한, 간섭하지 말아야 하는 이유는 간단하다. 자발적 행동이 곧 자유이며, 이 자유는 존중되어야 하기 때문이다. 자발적인 선택은, 개인의 그런 선택이 적어도 자신에게 바람직하거나 최소한 어느 정도 견디겠다는 다짐을 보여주는 증거이며, 자신이 바람직하게 여긴 것을 추구하도록 하는 허용이 전체적으로 그의 행복을 가장 잘 보장하는 방법이다. 그러나 자신을 노예로 팔아버리는 행위는 자신의 자유를 포기하는 선택이며, 그 한 번의 행위로 앞으로 자발적 선택을 할 수 없는 처지, 곧 다시는 자유를 누릴 수 없는 처지에 놓인다. 그러므로 자신을 노예로 파는 사람은 자발적 선택을 허용하는 정당성의 근거, 곧 당사자의 행복 보장을 스스로 짓밟는다. 그는 더는 자유의 몸이 아니다. 이때부터 그는 자발적 상태에 머무르면서 누릴 수 있었던 행복 추구의 권리를 잃는다. 자유의 원칙은 개인에게 당신은 자유롭지 않은 상태를 자유로 받아들이라고 요구할 수 없다. 자신의 자유를 타인에게 양도하는 선택이 어떻게 자유일 수 있는가. 물론 특수한 사례라서 이런 논리가 선명하게 드러나기는 하지만, 자기 행복 추구까지 포기하는 자발적 선택은 절대 드물지 않다. 인생을 살며 감당할 수밖에 없는 여러 조건은 자유라는 원칙의 현실적 한계를 드러낸다. 물론 자유를 포기해야만 하는 것은 아닐지라도, 인생을 살며 자신의 자유를 이러저러하게 제한하라는 요구에 우리는 끊임없이 맞닥뜨리기 때문이다. 오로지 자신과 관련한 모든 일에서 행동의 자유는 통제받지 않아야 한다는 원칙은, 자신의 자유를 제한하라는 요구에 꼭 맞춰야 하는 게 아님을 천명한다. 제삼자와 관련이 없고, 서로 합의한 약속에 구속된 사람일지라도 필요하다면 그 속박에서 개인은 얼마든지 벗어날 수 있다. 그리고 그런 자발적 해제가 아니더라도, 돈 또는 금전적 가치와 관련한 계약을 제외하고는, 철회의 자유가 전혀 없다고 감히 주장할 계약이나 약속은 없다. 앞서 인용한 바 있는 탁월한 글에서 남작 빌헬름 폰 훔볼트는 개인적 관계를 맺기로 한 약속 또는 소정의 대가를 받는 조건으로 제공되는 서비스는 정해진 기간을 넘어서까지 법적 구속력을 절대 가져서는 안 된다고 확신한다고 밝혔다. 이런 약속 가운데 가장 중요한 결혼은 당사자들의 감정이 서로 조화를 이루지 못하면 소기의 목적이 좌절되므로, 어느 한쪽이 관계를 철회하겠다는 의지의 선포만으로 무효가 되어야 마땅하다. 그저 스쳐 지나가듯 다루기에 이 주제는 너무나 중요하고, 또 너무나 복잡하다. 본격적으로 논의할 여유는 없으므로, 나는 내 논의의 취지를 설명하는 데 필요한 정도로만 간략히 언급하고자 한다. 남작 훔볼트의 논문은 간결하면서도 일반적인 표현을 쓰는 데 치중한 나머지, 논의에 필요한 전제들을 자세히 다루지 않은 채 결론만을 제시하는 데 만족할 수밖에 없었다. 그러나 만일 그가 그런 제약을 받지 않았더라면, 이 문제가 그가 스스로 한정한 것처럼 단순한 근거만으로는 판단될 수 없다는 사실을 의심할 바 없이 깨달았으리라. 명시적 약속이든 행동이든, 누군가 다른 사람으로 하여금 앞으로 계속 그렇게 할 모양이구나 하는 기대를 품게 만들어 이에 따른 계획을 세우고 앞날을 설계하게 했다면, 이 기대를 유발한 사람은 상대방에게 일련의 새로운 도덕적 의무를 진다. 이 의무는 다른 우선순위로 잠시 무시되거나 유예될 수는 있지만, 외면되어서는 절대 안 된다. 또한 계약 당사자 사이의 관계가 제삼자에게 어떤 영향을 미쳤다면, 제삼자를 특별한 위치에 놓이게 했거나, 결혼의 경우에서 보듯, 제삼자가 존재하게 만들었다면, 계약 당사자 양측은 이 제삼자에게 일정한 의무를 진다. 이 의무가 어떤 방식으로 충족될지는 양자의 계약 관계가 계속 유지되느냐, 아니면 단절되느냐에 따라 달라진다. 물론 그렇다고 해서 이런 의무를 이미 마음이 떠나 마지못해 계약을 유지하는 당사자의 행복을 희생하면서까지 무조건 계약 이행을 요구해야 한다는 결론은 나올 수 없다. 나는 이런 결론을 인정할 수 없다. 그러나 이 의무는 이 문제를 풀면서 반드시 고려해야 하는 요소이다. 폰 훔볼트가 주장한 것처럼, 약속을 벗어날 당사자의 법적 자유는 계약 당사자 양측에 동등하게 인정되어야만 한다(나 역시 이런 의견에 찬성한다). 그러나 의무의 존재 자체가 도덕적 자유를 제한할 수밖에 없다. 누구든 상대의 중요한 이익에 영향을 줄 결정을 내리기 전에 이 모든 상황을 반드시 꼼꼼하게 살펴야 한다. 올바로 살피지 않아 잘못이 발생한다면, 이에 따른 도덕적 책임은 져야만 한다. 나는 자유의 일반 원칙을 더 잘 설명하기 위해 이런 당연한 언급을 했을 뿐, 어떤 특정한 문제에 해결책을 제시하려 한 것은 아니다. 오히려 자녀의 이익만이 전부이고, 어른의 이익은 무시해도 좋다는 투의 논의는 바람직하지 않다.

그동안 내가 관찰한 바에 따르면, 누구나 인정하는 보편 원칙의 결여 탓에, 자유가 보장되어야 할 곳에서는 박탈되고, 박탈되어야 할 곳에서는 자유가 부여되는 일이 다반사로 벌어진다. 특히 오늘날 유럽에서 자유의 감정이 가장 강렬하게 나타나는 곳은, 내가 보기에, 완전히 주소를 잘못 찾았다. 개인은 자신의 고유한 관심사에서 원하는 대로 자유롭게 행동할 수 있어야 한다. 그러나 타인의 관심사에서 개인이 마치 자기 일인 것처럼 자신 뜻대로 행동할 자유는 성립하지 않는다. 국가는 국민 각자가 자신의 관심사에서 최대한 자유를 행사할 수 있게 존중해 주는 한편, 타인에게 행사하는 모든 권력 행사를 주도면밀하게 통제할 의무를 지닌다. 이런 의무는 가족 관계에서 거의 무시되기 일쑤다. 하지만 인간의 행복에 직접적인 영향을 미친다는 점에서 가정 내 권력 행사의 통제는 다른 어떤 경우보다도 더 중요하다. 남편이 아내를 상대로 행사하는 거의 독재적인 권력은 굳이 길게 설명할 필요조차 없다. 이 폐해는 아내가 다른 모든 사람과 동등한 권리를 가지고 똑같은 방식으로 법의 보호를 받으면 충분히 해결할 수 있다. 그러나 이 문제에서 남편의 가부장적 권위를 옹호하는 사람은 자유 원칙을 무시하고 노골적으로 이런 권력을 방어한다. 남성과 여성을 동등하게 대우하고, 가부장적 권력 행사를 통제해야 하는 국가의 의무 수행을 가로막는 장애물은 그릇된 자유 개념을 자녀에게 적용할 때 생겨난다. 사람들은 자녀를 비유가 아니라 글자 그대로, 자신의 일부로 여기는 경향을 보여준다. 어찌나 예민한지 법이 자녀 문제에 조금이라도 간섭하면 사람들은 매우 신경질적인 반응을 보인다. 아이를 다룰 절대적이고도 독점적 통제권은 오로지 자신만 가진다는 태도가 이런 반응이다. 자신의 자유가 간섭받는 것보다 더 민감하게 반응하는 경우가 허다하다. 그만큼 인간은 자유보다는 권력을 더 중시한다. 교육을 예로 들어보자. 자국의 시민으로 태어나는 모든 사람에게 일정 수준까지 교육받을 것을 요구하고 또 강제하는 것이 국가의 의무라는 점은 두 말이 필요 없는 자명한 진리가 아닐까? 그럼에도 누가 감히 이 진리를 인정하고 주장하기를 꺼릴까? 교육이 부모(또는 현행법과 관습에 따라 아버지)의 가장 신성한 의무라는 점은 누구도 부인하지 않는다. 새 생명이 태어났다면, 스스로 자신을 돌보고, 타인을 배려할 줄 아는 자세를 키워 자기 몫을 다할 줄 아는 인생을 살도록 교육하는 일은 말 그대로 신성한 의무이다. 교육이 아버지가 감당해야 할 의무라는 점에는 입을 모아 찬성하면서도, 정작 이 의무를 이행하라는 말은 이 나라에서 누구도 귀담아들으려 하지 않는다. 교육받을 기회를 보장해 주기 위한 노력이나 희생을 아끼지 말라고 요구하기는커녕, 국가에서 무상으로 교육을 제공함에도 이를 받아들일지는 오로지 아버지의 선택에 맡겨질 따름이다! 새 생명을 세상에 내놓았다면, 이 생명이 육신을 먹여 살릴 능력뿐만 아니라, 정신을 키우고 훈련할 전망을 누릴 수 있게 해주어야 한다. 이런 전망이 없다면, 이는 불운한 아이와 사회 전체에 저지르는 도덕적 범죄이다. 부모가 이 의무를 다하지 않는다면, 정부는 반드시 의무를 이행하도록 강제하고, 되도록 그 비용 역시 부모에게 부담시켜야 한다.

보편적 의무교육이 일단 채택된다면, 국가가 무엇을 어떻게 가르쳐야 하는지를 둘러싼 모든 논란은 끝나리라. 그러나 지금 이 문제는 각 정파와 종파가 공연한 입씨름만 벌이는 전쟁터로 전락해, 교육에 들여야 할 시간과 노력은 고스란히 이런 말다툼에 허비되고 있다. 모든 아이가 양질의 교육을 받을 권리가 있다고 정부가 천명한다면(권리의 천명), 정부가 직접 교육을 제공하는 수고(보편적 무상 교육)는 덜 수 있으리라. 부모가 원하는 곳에서 원하는 방식으로 자녀를 교육하라고 내버려 두고, 정부는 가난한 계층 아이들의 학비를 지원하거나, 학비를 내줄 어른이 아무도 없는 아이의 교육 비용 전체를 부담해 주면 되기 때문이다. 정부 주도의 교육에 반대하는 합리적 비판은 의무교육을 문제 삼는 게 아니라, 국가가 교육의 방향을 직접 정하려 한다는 점에 초점을 맞춘다. 이것은 완전히 다른 접근방법을 요구하는 이야기이다. 나는 국민 교육을 송두리째 또는 상당 부분 정부 손에 맡겨야 한다는 주장만큼은 누구 못지않게 격렬히 반대한다. 개성의 중요성, 의견의 다양성을 강조하며 이야기했던 모든 것은 무어라 형언하기 힘들 정도로 중요한 교육의 다양성에도 그대로 적용된다. 정부 주도의 교육은 일반적으로 마치 벽돌 찍듯 사람들을 정확히 판박이로 찍어내는 도구에 지나지 않는다. 그리고 이 교육이 사람을 주조하는 틀은 정권의 지배권력 비위에 맞추기 때문에(군주든 성직자 계급이든 또는 현세대의 주류이든), 이 교육은 효율적이고 성공적일수록 정신을 장악하는 독재에 이바지하며, 당연한 수순으로 몸을 지배하는 독재로 이어진다. 정부가 설립하고 관리하는 교육은, 아무튼 그런 게 존재한다면, 단지 여러 경쟁적인 실험들 가운데 하나로만 존재해야 한다. 본보기를 보이고 자극을 줌으로써, 다른 교육기관이 특정 수준 이상의 우수함을 유지하도록 하는 것이 그 목적이다. 물론 사회 전반이 너무 뒤처진 상태라서 자체적으로 적절한 교육제도를 제공할 수도, 마련하려고도 하지 않는 경우, 정부는 차악을 택해 학교와 대학교의 운영을 떠맡을 수 있다. 이는 대규모 사업을 수행할 만한 민간 자본이 존재하지 않는 나라에서, 이는 일종의 주식회사 역할을 정부가 대신 맡는 것과 같은 맥락이다. 그러나 일반적으로 국가에 정부의 감독 아래 교육을 제공할 충분한 자질을 갖춘 사람이 충분하다면, 그들은 자발적으로 똑같이 훌륭한 교육을 기꺼이 베풀 여건을 얼마든지 만들 수 있다. 곧 교육을 의무화하고, 또 교육비를 감당할 수 없는 사람에게 학비 보조가 이뤄지도록 법적으로 보장하는 것이 그 여건이다.

법 집행의 수단은 모든 아이를 대상으로 어린 나이부터 시작하는 공적 시험 이외의 다른 것일 수 없다. 연령을 특정해 아이가 글을 읽을 수 있는지 확인하는 절차가 이 시험이다. 아이가 글을 읽지 못한다면, 왜 그럴 수밖에 없는지 아버지의 충분한 해명이 제시되지 않는다면, 적당한 벌금을 부과하고, 필요하다면 노동으로 벌금을 감당하게 하는 조치가 이루어져야 한다. 그리고 아이는 학교에 다니게 해야 한다. 그 비용은 아버지가 부담한다. 시험은 매년 갱신되어야 하며, 과목의 범위를 점차 넓혀 가면서 시행됨으로써, 모든 사람이 최소한의 일반 지식을 습득하고, 더 나아가 그것을 지속적으로 보유하도록, 사실상 이를 의무화하는 수단이 되어야 한다. 최소한의 수준을 뛰어넘는 지식 습득은 자발적으로 참여하는 시험으로 검증되어야 하며, 이 시험으로 일정 수준의 전문성에 오른 수험생은 증명서 발급을 청구할 수 있어야 한다. 정부가 이런 제도로 여론에 부적절한 영향력을 행사하는 것을 막기 위해, 시험 통과에 필요한 지식(언어와 그 활용 능력을 포함한 지식)은, 심지어 고학년으로 올라갈수록, '팩트' 위주로 실증과학에 국한되어야 한다. 종교, 정치, 혹은 그 밖의 논쟁적인 주제를 다루는 시험은, 어떤 의견이 참인지 거짓인지를 기준으로 삼아서는 안 된다. 시험은 단지, 어떤 견해가 실제로 존재하며, 그것이 어떤 근거에 따라, 어떤 저자나 학파, 혹은 교회가 주장하는지, 사실만을 평가 대상으로 삼아야 한다. 이렇게 교육할 때 자라나는 세대는 특정 의견을 아예 접하지 못하거나 오도되는 위험을 피하고 논쟁적인 사안을 균형 있게 다룰 줄 아는 감각을 키울 수 있다. 특정 종교를 믿는지 아닌지 따지지 말고 정부는 국교도든 비국교도든 모두 제대로 교육받는 기회를 보장해 주어야 한다. 부모가 원한다면, 기존의 여러 과목과 더불어 종교도 배울 수 있게 해주어야 한다. 논쟁적인 사안을 두고 정부가 시민들의 의견을 편향되게 유도하려는 모든 시도는 부당하다. 하지만 특정 주제를 놓고 개인이 생각하는 결론을 경청하고, 해당 인물이 이런 논리를 펼칠 충분한 지식을 갖추었는지 확인하고 필요하다면 이를 보증해 주는 일은 정부가 마땅히 감당해야 할 과제이다. 철학을 공부하는 학생이라면, 로크에 끌리든 칸트에 끌리든, 또는 심지어 어느 쪽에도 끌리지 않든, 두 철학자의 책을 두루 읽고 시험을 치를 수 있는 능력을 키우는 자세가 바람직하다. 무신론자라 할지라도, 기독교 신앙을 강요하지 않는 한, 기독교 교리를 공부하고 관련 시험을 치르게 하는 것을 합리적으로 반대할 이유는 없다. 하지만 높은 지식수준을 요구하는 시험일수록 나는 그 어떤 강제도 없이 자발적으로 치를 수 있게 해주어야 한다고 믿는다. 자격이 부족하다는 이유로 정부가 특정 직업, 심지어 교직에 어떤 사람을 배제할 권한을 행사하게 하는 것은 너무도 위험한 선택이다. 나는 빌헬름 폰 훔볼트와 마찬가지로 학위나 자격증 같은 공인 인증서는 시험에 참여하고 통과한 모든 이에게 주어져야 한다고 생각한다. 그리고 그런 인증서는 국민이 이에 부여하는 신뢰만을 그 유일한 이점으로 가져야 마땅하다. 다시 말해서 자격증이 무슨 법적 특권이 되어서는 안 된다.

비단 교육 문제에서만이 아니라, 부모가 마땅히 감당해야 하는 의무가 도덕은 물론이고 법으로도 외면당하는 결정적 원인은 이처럼 잘못 이해된 자유이다. 부모가 자녀를 위해 최선을 다해야 하는 것은 언제나 도덕적으로 강력한 근거를 가지며, 또 법적으로도 많은 경우 합당함에도 제대로 이행되지 않는 현실은 실로 안타깝기만 하다. 새 생명을 낳고 어엿한 인격체로 살아갈 수 있게 하는 일이야말로 인생을 통틀어 가장 막중한 책임이 따르는 행위이다. 이런 책임을 다해 최소한 일반적인 기회, 바람직한 인생을 살아갈 평범한 수준의 기회라도 보장해 주지 못한다면, 축복일 수도 저주일 수도 있는 인생을 그 근본부터 그르치게 만든다면, 이는 존재의 의미를 훼손하는 범죄이다. 게다가 이미 인구 과잉이거나, 과잉의 위험에 직면한 나라에서 지나치게 많은 자녀를 출산한다면, 일자리를 놓고 피치 못하게 발생하는 격심한 경쟁은 노동의 보상조차 줄여놓을 수밖에 없다. 땀 흘려 일하고 그 정당한 보상으로 살아가야 할 사람들은 이로써 심각한 피해를 본다. 이런 것이 중대한 범죄가 아니고 무엇일까. 유럽대륙의 여러 나라에서 시행되는 법, 결혼을 약속한 당사자들이 가족 부양 능력을 증명하지 못하면 결혼을 허가하지 않는 법은 정부의 과도한 권한 행사라고 보기 어렵다. 법의 타당성 여부와는 별개로(대개 지역 사정 또는 정서에 따라 달라지겠지만), 이 법이 자유를 침해한다고 보아야 할 이유는 없다. 유해한 행위, 곧 타인에게 해를 끼치는 행동을 예방하기 위한 정부의 개입은 정당하다. 그런 행위는 법적 처벌까지는 아니라 할지라도, 비난을 듣고 무능하다는 사회적 낙인을 감수해야 마땅하다. 그러나 오늘날 사람들의 자유 이해는 오로지 자신의 관심사에서 개인이 자발적으로 행사하는 권리를 침해하는 간섭에는 너무나 쉽게 굴복하면서도, 자기 욕망만 챙기는 바람에 자녀가 비참하고 타락한 인생을 살며, 주변 사람에게도 여러 해악을 끼치는 경우조차 그 욕망에 제약을 가하려는 시도는 자유의 침해라며 강력히 반발한다. 한편으로는 자유를 존중하는 것 같지만, 다른 한편으로는 자유를 노골적으로 무시하는 이런 기묘한 태도를 비교해 보면, 마치 타인에게 해를 끼칠 권리는 너무나 당연하며, 누구에게도 아픔을 주지 않고 자신을 만족시킬 권리는 전무한 게 아닐까 씁쓸한 생각은 지우기 힘들다.

마지막으로 다루려는 부분은 정부 간섭의 한계와 관련한 일련의 물음이다. 그런데 이 물음은 자유론의 주제와 밀접하게 연관되어 있기는 하지만, 엄밀히 말해서 자유 원칙과는 별개로 다루어야 할 사안이다. 간섭을 반대하는 이유가 자유 원칙을 근거로 삼지 않기 때문이다. 논의의 초점은 개인의 행동을 제한하려는 게 아니라, 어떻게 개인의 행복을 도울까에 맞춰진다. 즉, 개인의 이익을 위해 정부가 어떤 일을 하도록 동기부여를 하거나 직접 도울지, 아니면 그 일을 개인이 스스로 또는 자발적으로 형성한 단체로 하도록 내버려 두는 게 좋은지 나는 함께 생각해 보자고 제안한다.

자유를 침해하지 않더라도 정부의 간섭에 반대해야 할 논리 유형은 세 가지로 정리될 수 있다.

첫째, 정부보다는 개인이 훨씬 더 잘할 가능성이 높은 일은 있게 마련이다. 일반적으로 말해서, 어떤 사업을 추진할 때 그 수행 여부와 방식 및 주체를 결정하는 데 관련 당사자보다 더 적합한 사람은 없다. 정부가 간섭하지 않고 개인의 자율에 맡겨야 한다는 원칙은 한때 입법부나 정부 고위 공직자가 산업의 자연스러운 과정에 일일이 개입하는 행태를 겨냥한 비판이다. 그러나 이 문제는 이미 정치경제학자들이 충분히 심층적으로 다루어왔기에 이 글이 굳이 더 언급하지는 않겠다.

정부 간섭에 반대하는 두 번째 반론이 우리 주제와 훨씬 더 밀접하게 맞물린다. 많은 경우, 비록 개인이 어떤 특정한 일을 처리하는 능력이 평균적으로 정부 관료의 그것에 미치지 못할지라도, 그 수행 주체는 정부가 아니라 개인이 되어야 마땅하다. 일을 추진하면서 개인은 정신력을 키울 교육의 기회를 얻으며, 능동적 역량을 강화하고, 판단력을 훈련하며, 처리해야 할 일과 관련한 지식을 쌓는다. 이런 여러 부수적인 효과는 배심 재판(정치적 재판은 제외하고), 자유롭고 민주적인 지방자치, 개인들이 자발적으로 결성한 단체가 사업을 주도하고 자선사업을 벌이는 것을 추천할 근거이다(물론 유일한 근거는 아니다). 이런 관점은 자유 원칙 자체와 직접적인 연관은 없으며, 관련이 있다고 하더라도 간접적이고 희미할 따름이다. 하지만 인간의 성장과 발전에 고무적이라는 점에서 두 번째 측면은 절대 무시되지 않아야 한다. 이런 사안들을 국가 교육의 일부로 자세히 다루는 일은 이 책의 맥락에서 벗어난다. 하지만 이런 교육이야말로 시민에게 실질적 성장을 이끄는 중요한 훈련으로, 자유인의 정치 교육이 갖춰야 할 실천적 측면을 구성한다. 이 교육은 개인적이고 가족 중심적인 좁은 사고방식에서 벗어나, 공동체의 이익을 이해해 서로 협력하며, 사적 이익이 아닌 공공의 목표를 이루려 행동하도록 훈련하는 과정이다. 공공의 이익을 우선하는 습관과 역량이 없이 자유 헌정은 제대로 작동할 수도, 유지될 수도 없다. 지방의 자치라는 충분한 기반이 없는 국가에서 자유가 얼마나 자주 덧없이 사라지는지를 보면, 이런 교육이 얼마나 절실한지 분명히 드러난다. 순전한 지역 사업을 그 지역 사람들이 관리하며, 자발적으로 참여한 개인 또는 개인들의 연합체가 모금한 자본으로 큰 규모의 사업을 추진할 수 있는 환경의 조성은 이 책이 개성과 다양한 행동 방식의 발전에 적합하다고 적시한 여러 장점에 비추어 권장해 마땅하다. 어느 국가든 정부의 개입과 간섭은 구별하기 힘들 정도로 획일적인 경향을 보인다. 반대로 개인 그리고 개인들의 자발적 연합은 다양한 실험을 하며, 이로써 다채롭기 그지없는 경험을 축적한다. 정부의 유의미한 역할은 이런 경험들의 중앙 저장소를 자임하고 많은 시도로 축적된 경험을 적극적으로 유포하고 순환시키는 일이다. 정부의 실험만 고집하지 말고, 각각의 실험자가 다른 실험의 성과를 참고하고 활용하며 혜택을 얻을 수 있게 하는 접근방식이 바람직하다.

정부의 간섭을 제한해야 하는 세 번째 이유, 가장 설득력이 큰 근거는 쓸데없이 정부의 권력을 키움으로써 초래되는 엄청난 해악의 예방이다. 정부에게 기능이 추가될 때마다 비례해 커지는 영향력은 그에 기대려는 개인의 희망 또는 못마땅하지만 어겼다가 처벌받는 게 아닐지 하는 두려움 때문에 더욱 커진다. 국민 가운데 적극적이고 야심 찬 개인은 집권당 또는 집권에 유력한 정당의 추종자가 될 수밖에 없는 압박을 느낀다. 도로, 철도, 금융, 보험, 대형 주식회사, 대학교 그리고 공공 자선 기관이 빠짐없이 정부의 산하 부서이며 이에 더해 지방자치단체와 지역위원회가 맡는 일이 모두 중앙 행정부의 지시라고 한다면, 이런 비대한 권력이 어떤 세상을 만들지는 불 보듯 환한 일이다. 이 모든 기관의 직원이 남김없이 정부의 임명에 따라 고용되고 급여를 받으며, 출세 기회를 정부에만 의존한다면, 제아무리 언론 자유가 보장되고 입법부가 민주적 선거로 구성되었다 할지라도 어떤 국가든 실질적 자유는 사라지며, 단지 허울뿐인 자유 국가가 되고 만다. 행정부의 통치술이 학문적 성과를 동원해 가면서 효용을 높일수록, 최고의 인재를 확보하는 용인술이 교묘해질수록, 그만큼 더 해악은 커진다. 최근 영국에서는 가장 똑똑하고 높은 교육 수준을 자랑하는 인물을 경쟁시험으로 선발해 공무원으로 임용하자는 제안이 논란의 불씨를 지폈다. 찬반양론으로 숱한 말과 글이 오가며 논란은 뜨겁게 달아올랐다. 경쟁이 치열할 수밖에 없는 국가고시 도입에 반대하는 사람들은 무엇보다도 공무원이라는 직업이 최고의 인재를 끌어들이기에는 보수가 턱없이 부족해 매력이 떨어진다고 주장한다. 최고의 인재는 전문직 또는 대기업의 중역이나 공기업 임원으로 훨씬 더 매력적인 출세 기회를 탐할 거라고 한다. 제안을 찬성하는 쪽에서 고시 도입이 갖는 문제점 가운데 하나로 이런 주장을 제기했다면, 그리 놀라운 일은 아니리라. 하지만 외려 반대편이 이런 논리를 폈다니 의외가 아닐 수 없다. 반대편이 제기하는 이의는 실제로는 이 제도의 안전장치로 작용한다. 국가의 모든 뛰어난 인재들이 오로지 정부 소속 공무원으로 쏠리는 일을 막아주는 장치가 바로 그 반론이기 때문이다. 매력적이지 않은 공무원에 최고 인재가 왜 지원할까. 잘 조직된 콘서트처럼 전체를 아우를 줄 아는 포괄적인 시각을 요구하는 모든 업무가 정부에게 맡겨지고, 모든 관직이 가장 유능한 인재들로 채워진다면, 순수한 학문을 제외하고 모든 교양과 실무 능력이 관료제로 집중되는 거대화는 피할 수 없다. 공동체의 평범한 구성원들은 모든 일에서 오로지 관료만 바라본다. 일반 대중은 어떤 일이든 관료의 지시와 명령만 기다린다. 유능하며 야망에 찬 사람 역시 개인적 출세를 위해 관료에게 줄을 대려 안간힘을 쓴다. 관료제라는 위계질서에 어떻게든 편승해 출세를 꾀하는 것만이 야망의 유일한 목표가 된다. 이런 체제 아래서 저 바깥의 대중은 무능하며, 아무 경험을 쌓지 못해 관료제가 작동하는 방식을 감시하거나 비판할 능력이 없다. 심지어 그저 우연의 연속으로만 권력을 잡은 독재자가 자기 마음에 들지 않는다고 개혁의 칼을 빼 들어도 관료제는 끄떡도 하지 않는다. 대중 민주주의의 선거로 자연스럽게 개혁 성향의 지도자가 정권을 잡는다 해도 관료제의 이익에 반하는 개혁은 절대 이루어질 수 없다. 충분한 관찰 기회를 누렸던 이들의 기록이 증언하듯, 이것이 바로 러시아 제국의 암울한 실상이었다. 차르조차 관료제 앞에서 무력하기만 했다. 황제는 마음에 들지 않는 관료를 시베리아로 귀양 보낼 수는 있었지만, 관료가 없이는, 또는 관료의 의지에 반해서는 통치할 수 없었다. 황제가 칙령을 내려도 관료들은 손가락 하나도 까딱하지 않는 태업으로 암묵적 거부권을 행사한다. 더 나은 수준의 문명 덕에 반항적 기질이 강한 국민도 모든 일을 정부가 해줄 거라는 기대에 익숙해진 탓에, 또는 최소한 스스로 무엇인가 하더라도 정부에 허락을 구하고, 심지어 어떻게 해야 하는지 물어보는 게 습관이 된 나머지, 자신에게 닥친 불행의 책임을 정부가 지라고 요구한다. 그리고 불행이 인내할 수준을 넘어설 때, 대중은 정부에 대항해 일어나 이른바 '혁명'을 일으킨다. 혁명 덕에 누군가, 권력의 정통성을 인정받든 아니든, 권좌에 올라 관료에게 명령을 내리지만, 모든 일은 예전과 다름없는 구태만 되풀이한다. 관료제는 변하지 않으며, 누구도 관료를 대신할 능력이 없기 때문이다.

자기 일을 자율적으로 처리하는 데 익숙한 국민은 전혀 다른 양상을 보여준다. 프랑스의 대다수 국민은 군 복무 경험을 가졌으며, 그 가운데 상당수는 하사 이상의 계급에 올랐다. 그 덕에 민중 봉기가 일어날 때마다 지도력을 뽐내며 그럴싸한 행동계획을 즉흥적으로 짜내 임기응변에 능한 인물이 나타난다. 프랑스가 군사 분야에서 보여주는 이런 면모를 미국은 모든 종류의 민간사업에서 과시한다. 미국인은 정부가 없이도 어떤 집단이든 즉석에서 지도부를 세우고 민간사업이든 공공사업이든 충분한 지성과 질서와 결단력으로 밀어붙일 줄 안다. 이것이 바로 모든 자유인이 갖춰야 마땅한 자질이다. 그리고 이런 능력을 실천할 줄 아는 사람만이 자유를 누린다. 자유인은 그 어떤 권력자 또는 집단에 노예로 굴복하지 않는다. 자유인은 중앙 행정부의 고삐를 쥐고 당겼다 늦췄다 할 줄 알기 때문이다. 자유를 터득한 국민은 원하지 않는 일을 요구하거나 감내하라고 강요하는 관료제를 절대 용납하지 않는다. 그러나 모든 일을 관료제가 주무르는 사회는 관료제가 반대하는 그 어떤 일도 실현할 수 없다. 관료제 국가의 정치체제는 국민의 경험과 실무 능력을 하나의 조직으로 결집해 그 국민을 다스리는 규율을 강조하는 구조이다. 조직이 자체적으로 완벽하게 구성될수록, 공동체의 모든 계층에서 뛰어난 능력의 소유자를 끌어모아 오로지 관료제 유지만을 교육할수록, 그만큼 더 국민은, 이 관료제의 구성원까지 포함해 철저히 예속당하고 만다. 지배자는 피지배자인 국민을 노예처럼 다스리지만, 그 자신이 국가라는 조직과 규율의 노예일 따름이다. 중국의 고위 관리는 땅을 일구는 농부를 보며 비천하다고 비웃을지 모르지만, 그 자신도 농부 못지않게 전제정치의 피조물이자 도구이다. 예수회 소속의 수도사 개개인은, 비록 예수회라는 조직 자체가 그 구성원의 집단적 권력과 위상을 위해 존재할지라도, 예수회에 절대복종해야만 하는 극도의 예속과 굴종에서 벗어날 수 없다.

또한 잊지 말아야 할 점은 국가의 주요 능력이 통치 기구로 남김없이 집중하는 형태는, 늦든 빠르든, 이 통치 기구 자체의 정신적 활력과 진보성에 결국 치명적인 타격을 입힌다는 사실이다. 관료들은 똘똘 뭉쳐, 모든 시스템이 대개 그렇듯, 일정 규칙에만 매달리는 통에 관행에 사로잡혀 게으르기 짝이 없는 일상에 안주하려는 경향을 보인다. 설혹 그 쳇바퀴 같은 일상에서 벗어나려 한다고 해도, 대개 조직의 지도급 인사가 아무렇게나 던지는 설익은 발상에만 매달리는 게 관료 조직이다. 나태함과 조급함이라는 서로 반대처럼 보이는 이런 경향을 억제하고, 관료 집단의 역량 자체를 높은 수준으로 유지하도록 해줄 유일한 자극은 못지않은 역량을 지닌 외부 인사들의 날카로운 비판과 감시이다. 그러므로 정부에 독립적으로 비판과 감시의 역량을 키워 중대한 실무를 정확히 판단하는 데 필요한 경험을 쌓을 기회가 보장되어야 한다. 공무원 집단을 유능하고 효율적인 조직으로 계속해서 유지하고자 한다면, 무엇보다도 이 집단은 기꺼이 개혁할 의지를 키우며, 스스로 개혁에 나서고 그 결과를 받아들일 줄 알아야 한다. 관료제가 탁상공론이나 일삼는 조직으로 전락하는 걸 원치 않는다면, 공동체를 다스리는 데 요구되는 능력을 배우고 키우는 모든 과제를 관료제가 독점해서는 결코 안 된다.

인간의 자유와 진보를 심각하게 위협하는 해악이 어디서부터 시작하는지 그 지점을 짚어내 대비책을 마련하는 일은 정부 조직이 감당해야 할 최우선 과제이다. 공동체의 안녕을 가로막는 장애물을 선출된 공직자가 사회의 공적 권력으로 제거해야 하는 이런 과제를 소홀히 다룸으로써 해악이 우세해지는 변곡점을 우리는 식별할 줄 알아야 한다. 다시 말해서 사회의 전반적 활동이 지나칠 정도로 정부에 쏠리는 것을 막는 한편, 중앙에 집중된 두뇌와 권력의 이점을 충분히 활용할 수 있도록 균형을 잡는 일은 정치 기술 가운데 가장 까다롭고 복잡한 문제이다. 이 문제는 그야말로 디테일을 놓치지 않고 접근해 들어가 끊임없이 다양한 측면을 함께 고민해야 하는 통에, 그 어떤 절대적 규칙도 정할 수 없는 난제이다. 그러나 나는 무엇보다도 안전의 확보, 이상을 포기하지 않고 늘 염두에 두는 자세, 난관 극복을 위해 마련한 대책을 검증할 기준의 마련 등이 그 실용적 원칙이라고 믿는다. 그 핵심은 한마디로 정리하자면, 효율성을 해치지 않는 한도 내에서 권력을 최대한 분산하고, 정보를 최대한 중앙으로 집중해, 이 중앙으로부터 널리 확산시키려는 노력이다. 따라서 지방 행정은, 뉴잉글랜드 주들처럼, 직접적 이해관계를 가진 사람이 맡기에 부적절한 모든 업무를 지역 주민이 선출한 공직자들에게 맡기되, 업무 분담을 매우 세밀하게 조정하는 형태를 취해야 한다. 물론 이에 더해 지방 사무의 부문마다 중앙감독기관의 통제를 받게 하며, 이 중앙감독기관은 중앙정부 산하의 한 부서이어야 한다. 이 중앙감독기관이라는 조직은 일종의 구심점 노릇을 하며 모든 지역에서 이뤄지는 공공사업 수행으로 발생한 다양한 정보와 경험을 집약해야 한다. 더 나아가 외국에서는 어떤 유사한 사례가 있었는지, 정치학 이론의 최신 경향은 무엇인지, 이 기관은 세심하게 정보를 수집해야 한다. 기관은 각 지역에서 벌어지는 모든 일을 파악할 권한을 가지고, 특히 어떤 지역에서 얻은 지식을 다른 지역에 활용할 수 있도록 전파하는 일을 그 고유 책무로 삼아야 한다. 저 위에서 포괄적으로 조망하는 덕에 지역의 사소한 선입견과 편협한 관점에서 자유로운 이 조직이 제공하는 조언은 당연히 상당한 권위를 자랑하게 된다. 하지만 상설기관으로서의 이 조직이 행사할 수 있는 실제 권한은 지역의 관리에게 내려준 지침을 준수하도록 관리 감독하는 선에서 제한되어야 한다. 일반적인 규칙이 미리 정해지지 않은 모든 사안에서 해당 공무원은 자신의 고유한 판단에 따라 행동하되, 유권자에게 이런 판단의 책임을 져야 한다. 정해진 규칙이 있음에도 이를 위반했을 때는 법적 책임을 져야 한다. 이런 규칙은 입법부가 정한다. 행정부는 이 규칙들이 제대로 지켜지는지 감독하는 역할을 해야 한다. 행정부는 사안에 따라 법원의 판결을 구해 규칙 이행을 요구하거나, 유권자에게 호소해 직무를 제대로 수행하지 않은 공무원을 해임해야 한다. 바로 이런 구상이 이른바 '구빈세'(Poor Rate)를 관리하는 전국의 지방 공무원을 감독하기 위해 세워진 '구빈법 위원회'(Poor Law Board)의 바탕이다. 위원회는 본래 이 법의 집행 실태를 감독하는 권한만 가졌지만, 구빈세의 관리가 부실해 엉뚱한 사람이 혜택을 입거나, 부패 공무원 때문에 재원이 빼돌려질 경우, 본래 권한을 넘어서서 개입했다. 이는 지극히 정당하고 필요한 권한 행사이다. 관리 부실과 부패는 단지 특정 지역에만 국한하지 않고, 공동체 전체에 심대한 영향을 미치는 중대한 사안이기 때문이다. 뿌리 깊은 부실 행정을 바로잡는 조치는 지나친 개입이 아니다. 부실한 행정으로 빈곤의 온상이 되어, 다른 지역까지 그 악영향을 미치는 일은 전체 노동자 계층의 도덕을 심각하게 훼손해 그 생활 기반마저 허문다. 구빈법 위원회가 보유한 행정 강제력과 시행령 제정 같은 하위 입법 권한은(비록 부정적 여론 탓에 위원회가 이런 권한을 거의 행사하지는 않지만) 국가적 차원의 중대 사안에서는 충분히 정당화할 수 있다. 다만, 순전히 지역적 이해관계를 감독하면서 이런 권한의 행사는 고민이 전혀 필요하지 않을 정도로 부적절하다. 그러나 중앙감독기관이 모든 지역에 정보 제공 및 교육의 기회를 베푸는 것은 행정의 모든 분야에서 똑같이 유용하다. 개인의 노력과 발전을 방해하지 않고 오히려 이를 도와주고 자극하는 목적의 정부 활동은 아무리 활발해도 지나치지 않다. 문제는 개인이나 단체의 자율적 능력과 활동을 장려하기보다 정부가 모든 것을 대신하려 할 때 시작된다. 정보를 제공하고 조언을 베풀며, 필요할 때는 비판을 아끼지 않는 데 그치지 않고, 개인이나 단체에 군림하며 강요해 속박된 채 일하게 하거나, 아예 배제하고 정부가 직접 손을 댈 때, 해악은 비로소 본격화한다. 국가의 가치는 결국 그 구성원인 개인들의 가치이다. 그런데 국가가 국민의 정신적 성장과 고양이라는 본질적 가치를 뒷전으로 내몰고, 그저 행정 기술을 약간 향상하거나, 늘 같은 패턴의 업무 반복으로 얻어지는 행정 숙련도 같은 겉보기에만 매달린다면, 또한 국민을 그저 순종적인 도구로 만들려고 위축시키고 키우지 않는다면, 그런 국가는 결국 '작은 사람들'로는 그 어떤 위대한 일도 이룰 수 없음을 깨달을 수밖에 없다. 완벽한 기계를 만들겠다며 모든 것을 희생했지만, 결국 아무 쓸모 없는 고철 덩어리만 덜렁 남은 셈이다. 국민의 생동하는 생명력과 자율성을 무시한 행정체계는 이런 기계와 다르지 않다. 기계가 좀 더 부드럽게 돌아갔으면 하는 얄팍한 계산으로 생명력을 무시한 탓에 결국 국가는 쇠망의 길을 걷는다.

윌리엄 레너드 코트니의 『자유론』 해설*

I

존 스튜어트 밀은 1806년 5월 20일에 태어났다. 병약한 아이였던 그는 아버지에게 특별한 영재교육을 받았지만 튼튼한 아이로 자랄 기회는 얻지 못했다. "나는 제대로 된 남자아이였던 적이 결코 없었다"라고 그는 회상했다. "크리켓조차 단 한

---

* 윌리엄 레너드 코트니(William Leonard Courtney, 1850~1928)는 영국의 작가이자 철학자, 언론인이다. 서머싯셔 대학(Somersetshire College) 학장을 지낸 그는 1889년에 펴낸 『존 스튜어트 밀의 생애』의 서문 형식으로 『자유론』의 해설을 썼다. 밀의 생애 후반부와 겹치는 시대를 살아온 코트니는 밀의 인생과 그의 사상, 밀과 교류한 사상가들과 지인들을 취재하고 분석한 결과를 바탕으로 『자유론』이 탄생하기까지 밀의 사상적 발전 과정을 심도 깊게 전해준다. 코트니의 해설은 존 스튜어트 밀과 그의 대표작 『자유론』에 담긴 사상을 제대로 이해하는 중요한 길잡이가 되어줄 것이다.

번도 쳐본 적이 없으니까." 그가 한 운동이라고는 아버지가 자신에게 강의를 해줄 때나 숙제를 살펴줄 때 함께했던 산책이 전부였다. 그가 다른 방식으로 교육을 받았다면 어떤 사람이 되었을지 말해서 무엇하리. 밀은 평생 부실한 체력으로 살았지만 강인한 정신력으로 육체적 결함을 극복하는 천부적 능력이 있었다. 그는 한 가지에 몰두하며 젊은 시절을 바쳤다. 아버지가 공부에 집중하도록 교육시킨 탓이다. 소년으로서 그 자신만의 개성 같은 것은 중요하지 않았다.

그러다가 새뮤얼 벤담 경(General Sir Samuel Bentham)의 가족과 함께 프랑스 남부에서 휴가를 보낸 열네 살 시절이 그의 사상에 영향을 미쳤다. 집에서 학문에 열중하는 생활은 계속됐지만 다른 분위기를 경험할 기회를 얻었던 것이다. 그때를 계기로 밀은 외교 분야에 관심이 생겨 죽을 때까지 이 주제를 파고들었다. 1823년에는 동인도회사 심사국의 말단 사원으로 취직했다.

밀은 동인도회사에 들어가기 1년 전 「트래블러(Traveller)」지에 첫 사설을 기고했다. 이를 시작으로 지병에도 아랑곳하지 않고 집필 활동을 이어갔다. 정치, 형이상학, 철학, 종교, 시 등 다방면에서 활약하며 글을 썼다. 또래 시인인 앨프리드 테니슨(Alfred Tennyson)을 알게 됐으며, 크게 성공을 거둔 토머스 칼라일(Thomas Carlyle)의 저서 『프랑스 혁명(French Revolution)』

에서도 영감을 받았다. 동인도회사 생활을 병행하면서 그는 좀 더 대단한 작품을 쓰기 위해 차근차근 공부하고 준비해나갔다.

『정치경제학에서 풀리지 않는 의구심에 대하여(Essays on Unsettled Questions in Political Economy)』는 밀이 1831년에 쓴 작품이지만 13년 뒤에나 출판했다. 그가 머릿속으로 구상한 『논리학 체계(System of Logic)』는 완성되기까지 13년이 걸렸고, 『정치경제학 원리(Principles of Political Economy)』보다 일찍 출간됐다.

1844년, 프랑스 역사가인 쥘 미슐레(Jules Michelet)를 주제로 발표한 글이 논쟁의 화두가 되길 바랐지만 밀이 기대한 만큼 큰 반향은 없었다. 이듬해 〈노동에 관한 논쟁(Claims of Labour)〉과 〈기조(Guizot)〉를 발표하고, 1847년에는 「모닝 크로니클(Morning Chronicle)」지에 아일랜드 문제에 대한 논평을 썼다. 이 시기에 그는 편지를 주고받으며 우정을 나눈 오귀스트 콩트(Auguste Comte)의 영향을 아주 많이 받았는데, 엄청나게 다른 기질을 지닌 두 남자 사이의 우정이 아주 흥미롭다. 『논리학 체계』를 끝낸 이후로 연구에 몰두한 밀은 1848년에 『정치경제학 원리』를 출간했다. 그는 『일리아드(Iliad)』와 『오디세이(Odyssey)』를 다시 읽고 조지 그로트(George Grote)의 『그리스의 역사(History of Greece)』를 비평하는 등 각고의 노력으로 훌륭한 논문과 비평을 선보여 후대 학생들에게 큰 즐거움을 선사했다.

1856년, 동인도회사 심사국 책임자로 승진했으나 2년 뒤에 회사가 없어지면서 일을 그만뒀다. 같은 해에 아내가 사망했다. 『자유론』은 그 직후 『의회 개혁에 관한 사색(Thoughts on Parliamentary Reform)』과 함께 출간됐고 곧바로 밀은 정치, 철학, 당대의 윤리적 화두에서 주요 인물로 부상했다.

아내가 사망한 지 7년 뒤, 밀은 웨스트민스터 하원의원으로 공천을 받았다. 선거를 치르며 어떤 유세도 하지 않았고 스스럼없이 정치적 견해를 드러냈지만, 그럼에도 다수의 득표로 승리했다. 의회에서는 의례적인 일이었다. 그는 대중을 매혹하는 연사가 아니었다. 하지만 그의 영향력은 널리 퍼졌다. 영국 정치가인 윌리엄 글래드스턴(William Gladstone)은 밀을 두고 이렇게 말했다. "대체로 하원에는 잘된 일이었어요. 그가 나타난 것이 기뻤고, 그가 사라졌을 때 정말로 슬펐습니다. 그는 우리에게 좋은 영향을 줬으니까요." 밀은 하원의원으로 3년간 활동한 뒤 이어진 재선에서 W. H. 스미스(W. H. Smith)에게 패했다.

그는 아내와 함께 가장 행복한 시간을 보낸 정다운 집이 있는 아비뇽으로 돌아가서 학문에 계속 정진했다. 아버지의 저서인 『인간의 정신 작용 분석(Analysis of the Mind)』을 완성했고, 그보다는 중요성이 덜하지만 의붓딸과 공동 집필한 『여성의 종속(The Subjection of Women)』도 출간했다. 사회주의를 주제로 책을 쓰려고 구상했지만, 사회학에 몰두했을 때처럼 그 결과물은 세상의 빛을 보지 못했다. 밀은 의붓딸의 지극한 보살핌과 진심 어린 지성적 지지를 받으면서 정신적 삶을 환하게 밝히는 즐겁고 평화로운 시간을 보내다가 1873년에 숨을 거두었다.

II

존 스튜어트 밀은 『자유론』을 쓰던 당시에 테일러 부인(Harriet Taylor)에게서 큰 영향을 받았다. 부인에 대한 그의 헌신은 아주 유명하다. 그 덕분에 여성에게 가장 특별한 찬사를 남긴 철학자의 대명사가 되었다.

> 위대한 사고와 고결한 감성으로 세상을 바라보는 능력이 그녀와 함께 땅속에 묻혔기에 나는 갖은 노력으로 글을 썼지만 그녀의 지혜를 결코 따라잡을 수 없었다. 그녀의 식견을 절반이라도 해석해 세상에 전할 수 있다면 좋으련만 그저 안타까울 따름이다.

이러한 문장은 평범한 세속적 냉소주의자의 거부감을 일으키기에 충분하다. 감성에 젖은 과장법이겠지만, 밀이 아버지 제임스 밀(James Mill)같이 냉담한 인물의 '편견 없는 견해'에 따라 교육받고 자란 남성이라 이런 반응을 보일 수밖에 없었을지도 모른다. 그러나 이 인용문은 존 스튜어트 밀이 아내에게서 지적 영향을 받았다고 주장하는 유일한 부분이 아니다. 『자유론』은 특히 아내의 주도와 격려에 힘입은 글이지만, 그녀가 일찍이 그의 마음을 지배하고 있었음을 나타내는 증거는 많다.

밀은 1831년 존 테일러(John Taylor)의 집에서 열린 저녁 만찬에서 처음 그녀를 소개받았고 당시 그 자리에는 로벅(Roebuck), 폭스(W. J. Fox), 해리엇 마티노(Harriet Martineau) 양도 있었다. 그렇게 알게 된 사이가 급속도로 가까워지면서 우정으로 변했고, 밀은 한 사람에게 충실한 관계를 통해 얻을 수 있는 모든 혜택을 열정적으로 즐겼다. 『정치경제학 원리』 증정본에 그는 다음과 같은 헌정사를 남겼다.

> 친애하는 테일러 부인, 제가 아는 모든 사람 중에서 사회적 진보를 이해하고 누릴 가장 훌륭한 자격을 갖춘 당신에게 엄청난 존경과 헌신을 담아 이 작품을 바칩니다.

여성참정권에 관한 글은 또 다른 찬사의 기회로 이어졌다. 그로부터 한참 뒤인 1869년에 출간된 『여성의 종속』을 통해 우리는 테일러 부인의 영향력을 실감할 수 있다. 마지막으로 『자서전(Autobiography)』에는 '늘 올바른 조언자'에 대한 열광적 칭송이 가득하다.

이 엄청난 관계를 뒷받침해주는 사실들은 쉽게 찾아볼 수 있다. 오히려 줄여서 말하기가 어려울 정도다. 밀의 열병이 지인과 친구들 사이에서 큰 문제가 된 것은 명백하다. 그의 아버지는 다른 남자의 아내와 사랑에 빠진 아들을 공공연하게 질책했다. 특히 로벅, 그로트 부인(Mrs. Grote), 오스틴 부인(Mrs. Austin), 해리엇 마티노 양은 금단의 주제를 넌지시 언급했다는 이유로 밀과의 우정을 유지하는 데 어려움을 겪었다.

테일러 부인은 시골 하숙집에서 딸과 살았고, 1851년에 남편이 죽자 밀이 그녀를 자신의 아내로 삼았다. 그녀가 그럴 가치가 있는지를 두고 다양한 말이 나왔지만, 분명한 점은 1858년에 그녀가 생을 마감할 때 밀의 곁에는 친구가 한 명도 남아 있지 않았다는 사실이다.

밀의 남동생 중 한 명인 조지 밀(George Mill)은 테일러 부인이 똑똑하고 근사한 여성이지만 "형이 떠받들 정도는 아니었다"라고 밝혔다. 칼라일은 회고록에서 그녀를 모호한 별칭으로 묘사했다. '활발하고', '다채롭고', '창백하고 열정적이고 슬픈 얼굴을 한' 그녀는 "완강한 자유의지와 미심쩍은 운명을 보여주는 살아 있는 로맨스의 여주인공이다".

이 정도의 평가는 수수한 수준인데, 언젠가 칼라일 부인이 "그녀는 위험한 사람 같다"라고 했을 때 남편인 칼라일이 그녀는 위험 그 이상으로 남의 머리 꼭대기에 앉아 가르치려 드는 사람이라고 덧붙인 데서 테일러 부인의 특성을 한층 자세히 알 수 있다. 밀과 그의 아내가 칼라일 부부와 친하게 지냈던 것은 널리 알려진 사실이다.

칼라일이 『프랑스 혁명』 초판본 원고를 밀에게 빌려주고 테일러 부인의 하인이 실수로 그 원고를 불태운 사건이 일어났을 때 밀 부부는 칼라일의 집으로 찾아갔다. 하지만 정작 부인은 아무 말도 하지 않은 채 밀만이 두 시간 동안 칼라일을 붙들고 절박하게 핑계를 늘어놓았다. 리처드 가넷(Richard Garnett) 박사는 『칼라일의 일대기(Life of Carlyle)』를 통해 밀은 자신이 저지른 엄청난 실수에 대한 보상으로 슬픔에 젖은 작가에게 100파운드를 받아달라고 부탁했다고 밝혔다.

앞에서 언급했듯이 밀 부인은 남편과 행복한 7년의 세월을 보낸 뒤 1858년에 사망해 아비뇽에 묻혔다. 밀이 아내를 위해 쓴 묘비문은 어느 한 자도 빼놓기 힘들 정도로 대단했다.

> 위대하고 열정 넘치는 가슴과 고결한 영혼, 분명하고 강렬하며 독창적이고 체계적인 지성이 그녀를 이끌고 지지했으며, 지혜로운 지도자이자 선량함의 표본으로서 그녀는 자신이 가진 행복으로 다른 이들을 온전한 기쁨 속에 머물게 해줬다. 베풀기를 좋아하는 정직한 마음씨로 주변 사람들에게 헌신했고, 그런 그녀의

> 영향력은 세기의 가장 위대한 발전에 영감을 주었으며 앞으로도 그럴 것이다. 그녀 같은 지성과 성품을 갖춘 사람이 조금이라도 있었다면 이 세상은 이미 우리가 바라던 천국이 되었을 것이 틀림없다.

이 묘비문에는 장황하다는 비난 따위는 두렵지 않다는 밀의 강렬한 애정이 잘 드러난다. 그러나 이는 또한 밀이 자기 영향력을 전혀 알지 못했다는 사실을 입증한다. 그로트가 언급했듯이 이런 글귀가 지금껏 남아 있는 것은 오로지 밀의 명성 덕분이기 때문이다.

테일러 부인에 대한 애정이 밀의 철학적 사고, 그리고 흥미롭지만 이례적인 관계의 가치에 영향을 끼쳤기에 그의 이력에서 이 낭만적인 사건을 빼놓을 수 없다. 열병의 단면일 수도 있고, 굳이 지칭하자면 밀의 생애에서 가장 아름답고 인간적인 페이지일 수도 있다. 밀 부인은 남편이 지속적으로 들려주는 허영 가득한 칭찬에 도취했거나, 혹은 정말로 로마 신화 속 여성 조언자인 에게리아(Egeria)처럼 영감이 가득하고 지적인 인물로서 도움을 주었을지도 모른다.

비록 밀 자신은 양성평등을 믿었고 그렇다고 생각했겠지만, 일반적으로 이런 경우에는 서로 다른 두 계급과 정신의 우선순위 사이에서 놀라운 작용과 반작용이 벌어진다. 추상적인 사상으로 점철된 사람에게 생기 넘치고 활달한 구체적 사실은 즐거움이자 기분 좋은 충격으로 다가왔을 것이다. 그녀는 적절한 철학적 추론을 제시할 수 없을 때 진리를 드러내고 이해하는 수단으로 종종 여성의 직감을 활용했다. 반대로 밀은 한층 섬세한 논리적 방식을 취했으며 형식적 추론을 단계적으로 전개하고 있었기에 행복한 직관이 결론으로 향하는 것을 자신의 지적인 사고 과정과 정말로 동등하다고 받아들이는 데 익숙해졌다. 그러므로 두 사람은 서로 평등하게 행복을 누렸다.

추상적인 진리는 가시적인 형태를 얻었다. 가시적인 형태는 일련의 추상적 질의 속에서 적절한 토대를 찾았다. 어쩌면 칼라일이 언급한 '다채로움'과 '활발함'은 밀 부인의 빠른 직관력을 우연히 언급한 것일지도 모르며, 남편과 아내의 공동 작품에 상호 이득이 되는 한 줄기 빛이 되었을 수 있다. 그 때문에 이런 미스터리의 베일을 벗기려는 시도는 무례해 보일 지경이다. 하지만 밀이 아내를 지나치게 뛰어난 인물로 추앙했다는 점을 우리는 분명하게 인식했고, 이유야 어쨌든 두 사람은 이상적으로 행복한 삶을 살았다.

그러나 테일러 부인이 밀과 결혼하기 이전과 이후에 정확히 어느 정도까지 그의 사상과 작품에 실질적인 영향을 미쳤는지는 여전히 풀어야 할 과제로 남아 있다. 어쩌면 내가 이전 논평에서 쓴 부분이 유용할지도 모르겠다.

밀은 『자서전』을 통해 우리에게 엄청난 도움을 제공한다. 밀이 처음 그녀를 알게 됐을 무렵에 그의 사상은 '논리'라는 주제로 넘어가던 중이었다. 하지만 『자서전』은 논리에 관해 그가 발표한 저작은 그녀와 아무 관련이 없다는 사실을 알려준다. 밀은 책 한 권을 다 써서 개론을 완성한 뒤에 각 문단과 구성을 완벽하게 하고자 열심히 살을 붙이는 방식으로 집필하는 습관이 있었다. 당연히 문체를 봐주는 일에는 테일러 부인이 큰 도움을 주었을 것이다.

그러나 원론을 비평하기에는 그녀의 자질이 턱없이 부족했다. 이 점에서 밀은 분명한 입장을 보였다. "나의 사고 체계에서 실제로 벌어진 유일한 혁명은 그 전에 이미 완성됐다." 테일러 부인의 영향력이 무엇보다 중요해지기 전에 밀이 한 말이다. 다만 [베인 박사(Dr. Bain)가 '이목'이라고 부른] 자기 영향력에 대해서는 놀라울 정도로 겸손해서 얼핏 모순적으로 들린다. "작가로서 내 삶의 상당 부분을 아내와 함께 집무실에서 보냈고, 꽤 어릴 적부터 스스로 생각을 주도할 수 있었다는 점이 내가 가진 유용한 자질이라는 것을 알아서 독창적인 사상가들의 이론을 해석하고 그들과 세상을 중개하는 역할을 해야겠다고 생각했다." 이 말을 들으면 밀이 마치 신탁을 받는 예언자인 듯하다.

그러나 다음과 같은 문장은 상당히 놀라운 반전을 보여준다.

"독창적인 사상가로서 나는 스스로 아주 겸손한 태도를 지녔지만 순수과학(논리학, 형이상학, 정치경제 이론과 정치사상)에서는 예외다." 밀이 논리학, 형이상학, 정치경제학에서 독창적인 인물이라면 그가 테일러 부인의 입을 빌려 지식을 얻은 것이 아니라는 점은 자명하다. 그리고 제대로 발전시킨다면 논리학과 형이상학은 인간이 독창적으로 사고하기에 안전한 영역인 만큼 이는 밀의 뛰어남을 제대로 증명해주는 셈이다.

『정치경제학 원리』를 집필할 때 테일러 부인의 기여도는 극히 한정적이었다. 우리가 확신하듯이 순수한 학문적 부분에서 그녀의 공로는 찾아볼 수 없다.

> 그러나 책의 전반적인 문체에서 기존의 딱딱한 학문적 주장으로서 정치경제학적 설명과는 다른 방식을 취해 거부감을 줄이는 데 그녀의 영향이 컸다. 이 어조 덕분에 부의 생산 법칙과 분배 방법의 차이가 뚜렷하게 드러났다. 부의 생산은 물질적인 소유에 의존하는 진정한 자연 법칙에 따르는 반면, 부의 분배는 특정 조건하에서 인간의 의지에 따르는 것으로 (중략) *나는 이 점에 대해 성 시모니언 주의자들(St. Simonians)의 관점을 부분적으로나마 깨우쳤다.* 그러나 책 전반에 살아 있는 원칙으로 스며들어 생기를 불어넣게 된 것은 내 아내의 노력 덕분이다.

이탤릭체로 쓰인 부분은 주목할 만하다. 다른 부분과 마찬가지로 밀은 그 문제에 대해 스스로 생각했다. 그 생각들이 하나의 형태로 자리 잡기까지는 아내의 제안이나 조언을 받았다. '전반적인 문체'를 제외하고, 밀은 아내가 이 책에 특별히 공헌한 부분에 대해 다음과 같이 알렸다.

> 노동자계급의 미래를 예측하는 장은 어느 장보다 영향을 많이 받았고, 전적으로 아내의 공헌이라고 할 수 있다. 초안에서는 이 장이 존재하지 않았다. 아내는 그 내용이 필요하다고 지적했으며, 이 장이 없었다면 『정치경제학 원리』는 정말로 불완전한 상태였을 것이다. 그녀 덕분에 내가 그 부분을 보충할 수 있었다.

이에 따르면 아내가 밀에게 사회주의 성향을 제시하는 한편, 그의 정치적 관점에 진보 정신을 불어넣은 듯한데 이는 초창기에 그가 소작농 제도를 옹호하던 입장과는 명백하게 다르다. 또한 이후의 저작에 등장하는 개인의 자유에 관한 사상에서도 아내의 지성을 빌렸다고 하지만 표면적으로 보자면 모순되기는 마찬가지다. 개인의 자유에 대한 이상은 사회주의의 이상이 아니며 사회주의자들이 정부의 도움을 호소하는 것은 자유방임주의 이론과 일치하지 않는 것과 같은 원리다.

그러나 『자유론』은 밀과 그의 아내가 함께 계획한 작품이다.

어쩌면 밀 부인의 기여도가 확고한 논리적 원칙 없이 약간의 비전만 제시한 수준일 수 있다. 그럴지도 모르지만 그녀가 새뮤얼 테일러 콜리지(Samuel Taylor Coleridge)와 칼라일 쪽으로 반쯤 편향된 남편의 사상을 잡아준 것은 분명하다. 이것이 그녀의 꾸준한 영향력에 대한 증거인지, 혹은 밀의 다채로운 지적 자양분에 새로운 요소가 하나 더해진 것인지는 미제로 남겨두는 편이 현명할 듯싶다.

다만 우리는 밀의 저서 한 권에 대해서만큼은 그녀가 이바지했다는 점을 부인할 수 없다. 바로 『여성의 종속』이다. 밀은 일찍이 남성과 여성은 법적·정치적·사회적 관계 및 가족 관계에서 평등해야 한다고 배웠다. 이는 아버지의 저서인 『정부론(Government)』을 두고 그가 의견 충돌을 보인 점에서 잘 드러난다. 하지만 『여성의 종속』에서는 테일러 부인이 실제로 집필에 참여했고, 여성의 노예 같은 처지를 맹렬하게 비난하는 밀의 태도가 아내가 여성으로서 직접 겪는 차별을 보고 얻은 시각이라는 점은 부인할 수 없는 사실이다.

III

『자유론』은 19세기가 절반 정도 지난 1859년에 출간됐지만, 당시의 전반적인 분위기와 특유의 성향은 19세기가 아닌 18세기의 관점에 조금 더 가까웠다. 존 스튜어트 밀이 구상한 이론 중 상당수가 초창기 영국의 실증학파와 허버트 스펜서(Herbert Spencer)에게 영향을 받았다고 한다면 우리가 떠올리는 쪽과 어느 정도 관련이 있다.

이를테면 『논리학 체계』에서 그는 데이비드 흄(David Hume)의 이론을 발전시켰지만 기존 사상가의 결론을 과학적으로 재해석하지 못했다. 마찬가지로 『정치경제학 원리』를 통해 데이비드 리카도(David Ricardo)의 사상을 발전시켜 확장하고자 했으나, 사회학적 관점에서 정치경제학의 변화를 이끌지 못했고 이후 이 주제에 관해서는 독일의 전망과 비슷한 수준에 머물렀다.

개인은 사회에 반하는 절대적 권리를 가질 수 없다고 서둘러 결론지은 초창기 시대의 사회와는 대조적으로, 『자유론』에서 밀은 개인의 권리를 옹호했다. 18세기 관점에서는 개인이 먼저 존재하고, 각자에게 고유의 권리와 책임이 있었다. 그 개인들은 스스로 계약이나 다른 방식을 통해 사회국가(Social State)를 형성했다. 그런 다음에 그렇게 임의적으로 생겨난 사회 유기체(social organism)의 이익을 고려하여 그들은 자신들의 행동을 제한했다.

이것을 19세기 관점으로 보기는 힘들다. 논리적으로 개인이 국가보다 먼저일 수 있다. 그러나 역사적으로, 또한 자연의 순리에 따라 국가는 개인보다 우선한다. 다시 말해서 현대사회의 개개인이 가지고 있는 권리는 자연의 고유한 법칙에 의한 것이 아니라 사회국가의 성장과 발전 속에서 천천히 얻어진 것이다. 인간이 직접 국가를 세우면서 보이는 의도적 행동이 개인의 자유를 박탈한다는 말은 사실이 아니다.

오래전에 아리스토텔레스가 말한 것처럼 정치적인 동물로 타고나는 사람은 자신이 속한 질서, 사회, 공동체와 비교했을 때 별 볼일 없는 존재로서 사회 법칙의 제약을 받으며 살았고, 그 특권은 조직이 커지면서 구성원으로서의 중요성도 커진 덕분에 점진적으로 얻은 것이라고 보는 편이 더 진실에 가깝다. 그렇다고 해도 그것은 밀이 주장하는 개인의 자유를 심각하게 제한한다. 개인에게는 사회 유기체에 반해서는 권리가 없기 때문에 기회도 없다. 사회는 반사회적인 성격의 행동이나 심지어 의견에 대해서까지 개인을 벌할 수 있다.

개인의 미덕은 다른 사람들과의 밀접한 교류를 인식하는 데 있다. 인간의 활동 범위는 공통 관심사로 국한된다. 모든 사람이 타고날 때부터 평등하다는 것이 터무니없고 감정적인 이론이듯이, 자신이 그 일부를 이루는 더 커다란 전체에 대해 반감을 가지고 살아가면서 그렇게 생각하기도 할 개인적 자유가 인간에게 있다는 주장에 반대하는 것도 케케묵은 잘못된 신조다.

오귀스트 콩트(Auguste Comte)의 『실증철학강의(Philosophie

Positive)』에 크게 의존하는 사회와 그 사회의 발달에 관한 요즘의 관점은 개인의 자주권에 대한 관점과 아주 비슷하고, 그것을 침해할 가능성이 커져서 반대 이론에 내재한 진리를 발전시키고 주장할 필요가 생겼다. 알다시피 모든 발달 과정은 통합과 분화를 통해 이루어진다. 종합과 분석, 그 뒤를 이어 더욱 포괄적인 종합이 발전의 법칙을 형성하는 듯하다. 사회가 개인을 제약하는 방식이 전제적이라면, 사회주의 형태를 예로 들자면 기만적인 자연법을 토대로 국가가 전부이며 개인은 아무것도 아니라면 그 형태가 비록 적대적인 것일지라도 개인의 여러 활동을 통해 미래의 삶을 풍족하게 누려야 한다는 반응을 촉구할 것이다.

어쨌든 영국의 경우에는 알다시피 다양한 형태의 정부, 즉 왕이든, 귀족계급이든, 과두제 금권 정치든, 심지어 무역 조합이든 그 영향이 너무나 위축되어 개인은 미래를 위해 봉기해야 한다. 우리의 기존 관점이 밀의 저작인 『자유론』의 가치를 한정한 것처럼 이런 고찰들은 그것의 항구적 중요성을 보여준다. 사회의 전능함은 완전한 획일을 의미한다. 자신이 좋아하는 것을 듣고 말할 권리, 자신이 좋아하는 일을 할 권리, 자신이 좋아하는 방식으로 살 권리가 개인에게는 절대적으로 필요하다. 삶을 빈곤하지 않고 다양하게 만들어주는 요소뿐만 아니라 미래 세대의 희망을 위해서다.

개인의 자주권과 노력이 영국의 역사 속에서 필수적인 요소로 인식되는 한, 밀이 고백했듯이 빌헬름 폰 훔볼트(Wilhelm von Humboldt)의 주장에 토대하는 『자유론』도 세상에 대한 고찰과 그 세상의 안녕과 분별을 위해 없어서는 안 될 중요한 공적으로 남을 것이다.

밀에게 아내가 어떤 의미였는지 우리는 결코 알 수 없을 것이다. 그러나 실질적이고 역동적인 에너지로 그의 본성에 잠재된 열정을 불러냈다는 점에 대해서는 충분한 증거를 확보했다. 그녀가 아비뇽에서 숨을 거둘 당시에 밀의 친구들은 소원해진 관계를 회복했을지도 모르지만 밀은 개인적으로 훨씬 가련해졌다. 배우자와의 사별이라는 슬픔 속에 우리는 끼어들 수 없고 그 베일을 걷어낼 권한도, 힘도 없다. 단순한 말만으로 충분하며 입 밖으로 꺼내지 않은 슬픔이 더 많은 이야기를 해준다.

기력이 거의 없는 상황에서 사별의 아픔이 무엇이고 지금 심경이 어떤지 말로는 설명할 수 없다. 하지만 그녀를 생각하며 얻은 미약한 힘으로 그녀의 목표를 이루는 데 정진하고 그녀의 기억과 함께하며 여생을 최대한 누리기를 그녀가 바랄 것을 알기에 나는 열중할 것이다.

_윌리엄 레너드 코트니

1806년 양적 공리주의자인 아버지 제임스 밀의 장남으로 영국 런던에서 태어났다.

1809년(3세) 제러미 벤담과 사회개혁가 프랜시스 플레이스의 조언과 도움을 받은 아버지에게서 그리스어를 배웠다.

1814년(8세) 아버지에게서 라틴어를 배웠다.

1818년(12세) 스콜라 철학과 아리스토텔레스의 논리학을 공부했다.

1819년(13세) 아버지의 친구이기도 한 경제학자 데이비드 리카도와 애덤 스미스를 비교하며 정치경제학을 공부했다.

1820년(14세) 프랑스에서 1년을 보내면서 화학, 동물학, 논리학, 고등수학을 배웠고, 이후 사회주의 사회개혁가인 생 시몽, 실증주의자 오귀스트 콩트 등과도 교류하며 사상적 체계를 넓혀갔다.

1822년(16세) 「트래블러(Traveller)」지에 첫 사설을 기고했고, 이를 시작으로 정치, 형이상학, 철학, 종교, 시 등 다방면에서 활약하며 집필활동을 이어갔다.

1823년(17세) 동인도회사 심사국에 들어가 1858년까지 35년 간 근무했다.

1824년(18세) 제러미 벤담의 요청으로 그의 저서인 『법적 증거의 합리적 근거』의 출판을 도왔다.

1830년(24세) 평생의 연인 해리엇 테일러를 만났다. 그녀와 20년 동안 교제하다가 해리엇의 남편 테일러가 사망한 뒤 그녀와 결혼한다.

1843년(37세) 『논리학 체계』를 출간했다.

1848년(42세) 『정치경제학 원리』를 출간했다.

1851년(45세) 해리엇 테일러 부인과 결혼한다. 그녀의 급진적인 정치사상은 『자유론』 등을 저술하는 데 깊은 영향을 미쳤다.

1858년(52세) 결혼한 지 7년 만에 해리엇 테일러 부인이 사망한다.

1859년(53세) 『자유론』을 출간했다.

1861년(55세) 『대의정부론』을 출간했다.

1863년(57세) 『공리주의』를 출간했다.

1865년(59세) 런던 웨스트민스터에서 하원의원으로 선출되어 3년간 활동했다.

1866년(60세) 공리주의자이자 자유사상의 신봉자였던 밀은 최초로 의회에서 여성 참정권을 주장했으며, 비례대표제와 보통선거권의 도입 등 의회와 선거 제도의 개혁을 촉구했고, 토지 소유권과 재산세, 노동조합 문제에도 관심을 가졌다.

1869년(63세) 『여성의 종속』을 출간했다.

1873년(67세) 『자서전』을 출간했다.

1873년(67세) 테일러 부인의 딸 헬렌의 지극한 보살핌과 진심 어린 지성적 지지를 받으면서 살다 숨을 거두었고, 프랑스 아비뇽에 있는 아내의 묘 옆에 안장되었다.

옮긴이 **김희상**

성균관대학교와 같은 학교 대학원에서 철학을 전공했다. 독일 뮌헨의 루트비히막시밀리안 대학교와 베를린 자유대학교에서 헤겔 이후 계몽주의 철학을 연구하며 '어떻게 살아야 하는가?' 하는 물음의 답을 찾아왔다.
'인문학 올바로 읽기'라는 주제로 기회가 닿을 때마다 강연과 독서모임을 펼치고 있다. 대표 강좌로는 한겨레 교육 문화 센터의 '문장 수정 가능하실까요'가 있다. 지은 책으로 『생각의 힘을 키우는 주니어 철학』이 있고, 『말로 담아내기 어려운 이야기』, 『마음의 법칙』, 『늙어감에 대하여』, 『사랑은 왜 아픈가』, 『봄을 찾아 떠난 남자』 등 138여 권의 책을 번역했다.
좋은 책과 만나 참된 삶의 길을 찾으려는 방랑은 여전히 진행형이다. 현재 '바른번역' 소속으로 활동한다.

자유론

초판 1쇄 펴낸 날 2025년 12월 30일

지 은 이 존 스튜어트 밀
옮 긴 이 김희상
펴 낸 이 장영재
펴 낸 곳 (주)미르북컴퍼니
자 회 사 더스토리
전 화 02)3141-4421
팩 스 0505-333-4428
등 록 2012년 3월 16일(제313-2012-81호)
주 소 서울시 마포구 성미산로32길 12, 2층 (우 03983)
E-mail sanhonjinju@naver.com
카 페 cafe.naver.com/mirbookcompany
S N S instagram.com/mirbooks

* (주)미르북컴퍼니는 독자 여러분의 의견에 항상 귀 기울이고 있습니다.
* 파본은 책을 구입하신 서점에서 교환해 드립니다.
* 책값은 뒤표지에 있습니다.

DRAMA BON

욥 그리고 친구들

구약성경 | 장미진

구약성경의 〈욥기〉를 현대화하여 드라마로 만들었다.

“우리는 자신이 사랑하는 것만 이해할 수 있다.”

–

괴테

욥 그리고 친구들

해설

드라마 〈욥〉

감히 성경의 <욥기>를 드라마로 만들고 싶어졌다.

그것도 성서연극으로서가 아니라 비기독교인들을 위한 일반연극으로 만들고 싶었다. 내용상 성서적 범위를 크게 벗어 날 수는 없겠지만, 종교적 진리에만 머무는 것이 아니라 보편적인 인간의 드라마로 바꾸고 싶었다. 성경의 〈욥기〉를 읽을 때마다 너무나 다이나믹한 극성(劇性)에 매번 감탄했기 때문이다. 〈욥기〉는 항상 현재형이었고, 〈욥기〉는 항상 보편성을 갖고 있었다. 욥은 삶에 지치고 짓눌려있는 우리 자신의 모습이었고, 욥의 친구들은 우리 안에 있는 또 다른 우리들의 잔인한 모습이었기 때문이다. 〈욥기〉가 드라마 〈욥〉이 되면서 성경이 전하는 아름다운 진리를 인간적인 이야기로 표현하고 싶었다. 인간의 위선적 얼굴이 적나라하게 드러나는 드라마이길 원했다.

그러나 <욥기>는 만만한 책이 아니다.

빅토리아 시대 수필가 토머스 칼라일은 〈욥기〉를 가리켜 '펜으로 쓴 가장 위대한 책' 이라고 말했다. 토머스 울프는 '내가 지금껏 읽은 것 중에 외로움에 대한 가장 비극적이고 숭고하며 아름다운 표현' 이라고 했다.

어디 그뿐인가?

크리스토퍼 애쉬는 '고난이 뭔지 아는 사람들에 관한 책이며, 바로 그 사람들을 위한 치유의 책' 이라고 논평하기도 했다. 애쉬는 〈욥기〉는 '매우 천천히, 아주 오래 계속되는 내러티브' 라서 그 메시지를 간결하게 농축할 비결이 없다고도 했다. 본래 슬픔에서 '즉시' 빠져나올 수 있는 길은 없고, 아픔을 '재빨리' 치료하는 길도 없기 때문이라는 것이다.

그러한 깊은 위로의 글을, 게다가 간결하게 농축할 수 없는 '치유의 책' 을 한 편의 드라마로 만들고 싶다는 나의 소망은 감히 행동으로 옮겨졌다.

성경의 <욥기>

구약성경의 〈욥기〉는 지혜 문학의 대표라고 할 수 있는 시극이다. 그 저자나 배경 등에 대해서는 정확히 알 수 없지만 인류가 지금까지 끊임없이 고민해오던 '삶의 고난'이라는 주제를 무겁게 다루고 있다. 욥이라는 의인이 이유 없이 고난을 당하는 이야기를 통해 세상은 인과응보라는 단순한 논리로 해석될 수 없음을 드러내며, 고난 역시 하나님의 계획안에 있음으로 우리는 하나님의 주권을 인정해야 한다는 것이다.

욥은 엄청난 고통 속에서도 끝내 죄를 범하지 않았고, 인내하였으며, 마침내 하나님에 대한 헌신을 굳게 지킨다. 그래서 욥은 이후에 올 예수 그리스도의 예표로 여겨질 정도로 기독교에서는 커다란 의미를 지닌 인물이다.

'나의 하나님, 나의 하나님, 어찌하여 나를 버리셨나이까'

예수의 마지막 기도는 욥의 울부짖음과 맥을 같이 한다.

'어찌하여 나를 당신의 과녁으로 삼으셔서 내게 무거운

짐이 되게 하셨나이까'

또한 죄 없는 자가 죄 있는 자들을 대신하여 십자가를 진다는 의미에서 예수와 욥은 같은 반열(?)이라고 할 수도 있다. 욥이 당하는 고난은 곧 그리스도의 고난으로 여겨지기도 하기 때문이다.

그래서 예수와 함께 욥은 순종의 상징이 된다. 삶과 죽음을 다해 하늘에 계신 아버지에게 사랑으로 완벽하게 순종하는 사람의 표본인 것이다. 성경의 〈욥기〉는 욥의 죄를 다룬다기 보다 욥의 순종을 말하고자 한다는 것이 더 적합할 것이다.

드라마 <욥>

그러나 드라마 〈욥〉에서는 욥이 아닌 '그의 주변 사람'들에 초점을 맞추었다. 욥의 '순종' 보다는 친구들의 '위선'을 말하고 싶었다. 고통 받는 친구나 이웃에게 보이는 우리들의 말과 행동이 과연 순수한 것인가, 그 본질은 무엇인가를 생각하기 위함이다. 포장을 걷어내고 우리가 건네는 위로의 맨얼굴을 드러내려는 것이 드라마의 중심에 있다.

사실, 위로는 고통당하는 사람의 생각이나 마음을 바꾸려는 노력이다.

고통당하는 사람이 자신의 고통을 생각하고 느끼는 방식을 달리 해서 그 무게를 조금이나마 덜기를 바라는 의도에서 하는 행동이다. 그래서 의도가 순전하지 못할 경우 위로는 '칼'이 된다. 섣부른 위로는 강하면 강할수록 더 위험한 것이 된다.

우리는 너무 쉽게 '괜찮아, 괜찮아질 거야.' 라고 말하지 않는가.

그러나
'괜찮지 않다!' 앞으로도 한참은 괜찮지 않을 것이다.
그래서 괜찮지 않게 지낼 시간이 필요하다.

아무 말도 하지 말아야 할 때가 있다.

그 때는 그저 공감해주는 것이 낫다. 고통당하는 사람의 감정과 경험 속으로 최대한 들어가 함께 하는 것이다.

'말없이 함께 있어 주는 것'

그의 곁에서 가만히 손을 잡아주는 것밖에 할 수 없는 것. 그러나 그것이 가장 적합한 것이다.

애쉬는 욥의 친구들이 '욥을 보고 울었지, 욥과 함께 울지 않았다' 고 하면서 로마서를 인용한다. '우는 자들과 함께 울어야' 한다.

그리고 덧붙인다.

'욥의 위로자들이 아주 섬뜩한 사실은 이들의 연설이 (이따금) 너무나 아름답고, 우리가 교회에서 자주 하는 말과 너무나 흡사하다.'

사랑의 말은 넘치는데 그 사랑이 전달되지 않으며, 위로의 손길은 강한데 그 위로가 무겁게만 느껴질 때가 많다. 상냥한 미소로 돌아서지만 그 순간 더 진한 외로움이 몰려들기도 한다. 우리 안에 숨겨진 발톱이 그 사람의 상처를 건드린 것이다.

드라마 <욥>의 인물들

〈욥기〉를 현대화시켜 일상적인 인물들, 가벼운 주변 사람을 만드는 일은 쉽지 않았다. 그들은 개성이 살아있는 인물이라기 보다는 언어적, 잠언적 내러티브로 표현되는 인물이기 때문이다. 그래서 박영선 목사와 크리스토퍼 애쉬의 신학적 해석을 바탕으로 하여 인물의 특성과 언어를 재구성하였다. 친구들은 특정 직업군의 사람으로 등장하는데, 그러는 과정에서 약간의 비약과 과장이 덧붙여졌을 것을 인정한다.

첫 번째 친구는 엘리바스이다.

그는 온화한 성격이고 지혜로우며 연배가 높은 것으로 나와 있다. 친구들 중 대표자이며 친절하고 예의 바르며, 공손하게 말한다. 그는 '분노는 지혜로운 자들이 말하는 방식이 아니므로 겸손하게 하나님의 얼굴을 찾으라' 고 충고한다. 아픈 이에게 적합한 위로가 아니다. 아마도 그는 고통에 빠진 인간의 자연스러운 반응을 알지 못하는 것이다. 괴로우면 비명을 지를 수밖에 없음을 인정하기 어려운 것 같다. 그래서 엘리바스의 아름다운 말은 욥에게 아무런 위로가 되지 못한다. 욥은 이렇게 고백한다. "종교가 위로를 주지 못한다는 것을 이해하기 바랍니다." 아마도 드라마 〈욥〉에서 엘리바스의 직업은 목사라고 생각하는 것이 적당할 듯하다.

두 번째 친구 빌닷은 지적이며 엄격하다.

그는 의심이 많지 않고 명쾌하다. '좋은 일은 좋은 사람에게 일어나고 나쁜 일은 나쁜 사람에게 일어난다' 고 믿는 간단하고 극명한 가치관을 갖고 있다. 그는 식물 등 자연의 예를 들기를 좋아한다. '왕골이 진펄 아닌 데서 크게 자라겠으며 갈대가 물 없는 데서 크게 자라겠느냐. 이런 것은 새순이 돋아 아직 뜯을 때가 되기 전에 다른 풀보다 일찍이 마르느니라.' 공리나 원칙에 충실한 그는 자신의 말이 상대하게 잔인하게 들린다는 것을 미처 알아채지 못하는 것으로 보인다. 드라마에서 빌닷은 과학자로 표현되는 것이 적당할 것으로 보인다.

세 번째 친구 소발.

무자비한 비난을 쏟아내는 인물이 소발이다. 욥에게 '입을 다물고 내말을 잘 들으라' 고 일갈하고, 강력하게 요구한다. '회개하고 기도하라!'. 게다가 회개하지 않으면 처지가 더 나빠질 것이라고 협박하기도 한다. 그래서 드라마 〈욥〉은 소발을 조금 다혈질적인 역사학자로 만들었다. 사실 조상이나 전통을 강조한 것은 빌닷이었지만, 역사나 사회를 연구하는 인문학자들이 보이는 독설, 근성, 열정은 소발에게 더 잘 어울린다.

욥의 아이들

〈욥기〉에는 아이들이 등장하지 않는다. 그러나 드라마 〈욥〉에서는 아이들이 욥의 환상 속에 나타난다. 굳이 그들을 등장시킨 데에는 이유가 있다. 아무도 욥을 돕지 않을 것이라는 친구들의 비난을 부정하기 위해서 이다. 성경에서 하나님은 결코 욥을 버리지 않았고, 그를 징벌하기를 원하지도 않았다. 사탄 앞에서 욥을 자랑한 것이 오히려 욥이 고통을 겪는 계기가 되었을 뿐이다.

그 사실을 알지 못하는 친구들은 욥을 비웃었다.

'불러 보게나, 자네에게 대답할 자가 있겠는가? 천사에게 도움을 요청하겠나?'

아이들은 하나님의 천사이다.

하나님이 지금 욥을 보고 계시며 그를 위로하고자 한다는 의미이다. 아이들은 그를 지켜보는 하나님의 '눈'이 된다. 욥 자신도 항상 전능자께서 사랑으로 자신을 지켜본다고 믿고 있었기 때문이다.

그는 고통으로 인해 '주께서 저를 찾으실지라도 저는 더 이상 여기에 없을 것' 이라고 화를 내기도 하고 자신을 버려달라고 호소하기도 했다. 그러나 분명한 것은 그의 비명이 하나님에 대한 믿음을 바탕으로 하고 있다는 것이다. 그 모든 것을 주관하신 분이 바로 하나님이라고 인정하는 것에서 출발하였고, 거기에서 한 발도 떼어놓지 않았기 때문이다. 그의 믿음처럼, 그를 지켜보고 있는 하나님의 눈으로서 천사인 아이들이 등장한다.

드라마 <욥>의 결말

마지막으로 가장 어려운 인물은 하나님이었다.

하나님을 등장시키는 것은 연극적 방법으로 그리 현실적이지 않으며 매력적이지도 않다. 게다가 비종교인들에게는 무척 거북스러운 일이기도 하다. 그래서 하나님은 식당 아줌마로 변한다. 이는 똘스또이의 〈사람은 무엇으로 사는가〉를 흉내 낸 것이기도 하고, 브레히트의 〈사천의 선인〉과 비슷한 것이기도 하다. 진정 신은 아주 초라하고 남루한 행색으로 우리를 찾아오리라는 생각과도 같다.

엘리후의 치기어린 비판이 고조되자 문을 박차고 나온 식당아줌마는 친구들을 야단치고 욥을 위로한다. 그리고 그를 위한 특별한 국을 내놓는다. 자신은 어느 누구도 흉내 낼 수 없는 자신만의 국을 끓일 뿐 아니라, 그 국은 아주 몸에 좋고 맛도 좋다고 주장하기도 한다. 결국 아줌마가 떠 주는 한 그릇의 국밥은 욥에게 보내는 하나님의 대답이 된다.

"여호와께서 욥을 기쁘게 받으셨더라."

우리가 기대하지 않을 때, 그리고 전혀 이해되지 않는 방법으로 위로를 받는다는 사실이 확인되는 순간이다.

우리는 진정한 위로자인가.

욥은 친구들이 왔을 때 한껏 기대에 부풀었다고 했다. 자신을 돌보기 위해 '세 현인'이 왔다고 까지 했다. 그러나 그 친구들은 그를 위로하는 자들이 아니었다. 그의 죄를 묻고 속죄와 징벌을 강요하는 재판관이었다.

친구들은 자신의 논리를 주장하고, 욥의 탄식과 울부짖음이 계속되자 욥을 비난한다. 기다려주지 않는다.

'언제까지 그렇게 말할 건데?'

그리고는 벌을 받은 이유가 분명히 욥에게 있을 것이라고 믿고 그의 죄를 찾아내려 한다. 심지어 빌닷은 죽은 자식들까지 정죄하는 잔인한 말도 서슴지 않는다. '네 자녀들이 주께 죄를 지었으므로 주께서 그들을 그 죄에 버려두셨나니.' 소발의 경우도 다르지 않아서, 욥이 지은 죄에 비해 벌이 약하다고 조롱하기 까지 한다. 그들은 신앙의 이름으로, 또는 도덕과 우주 질서, 자연법칙을 인용하며 욥을 비난한다. 신념이 사랑을 앞서는 현실이다.

몹시 목이 마른 여행자가 시냇물을 향해 달려갔다. 그러나 그 시냇물은 이미 먼지처럼 바짝 말라 바닥을 드러내고 있을 뿐이다. 비가 많이 오면 불어나지만 그때는 별로 시냇물이 필요하지 않다. 욥의 친구들은 진정으로 원할 때 그곳에 없는 시냇물과 같은 존재이다.

그래서 욥은 고백한다.

'이제 보니, 여러분은 아무것도 아니었다.'

드라마 〈욥〉은 고통 받는 이들에게 우리는 욥의 친구들과 같은 존재에 불과한 것은 아닌지 생각해보기 위한 드라마이다.

"네 원수가 넘어질 때에 즐거워하지 말며
그가 엎드러질 때에 마음에 기뻐하지 말라.
여호와께서 이것을 보시고 기뻐하지 아니하사,
그의 진노를 그에게서 옮기실까 두려우니라."

–

(잠언 24:17,18)

DRAMA BON

음 그리고 친구들

■ 등장인물

욥
욥의 세 친구
　– 엘리바스
　– 빌닷
　– 소발
엘리후
욥의 아내
욥의 아들과 딸
식당아줌마

그 외 사람들

■ 장 소　　욥의 喪家

"내가 가는 길을 그가 아시나니

그가 나를 단련하신 후에는

내가 정금같이 되리라"

–

(잠언 23:10)

1 장 무슨 이런 일이?

욥의 친구, 엘리바스와 빌닷이 황급하게 욥의 喪家에 들어선다. 욥은 보이지 않고 그의 아내만이 힘겹게 그들을 맞기 위해 일어선다.
아내와 가볍게 목례를 마친 그들은 영정사진을 바라본다.
욥의 아들과 딸이 동시에 해맑게 웃는 얼굴로 이쪽을 바라보고 있다. 아름다운 조화들이 활짝 피어 있다. 잠시 사진을 바라본 후 엘리바스는 무릎을 꿇고 앉아 기도를 한다.
빌닷은 향에 불을 밝혀 향로위에 놓고 두 번 절한다. 엘리바스가 일어서자 두 사람은 욥의 아내와 마주 서서 목례를 한다.
무슨 말을 하려 하지만 차마 입에서 말이 나오지 않는 모양이다. 잠시 머뭇거리던 엘리바스는 그녀의 어깨에 손을 얹고 짧은 기도를 하는 모습이다.
문상을 마치고 엘리바스와 빌닷은 영안실 한 쪽 식당에 마주 앉는다.

빌닷 : 도대체 이게 무슨 일이야? 어째 이런 일이 있지? 애들이 죽다니. 한꺼번에! 뭐, 교통사고라고? 아니, 이런 일이 있을 수 있는 거야! 아들, 딸 모두! 너무 어이가 없어서 할 말이 없네. 기가 막혀서~ 참.

엘리바스 : 그러게. 그렇게 이쁘고 사랑스러운 아이들이었는데 말이야.

빌닷 : 욥의 얼굴을 어찌 보나. 세상에 처참하기도 하지.

엘리바스 : 잘 이겨내길 기도할 밖에.

빌닷 : (속삭이며) 자네 그거 알아? 그것뿐이 아니야.

엘리바스 : 아니 무슨 일이 또 있다는 거야?

빌닷 : 욥의 회사가 부도가 났다는군. 회복할 가능성이 없대.

엘리바스 : 아니 그 탄탄하던 회사가 왜? 아무리 경제가 나빠졌다고는 해도 욥의 회사는 빚도 없었고. 아주 안정적이지 않았어?

빌닷 : 그러게 말이야. 자기 내부에 적이 있는 줄은 몰랐던거지. 상무라는 놈이 서류를 조작해서 전부 들고 해외로 달아나버렸대.

엘리바스 : 그런 일이 있을 동안 욥은 뭘하고?

빌닷 : 아이들이 사고 나고 며칠 중환자실에 있었잖아.

그때였지 뭐. 욥이 정신이 없어서 챙기지를 못한 모양이야. 그 틈에 나쁜 놈이. 에이.

엘리바스 : 다른 직원들은 뭐했대? 다들 보고만 있었대?

빌닷 : 아닌게 아니라, 직원들도 여기저기서 지 몫 챙겨서 도망가기 바빴다는군.

엘리바스 : 아니 회사 분위기 좋지 않았어? 무슨 기업문화상도 받았던 것으로 기억하는데.

빌닷 : 그 속이야 알 수 없지 뭐.

엘리바스 : 가족 같은 회사라고 욥이 그리 자랑하더니.

빌닷 : 그건 잘 나갈 때 얘기고. 위기가 오니까 모두 저 살 길만 생각하는 거지. 인간이 다 그런 거 아냐? 참, 더러워서.

엘리바스 : 사람이 본디 악하다지만 이건 좀 너무 하는군. 하나님이 두렵지도 않나?

빌닷 : 그러게 신이 살아계시긴 한 건지 가끔은 원망스러워.

엘리바스 : 그래도 그러지는 말게. 힘들수록 더 경건해져야지. 휴... 그래, 소발한테도 소식 전했어?

빌닷 : 응, 여기 오는 길에 전화로 모두 알렸어. 조금 늦는다네.

엘리바스 : 소발은 잘 지내지?

빌닷 : 여전하지 뭐. 술 마시는 거 좋아하고. 한 잔 하면

성질내고. 하하.

엘리바스 : 이제 나이도 있는 데 언제까지 그럴려는지. 그래서 나는 소발을 만나는 게 편하지 않아.

빌닷 : 양반되긴 틀렸군. 저기 오네. (살며시 손을 들며 작은 목소리로) 소발!

빌닷이 낮은 소리로 부르자 소발은 손을 들어 알은 체를 한 후 문상을 한다.
그는 향을 붙이고 절을 하더니 주저앉아 오래 오래 영정을 들여다본다. 그의 모습에 욥의 아내의 흐느낌이 좀 더 강렬해지고, 욥은 그녀를 가볍게 안는다.
한참을 흐느끼고 그녀가 정신을 차리자 소발은 잠시 더 그녀를 위로한 후 친구들이 있는 자리로 와서 앉는다.

소발 : 늦어서 미안해.

빌닷 : 어서 와.

엘리바스 : 어서 오게, 소발.

소발 : (엘리바스를 보며) 오랜만이네. 그래 우리 목사님은 평안하시고?

엘리바스 : (얼굴을 찌푸리며 마지못해) 그렇지 뭐.

분위기가 어색해지자 빌닷이 소발에게 술을 건넨다.

빌닷 : 자 자, 한 잔 받아. 다들 오랜만이지? 이런 자리에서나 만나게 되니. 영, 안타깝군.

소발 : 정신이 하나도 없네. 도대체 무슨 일이야 이게? 이런 망할 ~.

빌닷 : 그러게 우리도 당황해서 어찌 할 바를 모르겠어.

소발 : 장례 절차는 잘 밟고 있대? 아이들이라 경험이 없잖아.

빌닷 : 우리도 아직 모르겠어. 욥을 만나지 못했어. 욥도 아파서 지금 치료를 받고 있다는데.

소발 : 어디가? 많이 아프대?

빌닷 : 나도 정확하게는 모르겠어. 와 봐야지.

소발 : 이런, 도대체가 …….

엘리바스 : 우리가 도울 게 있는지 찾아봐야 할텐데.

빌닷 : 그러게. 얼마나 당황스럽겠어.

소발 : 나~ 참. 아무리 생각해도 이해가 안되네. 무슨 이런 말도 안되는 끔찍한 일이 다 있어?

빌닷 : 쉿~ 욥이 오네.

욥이 지친 모습으로 들어온다. 영정 앞에 앉아 아이들의 얼굴을 멍하니 들여다 보고, 그런 그의 모습을 아내가 차가운 눈으로 쳐다본다.

그러나 욥은 그녀를 외면한 채 일어나 친구들에게 온다. 네 사

람은 말없이 서로 인사하며 예의를 갖춘 후 자리에 앉는다.

엘리바스 : 할 말이 없네. 욥.

욥 : (헛웃음을 웃는다.) 흐. 그러게.

빌닷 : 그래도 힘을 내야지. 안색이 너무 안 좋구나.

소발 : 이런, 젠장.

욥 : 소발도 왔구나. 오랜만이야.

소발 : 미안하다. 내가 영, 그랬어.

욥 : 다들 사는 게 그렇지 뭐.

잠시 어색한 침묵이 흐른다.
욥은 고개를 숙인 채 손만 만지작거리고, 그런 욥의 모습을 보며 친구들은 말을 잇지 못한다.

빌닷 : (주저하며) 아이들이 학교 가는 길이었어?

욥 : 응. 밤새 술을 먹은 운전자가 중앙선을 넘었어. 아이들이 타고 있던 차가 피하려다 전봇대를 박았는데 …….

엘리바스 : 아이들이 병원에 있다는 소식을 듣긴 했는데 미처 찾아가지 못해 미안해. 너무 바빠서. 그렇게 심한 줄도 몰랐고 ……. 정말 미안해.

욥 : (고개를 끄덕이며) 오래 있지도 않았는데 뭐.

참 착한 아이들이었는데 한꺼번에 데려가시네.

빌닷 : 이게 무슨 일인지.

욥 : 나도 아직은 정신을 차릴 수가 없어.

빌닷 : 아이들이 잘못될까봐 그리 조심시키고 단속했잖아? 너, 유난히 신경 쓰지 않았어?

욥 : 그러게 나름대로 노력을 많이 했지. 세상도 험하고 부족함 없이 산 아이들이라 더 조심했는데. 그런데 하루아침에 …….

엘리바스 : 이런 말을 해도 되는지 모르겠지만. 하나님이 하시는 일을 우리가 알 수 없지.

소발이 힐끗 엘리바스를 쳐다보며 술을 마신다.

빌닷 : (조심스럽게) 회사 부도 얘기는 뭐야?

욥 : 아직 정확하게 확인해보지는 못했어.
도대체 어떤 상태인지. 장례절차나 끝나면 알아봐야지.

빌닷 : 상무라는 사람이 도망갔다는 게 사실이야?

욥 : 그러게. 그렇네. 참 ……. 믿고 모두 일을 맡겼던 사람인데. 내가 바보였나 봐.

엘리바스 : 작심하고 속이려 들면 당해낼 도리가 없지.

소발 : 인간이란 원래 그런 동물이지. 뭐~. 은혜를 모르

는 ……. 체~.

빌닷 : 앞으로 어쩔 거야? 계획은 있는 거야?

욥 : 지금 무슨 계획이 있겠어. 제정신이 아닌데. 몸도 아프고. 그러다가도 잠시 헛헛하면서, 그저 빈손으로 왔으니 빈손으로 돌아가는구나 싶기도 하고.

엘리바스 : 그러게, 얼굴이 엉망이네. 어디가 아픈 거야?

욥 : 몰라. 이게 무슨 병인지. 온몸에 종기가 났어. 자꾸 곪으니까 아프고. 아니 아픈 건 그럭저럭 버티겠는데 어찌나 근지러운지. (말을 하면서도 팔을 벅벅 긁는다.) 참 나.

빌닷 : 의사는 뭐라는데?

욥 : 의사들도 잘 모르겠나봐 정확히 말해주지를 않아. 주사를 계속 맞고는 있는데 참 고통스럽군.

소발 : 씨~, 정말 하나님도 너무 하시군.

빌닷 : (그를 억제하는 듯 손으로 누르며) 어찌 이런 난감한 일이 있냐 말이야.

소발 : 난 이해가 안가, 왜 이런 일을 당해? 이 꼴이 뭐야?!

빌닷 : 그러게. 나쁜 일은 한꺼번에 온다더니.

엘리바스 : 착하게 열심히 살았는데 왜 이런 일이 생기

나.

욥 : 지금까지 주신 복이 너무 많았나봐.
이제는 모두 거둬들이려나 보지. 이게 무슨 일인지 아직 정신을 차리지 못하겠고. 도대체 아무것도 모르겠지만 나에게 닥친 일이니 그저 감당하려고 애쓸 밖에.

그때 이들의 대화를 멀찌기 서서 듣고 있던 욥의 아내가 참지 못하고 화를 낸다.
제정신이 아니다. 사람들이 막으려 하지만 그녀는 정신없이 욥에게 소리를 지른다.

욥의 아내 : 참, 양반 나셨네요. 잘 나셨습니다. 아이고. 기가 막혀서. 아이들이 떼죽음을 당했는데 '묵묵히 받아들이신다' 고요? 집도 재산도 모두 날아갔는데, '빈손으로 돌아가신다' 고요? 대단하십니다. 예수, 석가모니, 마호멧을 다 합쳐 놓으셨네! 아이고 기가 막혀서. 조상이던, 신이던 욕이라도 하라구요! 저주하고 차라리 죽어 버려요! 당신이 죽었으면 좋았을 것을. 아이고 …….

울음을 참지 못하는 그녀가 정신을 잃은 듯 쓰러지고 사람들은

당황하여 소란이 일어난다.

어둠

2 장 털어서 먼지 안 나는 놈 없다.

어수선한 분위기가 정리되고 다들 차분하게 둘러앉아 있는데, 욥의 상태가 불안해 보인다.

욥 : (감정이 격하다.) 내가 죄인이야!

빌닷 : 무슨 그런 말을 해. 세상에 힘든 일 겪는 사람들이 모두 자기 죄 탓인가 어디.

소발 : 그럼. 세상이 원래 그런 거지. 모순투성이야.

엘리바스 : 하나님이 무슨 뜻이 있으시겠지. 기도할게.

욥 : (깊은 숨을 내쉬며) 안 태어났다면 좋았겠지? 왜 태어나서 이런 일을 당할까?

엘리바스 : 지금까지 잘 버텼잖아. 약해지지 마.

욥 : 우리 부모님, 아들 낳았다고 참 좋아하셨을 텐데. 그날이 달력에서 없어졌으면 좋겠어. 태양도 안

뜨고. 달도 안 뜨고. 그날이 없었다면. 아이들도 태어나지 않고, 나도 태어나지 않고. 어머니는 왜 나를 낳으셨을까? 아니면 내가 어머니 배속에서 죽거나, 나오자마자 죽었다면 말이야. 그러면 이런 슬픔도 겪지 않았을 테고. 이런 고통도 없었을 거고.

빌닷 : 마음에 없는 소리하지 마. 부모님을 욕되게 하면 안되지.

욥 : 그런가? 그러면 이건 어때? 내가 태어났더라도 말이지. 어머니가 젖을 안 물렸다면. 그냥 엎어놨다면. 그냥 쉬는 거지, 잠자는 것이 쉬는 거고, 그것이 곧 죽는 거고. 조상님들과 함께 말이야. 하늘나라에서. 나쁜 놈들이 없는 곳에서 쉬는 거지. 안락하게. 더 이상 일할 필요도 없고, 욕, 악다구니도 듣지 않고, 다같이 자유롭게 쉬는 거지. 어쩌자고 태어났을까, 어쩌자고 태어나서 이런 끔찍한 일을 당하는 걸까.

빌닷 : 그래도 부모님 탓을 하면 안돼. 지하에서 섭섭하시겠다.

엘리바스 : 어디 부모님 원망하는 거겠어. 그저 너무 힘드니까 푸념하는 거지.

빌닷 : 그래도.

소발 : 짜식, 힘든데 무슨 말은 못하겠냐?

욥　: 이건 말이야, 내가 가장 두려워하던 거야. 평온한 날이 계속되고, 아무런 어려움도 없었어. 그러니까 두렵더군. 무서웠어. 이 모든 것이 사라질까봐. 그래서 그렇게 애쓰고 노력했는데. 무지 조심했거든. 그런데 마침내 이런 날이 오네.

엘리바스 : 지금은 너무 힘들어서 지옥같겠지만, 곧 평안이 찾아 올거야.

욥　: 아니, 더 이상 평안은 없어, 안식도 없고. 오로지 고통과 불안과 혐오와 분노로 가득 차 버렸어!

엘리바스 : (조심스럽게) 이런 순간에 자네에게 충고를 한다는 건 말이 안되겠지만, 화내지 말고 들어. 내 생각은 말이야, 내 친구 욥, 너는 지금까지 많은 사람에게 착하게 사는 것이 어떤 것인지 잘 보여줬어. 약한 사람들, 가난한 사람들도 많이 도와줬고. 그런 너가 막상 어려움을 당했을 때 낭패스런 모습을 보이면 안되잖아. 다른 사람들이 보고 있어.

소발 : '너도 별 수 없구나' 하겠지.

욥　: 그러게. 나도 별 수 없지 뭐.

엘리바스 : 아니지. 너는 늘 흠 없이 살다 가고 싶다고 말했었잖아? 그래서 착하게 살겠다고 노력한 거

잖아. 나도 그렇게 생각했어. 너 같은 사람은 없다고 말이야. 그런데 지금 이러면 안되지.

빌닷 : 그래 맞아, 욥! 넌 멋진 놈이었어.

욥 : 그랬나? 근데 지금 이건 뭐지?

엘리바스 : 그러니까 우리 죄에 대해 생각해보자고.

욥 : (놀라며) 죄? 고통이 아니라 죄?! 지금 죄에 대해 생각해야 되는 거야?

빌닷 : 그럴 필요가 있겠지. 원인이 있을 테니까.

엘리바스 : 생각해 보라구. 죄 없이 망하는 사람이 있어?

빌닷 : 인과응보! 자연의 법칙이지.

엘리바스 : 그러게 하나님은 정의로우시거든. 부당한 벌을 주시는 법이 없지.

빌닷 : 속담에는 그러지. 인생은 심은 대로 거둔다!

엘리바스 : 잘못을 했으니까 잘못된 일이 생기는 거라고 봐. 열심히 한 만큼 거두듯이 말이야. 그러니 착한 일을 하라. 나쁜 일을 하지 말라, 어른들이 가르치는 거고. 부자가 갑자기 망하고, 건강한 사람이 갑자기 죽었다면 무언가 잘못한 일이 있어서 신이 화내시는 거 아닐까?

욥의 표정이 심상치 않다. 몹시 흥분하여 얼굴이 붉어졌다 창

백해진다.

빌닷 : (주저하며) 맞는 말이긴 한데. 여기서는 그만하자. 지금 할 얘기는 아닌 것 같아.

엘리바스 : 나도 깊이 고민하고 하는 말이야. 내 친구 욥에게, 욥같이 착한 사람에게 왜 이런 일이 생겼는지 도저히 이해가 안되더라구. 그런데 그때 음성이 들리더군. '세상에 완벽하게 깨끗한 사람이 있나?' 그제서야 좀 이해가 됐어. 우리 인간이 어찌 깨끗하다고 자부할 수 있겠어.

빌닷 : 하긴, 털어서 먼지 안 나는 놈 없지.

엘리바스 : 너가 아무리 깨끗하다지만 분명 지은 죄가 있지 않을까?

욥 : (당황하는 목소리다.) 결론은, 그래서, 지금, 내가, 내가 잘못한 게 있다고? 그래서 이런 벌을 받는다고?

엘리바스 : 꼭 그런 말은 아니지.

욥 : 내가 죽일 놈이구나? 근데 내가 안 죽어서 문제구나?

엘리바스 : 너가 그렇게 어리석지는 않잖아? 내 말 뜻 모르겠어? 이게 무슨 꼴이냐구? 이렇게 끔찍한

일이 갑작스럽게 생겼는데, 그게 그냥 저절로 이유 없이 생겼겠냐구! 이때, 한 번 생각해봐야 한다는 거지. 내가 뭘 잘못했는지. 갑자기 불행이 땅에서 솟아나겠어? 아니잖아! 우리의 원죄가 있잖아! 우리는 모두 그런 죄를 갖고 태어나는 거잖아. 숨겨져 있다가 어느 날 불꽃이 위로 솟아나듯이, 폭발되듯이 나타나기도 하지.

빌닷 : 하긴, 인간이 잘났으면 얼마나 잘났겠어. 다 거기서 거기인거지.

욥 : 네 말이 틀린 것은 아닌데. 혹시 그거 나에게 위로가 되라고 하는 말이야?!

엘리바스 : 흥분하지 말고. 그냥 자신을 돌아보라는 거야. 내가 너라면 지금은 기도할 시간이라는 거지. 하나님을 찾고, 내 문제를 하나님께 맡기는 거야. 하나님은 우리가 알 수 없는 위대하고 놀라운 일들을 셀 수 없이 행하시잖아? 그분에게 맡기는 거지. 하나님이 이 우주를 다스리시니까. 그분은 겸손한 자를 높이시고, 애통하는 자들을 안전한 곳으로 이끄시지. (그의 말은 점점 설교조로 변한다.) 그분은 꾀부리는 자들을 좌절시키시고, 그들이 성공할 수 없게 하신다구. 자기 지식을 믿는 자들을 스스로 넘어지게 하시고, 사악한 자들의 계획

을 뒤엎으시고. 그런 자들의 칼에서, 흉악한 자의 손에서, 경건한 자들을 건지시네. 그러니 경건한 사람에게는 소망이 있는 거잖아? 너도 소망을 찾아야 하잖아.

소발 : (혼잣말처럼) 이건 또 삼천포네. 왠 헛소리야!

욥 : 어, 이상하네. 자네 말이 틀린 것은 없는데. 왠지 내가 믿는 하나님이랑 다른 것 같은데. 나도 하나님을 믿고. 그가 정의로움도 믿지. 그런데 그걸로만은 이해가 되지 않는 거거든. 지금 나에게 일어나는 이런 일들이 내 잘못이라고 생각되지도 않고.

엘리바스 : 잘못한 것이 없다고 우기는 것이 잘못이야.

빌닷 : 니가 잘못되긴 확실히 잘못됐나 보다.

엘리바스 : 하나님께서 잘못을 꾸짖어 준다는 것도 복이지 않을까? 예쁘지 않으시면 벌도 주지 않으시거든. 무관심하시지. 사랑하시니까, 관심이 있으시니까. 이런 벌을 주시는 거라 믿어봐. 그러니까 그분의 징계를 거절하지 말라구. 그분은 상처를 입히셨다가도 싸매 주시고, 한 대 치신 후에는 반드시 치료해 주신다는 거 잘 알잖아?

빌닷 : 엘리바스의 말이 틀린 건 아니지.

엘리바스 : 여섯 번의 곤경이 있었다면, 일곱 번째 곤경

에서는 도와주실 거야.

빌닷 : 그럼. 언젠가는 도와주시겠지.

엘리바스 : 그러기 위해서는 먼저 회개하고 은혜를 구해야지. 니가 잘못하지 않았는데 하나님이 벌을 주셨겠어?

욥 : (자조적으로) 회개하라?!

엘리바스 : 이 시련을 잘 이기고 나면 다시 평안해질 거야. 망가지고 도둑맞은 것도 모두 회복될거고. 또 알아? 늦게 자식들 줄줄이 낳고, 그 후손에 후손까지. 그리고 너도 병에서 회복되어 장수할 거고. 내 경험으로는 이것이 진실이라고 확신해. 내 말을 듣고 생각해봐.

욥 : 새로운 자식? 장수? 허허.

엘리바스 : 그럼, 언제까지 이렇게 고통 중에 있을 수만은 없지.

욥 : 아! 너는 지금 내 고통을 느끼지 못하는구나. 이 고통이 얼마나 크고 무거운지 전혀 감도 못 잡고 있어. 빌닷! 실험실에서 저울 좀 가져와 봐라. 저울에 한번 올려 봤으면 좋겠다. 이 고통의 무게를 너희들이 짐작도 못하는구나!

엘리바스 : 알지, 왜 모르겠어.

욥 : 안다고?! 그럴까? 나도 간청하고 싶어. 하나님께

서 내 소원을 들어 주시면 얼마나 좋을까?

엘리바스 : 그러게 같이 기도하자구.

욥 : 내 소원이 뭔지 알아?! 내 소원은 그가 나를 죽이시는 거야. 그렇게 해 주시면 좋겠어. 너도 같이 죽여 주시면 좋겠고.

엘리바스 : 그런 형편없는 소리를 하다니, 실망이야.

엘리바스는 당황하여 얼굴이 붉어지고 더 이상 말을 잇지 못한다. 보고 있던 빌닷이 중재하기 위해 나선다.

빌닷 : 엘리바스의 마음을 이해해줘. 진심으로 위로하고 싶은 거야.

욥 : 친구야, 니 말은 그럴듯한데 사랑이 느껴지지 않는다. 사람을 살리는 말이 아니고 죽이는 말이야. 아무런 이해도 사랑도 없이 그저 진실만을 말하는 앵무새 같아. 그런 말로 너는 나를 죽이고 있는 거야.

빌닷 : 우리의 우정은 어떡하고?

욥 : 친구들을 믿을 수가 없구나. 너희들은 마치 시냇물 같아. 아주 얕아서 말랐다 불어났다. 눈이 녹으면 불어났다가도 가물 때는 금방 줄어들고, 아니 아주 말라 버려서 흔적도 없는 시냇물 말이야.

사실 나는 시냇물을 찾듯이 너희들을 찾았는데. 너희들은 자꾸 이상한 말만 하고 있어. 그래, 옳은 말이지, 옳은 말만 반복하고 있어. 근데 그냥 같이 아파해주면 안되는 거야? 그저 격려 한 마디만 해주면 힘이 될 텐데. 왜 날 나무라기만 하지?

빌닷 : 나무라다니. 말도 안돼지.

욥 : 더 이상 견딜 힘이 없어. 견딘다고 무슨 소망이 있겠어? 나는 이제 의지할 것이 하나도 없어. 살아갈 방법이 전혀 없어.

빌닷 : 아니야. 마음을 가라 앉히라구. 살길은 있어. 해는 동쪽에서 뜨고, 겨울은 춥고, 비가 많이 오면 홍수가 나잖아. 이게 자연질서지. 다시 따듯한 봄이 올거야.

욥 : 과학자다운 말이군. 그래 밤은 깜깜하지.

빌닷 : 모든 것은 반복되고 또 반복되는 거잖아. 저 나무는 물이 없으면 자라지 못하고. 지금은 푸르지만 겨울이 오면 낙엽이 되어 떨어지는 거고. 저 나무가 시들어 버리면 어느 날 뽑혀 버리고, 그 자리에는 다른 식물이 자라겠지. 그러니 감정에 휘둘리지 말자고. 지금 너의 모습이 어떤지 알아? 마치 거미줄에 앉아 있는 거미 같아, 아슬아

슬하고 불안해 보인다구. 일어난 일은 이미 지나간 거고 이제 다시 살아야지. 너는 성실한 사람이니까 곧 회복될 거야. 이 세상은 정직한 것이고, 너 역시 정직하잖아?

욥 : 니 말이 옳아. 우리가 뭐 대단한 존잰가? 자연 앞에서는 티끌에 불과하지. 해를 뜨게 하거나, 별을 움직이지 못하게 할 수 없지. 측량할 수 없는 위대한 자연 앞에서 우리는 아무 것도 아니지.

빌닷 : 그래, 우리가 안다면 얼마나 알겠어? 땅에 사는 한갓 인간이 뭘 대단히 알겠어? 그저, 그 이유를 찾아보자고. 섣불리 큰소리를 치거나, 성급한 판단을 하지 말구.

욥 : 인생 앞에서 자연 앞에서 누가 감히 따지고 요구하겠어? 아무 대꾸도 하지 못하지. 근데 말이야,(목소리에 힘이 들어간다.) 내가 하고 싶은 말은! 난 잘못한 게 없다는 거야! 나는 성실히 열심히 살아왔다고 주장하는 게 아니라 그저 잘 봐달라고 부탁하는 거라구!

빌닷 : 그게 무슨 부탁이야?! 아니 그래 부탁이라고 치자. 부탁한다는 것은 인정하지 않고 거부한다는 거고, 그건 결국 다른 주장을 하는 거잖아. 부탁하기 보다는 받아들이는 게 옳지 않을까?

욥 : 그런가? 너는 어때? 갑자기 태풍이 불어와서 너희 집을 부숴버린다면? 너를 법정에 세워 놓고 '너는 유죄다!' 판결을 낸다면? '네, 감사합니다.' 그럴까? 물론 힘이 없으니 그저 당하고 있을 수밖에. 나보고 죄인이라 선언하면 나는 죄인인 거지. 근데 죄명은 알아야잖아? 내가 무슨 죄를 졌는지 말야. 아무래도 모르겠다고. 나도 모르겠다는 거야. 그래서 내 삶을 경멸하고 있는 거야. 감당할 수 없는 파도에 휩쓸린 배니까 그저 휘청거리고 있는 거라고. 나도 원망하고 싶지 않지만, 웃으면서 달게 나의 형벌을 감당하고 싶지만 비명이 나오는 걸! 내 입에서 저절로 신음소리가 나오는 걸. 난 이 모든 고통이 너무 두려워.

빌닷 : 알아, 널 나무라겠다는 게 아니야. 근데 언제까지 비명을 지르겠어. 감당하려고 준비해야지.

욥 : 크, 너는 이미 판결을 낸 거지? '너는 유죄다?!' 그러니 승복해라?!

빌닷 : 우리가 무슨 재판관이라구.

욥 : 아니! 친구들은 그러면 안 되지! 최소한의 변호는 해줘야 되지 않나? 나에게 죄를 묻지 마! 나를 죄인 취급하지 말라구! 너는 재판관이 아니고 변호인이 되어야 옳아. 그런데 오히려 죄를 묻는 검사

같다고! 너희는 내가 죄가 없다는 것을 잘 알잖아? 오랫동안 내가 어떻게 사는지 봐 왔잖아? 나와 같이 밥을 먹고, 나와 같이 이야기 하면서 누구보다 나를 잘 알잖아? 그런 친구였던 너희들이 나를 죄인이라고 비판하다니? 아하, 우리 관계가 이 정도였구나? 우리 우정이 이 정도였구나? 그게 우정이라고 할 수나 있나?

빌닷 : 그렇지만, 그래도 ……. 자연이나 우주는 실수를 하지 않아. 정확한 법칙으로 움직이는 거라구.

욥 : 자연의 법칙에 의하면, 절대 실수하지 않는 자연에 따르면, '나는 죄인이다?!' 아하! 놀랍다! 오늘 난 새로운 발견을 했어. 너는 너무나 이성적이고 합리적이어서 요만큼의 감정도 없구나. 만약 실제로 내가 죄를 지었다면 그 누구보다 먼저 나를 비난했겠구나?! 너는 내 죄를 절대 용서하지 않고 벌을 주었겠구나?! 그래, 내가 정말 죄를 지었다면, 내가 나쁜 놈이라면 나는 벌을 받아 마땅하지. 그런데 증거를 좀 가져와 봐! 내 죄를 증명할 증거! 너는 과학적이라면서? 증거 없이 그런 주장을 하면 안되지 않아?

빌닷 : 증거라니, 참 심한 말도 하네. 내 말은 그런 뜻이 아닌데.

소발 : 욥이 좋은 놈이라는 건 잘 알지 …….
욥 : 증거가 없다면 나를 너무 몰아세우지 말라구.
빌닷 : (머뭇거리며) 혹시 아이들이 너 몰래 나쁜 짓을 한 건 아닐까? 요즘 아이들이 보통이 아니니까.
욥 : 이 자식, 이 개자식! 아이들을 …….

욥이 벌떡 일어나며 빌닷을 칠 기세고 모두들 당황하여 그를 말린다.

소발 : (빌닷에게) 그래 그 말은 좀 심했다. 아이들이 무슨 죄를 지었겠어? 이제 그만 그만. 너는 좀 나가 있는 게 좋겠다. 담배라도 한 대 피우고 들어와.

빌닷은 몹시 불편해하며 자리를 뜬다.

소발 : 술 한 잔 할래? 힘들 때는 이것만한 것도 없다.

소발이 술을 권하고, 한 잔 가득 술을 채우자 욥은 단숨에 마셔 버린다. 다시 몇 잔을 더 들이킨다.

욥 : 아, 허무하다. 너희와 함께 했던 시간들이 정말 무의미하네.

소발 : 빌닷도 무슨 나쁜 뜻이 있는 건 아니잖아. 말을 하다 보니 ……. 저 녀석이 원래 말 주변이 없어요. 한심한 놈.

욥 : 그냥 이대로 눈 감았으면 좋겠다. 조용히 없어졌으면 좋겠어. 바로 무덤으로 들어가고 싶다.

소발 : 그러게, 인생이 좀 뭣 같다.

욥 : 하긴 어차피 곧 죽을텐데 ……. 그리 서두를 것도 없지 …….

소발 : 그래도 그렇게 극단적인 말은 하지 마라.

욥 : 그냥 내버려둬.

소발 : 너를 위로하겠다고 여기 있는건데. 너가 힘든 건 알지만. 우리도 어찌해야 할지 모르겠다구. 이런 일은 처음이잖아.

욥 : 나를 좀 놔둬 줘. 그냥 좀 내버려두면 좋겠어.

소발 : 정신 차려, 임마! 니가 자꾸 그런 말이나 하니까, 우리가 너를 야단치는 거잖아.

욥 : (웃으며) 야단을 친다구? 그래, 야단 한 번 쳐봐!

소발 : 정말이지, 좀 정신차려봐라 이놈아!

욥 : 그러니까. 나를 야단치라니까! 욕하고 때리고!

소발 : 야, 임마! (한숨을 쉬며) 그래, 그 말은 취소한다. 야단을 친다기 보다 이성적이자는 거지.

욥 : 오, 이성적인 철학자여 한 마디 내려주시옵소서~.

소발 : 너 이따위로 굴면 나도 화난다.

욥 : 화내시라니까요.

소발 : 한 마디만 할게.

욥 : 하시라니까요.

소발 : 사실 니가 죄가 없겠냐? 사람은 죄를 짓지 않고는 살지 못하니까. 모든 역사는 인간의 죄의 역사야. 사회는 인간의 권모술수로 이루어진다고. 너가 그렇게 부자로 잘 살았을 때는 너도 죄를 지었을테고. 법망을 피했을 뿐이지. 어쩌면 그 죄는 너가 생각하는 것보다 더 클 수도 있다구. 어쩌면 니 죄에 비해 이 벌은 더 가벼운 건지도 몰라!

욥 : 내가 받는 벌이 내 죄에 비해 가볍다?! 아이고 어쩌나. 하나님 감사합니다!

소발 : 아, 이건 아닌데. 이건 실수! 아니, 뭐 꼭 그런 뜻은 아니고. 너가 계속 헛소리를 하니까 나까지도 헛소리를 하네. 너가 정직하고 성실했지만, 아무런 죄도 짓지 않았겠냐는 거지. 그러니까 이왕 이렇게 된거, 마음을 새롭게 하고, 죄를 털고 가자!

욥 : 참으로 지혜로운 놈들이야. 대단해! 하하. 근데 결론은 같군. '너는 죄인이다!' 이 잘난 놈들아,

나도 너희들만큼은 생각이 있어. 내가 너희보다 못하다고 생각해? 그런 말을 못할 사람이 어딨어? 누구나 그 정도는 안다구. 정말 모르는 건 너희들이야. 지금 내가 뭘 말하는지 아무것도 몰라. 그래, 알 수가 없지. 너희들이 어찌 알겠냐? (엘리바스에게) 편안하게 사는 사람은 재앙을 경멸하지. 왜 벌을 받아? 왜 불행해? 그러면서 비웃지. 그러나 언제 재앙이 올지 모르는 거야. 어떤 사람도 안전하지 않아.

엘리바스 : 내가 편안해서 쉽게 말하는 게 아니야, 알고 보면 나도 힘든 일이 많다구. 예를 들면 …….

욥 : (엘리바스의 말을 막고) 빌닷이라는 놈, 과학자라고 자연법칙을 들먹이는데, 그 법칙을 누군들 모르냐고? (다시 소발에게) 너도 그래, 소발! 너는 역사를 가르치는 놈이니까 역사를 잘 알지. 그래, 역사가 말해주지 않냐? 도둑놈들이 형통하고, 죄지은 놈들은 잘 살지. 아첨하고 잔머리를 쓰는 놈들이 권력을 잡고! 안그래? 사실 잘못한다고 벌을 받는 게 아니잖아? 현실은 잔꾀 쓰는 놈이 이기잖아. (주위를 둘러보며) 빌닷한테 물어봐야 하는데, 곰이 낫나 여우가 낫나? 여우가 낫지? 잔머리를 잘 써야 잘 산다! 개도 알고 고양이도 알잖

아? 새들은 모르겠어? 한 번 물어 보자구. 산지 사방에 널려 있는 게 증거잖아. 그게 자연의 법칙이지. (소발에게) 역사에서는 누가 이기냐? 정직한 자가 이기냐? 그래? 아니지! 간교한 자가 이기지. 세계의 주인은 간교한 자 아냐?!

소발 : 꼭 그렇지만은 않지. 그 역사를 바꾸는 사람들이 있지. 역사의 주인공들이 다 나쁜 놈들은 아니잖아. 누가 뭐래도 나는 진실이 승리한다고 믿어!

욥 : 그러니까, 그 진실이 뭐냐구? 약한 것은 잡아먹히고 정직한 것은 짓밟히지. 그게 자연의 법칙이고 인간의 법칙이지. 그게 역사지.

소발 : 그런 면도 있지만 역사에는 분명히 긍정적인 면도 있으니까.

욥 : 그래, 너 말 잘했다! 아까는 죄의 역사라며? 권모술수의 역사라며? 그거야! 완벽한 진실은 없다는 거야! 그런데 그런 얄팍한 법칙으로 나를 판결해? 그게 너희들의 한계지. 물론 너희들이 아는 것이 그 정도뿐이겠지만. 이제 너희도 나이 먹었는데. 새롭게 느끼는 거 없어? 노인에게 지혜가 있고, 총명이 있는 거 아냐? 그래서 오래 살면 입바른 소리 못하는 거지. 무엇이 옳은지 무엇이 틀린지 모르니까. 그러니 그런 썩은 잣대로 지혜인

척, 진실인 척 나를 비판하지 말라구.

엘리바스 : 그렇게 말하지 마! 우린 친구잖아? 그러니 좀 더 솔직하게 말하다 보니 ……. 그저 우리는 자네를 위로하겠다는 …….

욥 : 아니! 그 사람의 고통에 참여하는 것. 그게 우정이야! 그게 사랑이고! 입으로만 우정을 말하지 말라구. 엘리바스, 너는 잘 알잖아? 성경에도 있지? '친구를 위해 목숨을 버리면 이 보다 더 큰 사랑이 없나니.' 너희들은 너희가 옳다고 믿는 신념으로 나를 비판했어. 옳고 그름이 중요한 거야? 그것이 정말 있기는 해? 그보다 먼저 너희는 나의 고통에 참여했어야 해. 그게 먼저야.

엘리바스 : 왜 우리가 너의 고통을 몰라? 우리도 마음이 아프다구. 그래서 이렇게 힘들어 하는 건데, 왜 우리 마음을 몰라주나?

욥 : 너희들이 나를 비판했을 때, 우리는 이미 끝난 거야. 친구에게 칼을 휘두르지 말라구. 아프잖아. 너희들과 더 이상 말하고 싶지 않아. 하소연하거나 의논하고 싶지도 않고. 너희들은 거짓말쟁이고 돌팔이 의사야.

소발 : 야, 임마!!!

욥 : 너는 그 험한 입 좀 다물어라! (잠시 숨을 고르며 마

음을 진정시킨다.) 잘난 척도 하지마! 너도 바보 되는 건 순식간이라구. 가서 학생들이나 그 따위로 가르쳐! 근데, 너 아냐? 다른 사람에게 했던 채찍질, 욕설은 나중에 그대로 너에게 돌아간다.

소발 : 저 자식이 진짜.

소발이 일어나려고 하자 엘리바스가 말린다. 참으라는 눈짓을 하자 소발은 가까스로 분을 삭인다.

욥 : 자랑과 수치는 교차되는 게 역사지? 그렇지? 그런 걸 반전이라고 하잖아. 반전이 있다는 게 인생이니까, 인생이라는 드라마지. 반전~! 기대해보자구! 하하하.

욥은 허탈한 웃음을 한참 동안이나 웃는다. 친구들은 아무 말도 못하고 앉아 있기만 한다.

어둠

3 장 결국 혼자인 것을.

무대는 어둡다. 밤이 깊고 모두들 떠난 영안실에서 욥이 홀로 울고 있다.

욥 : (아이들의 영정을 바라보며) 좋겠다, 얘들아! 먼저 가서. 정말 좋은 거야? 그곳이 너무 좋아서 아빠는 잊어버린 거야? 꿈에서라도 보고 싶은데 꿈은커녕 잠도 잘 수 없으니. 아빠는 정말이지 쉽지 않다. 하루가 너무나 힘이 들고. 아, 내 인생이 참 초라하구나. 인생이 그저 하루살이 같아. 어서 해가 져서 집에 가고 싶은 일꾼 같아. 빨리 끝나면 좋으련만 왜 이리 더딘지. 밤은 천천히 찾아오고. 하긴 밤이 시작된들 뭐해, 더 이상 잠을 잘 수 없는데. 사는 것이 이렇구나. 밤마다 견디기가

어려워. 이 밤은 또 왜 이리 긴지. 그래 병 때문인가? 점점 종기가 심해져서 피부가 곪네, 곪고 터지고 또 곪고 터지고. 살아낼 힘이 없구나.

그때 죽은 딸의 모습이 보인다.
밝고 환한 모습으로 상냥하게 욥을 부른다.

딸 : 아빠!
욥 : (놀라서 아무 말도 못한다.) 아~.
딸 : 많이 아파요? 어떻게 해. 아프지 마요.

욥은 기뻐서 그녀를 안으려 하지만 그녀는 춤을 추듯이 살짝 빠져 나간다.

욥 : 아, 내 딸! 아빠를 찾아와 주었구나?
딸 : (아빠의 상처를 어루만진다.) 조금만 참아봐. 곧 나을 거야.
욥 : 고마워. 너만 있다면 아프지 않아. 아니, 아파도 좋아. 이딴 종기, 곪으라고 하지 뭐~.

아들의 모습도 보인다.

아들 : 아빠는 참, 어린애 같으시네. 후후.

욥 : 너도 왔구나, 아들아.

아들 : 그렇게 자꾸 긁으면 덧나잖아요. 약을 바르세요. 그리고 깨끗한 물로 씻으세요.

욥 : 그래 그럴게. 자주 씻고 약도 바를게.

딸 : 상처에는 저의 뽀뽀가 최고죠.

그녀는 그의 이마에 입 맞추고 아들은 그의 등 뒤에서 그를 안는다.

욥 : 어, 이상하다. 이제는 하나도 안 아프네. 하하.

아들 : 왜 이 시간까지 잠을 못 주무세요?

욥 : 잠이 오지 않아. 너희들에게 가고 싶구나. 그 시간만 기다린다.

아들 : 아빠는 참. 아빠의 시간은 아직 남아있어요.

욥 : 미안하구나. 너희들만 보내서.

아들 : 아니요. 우리는 아주 행복한 시간을 보내고 있어요.

욥 : (울음을 삼키며) 그러니? 정말 고맙구나.

아들 : 그러니 아빠도 힘내서 잘 지내셔야죠.

욥 : 그럴게, 그런데 얘들아. 하늘에서 하나님을 만났니? 그러면 얘들아 한 번 하나님한테 물어봐주

라. 아니 좀 따져주라. 나를 잊어버리신 거냐고? 그렇지 않다면 이럴 수가 없잖아.

아들 : (웃으며) 네, 제가 항의할게요. 왜 그러시냐고. 우리 아빠한테 왜 그러시냐고요.

욥 : 아니다, 아니야. 얘기 좀 잘 해주렴 아빠도 함께 데려가 주시라구. 아니, 그게 아니면. 물어봐 줄래? 언제 나를 데려가시려는지.

아들 : 아니요. 아빠는 아직 젊어요. 결코 지금이 끝이 아니예요.

욥 : 나도 이미 죽었는데 뭐, 죽은 거나 똑같아. 구름이 사라지듯, 그렇게 무덤으로 내려가야지. 그리고 너희들을 만나야지. 죽음! 그래, 그거 하나 좋구나. 너희들을 만날 거라는 거.

딸 : 아빠, 그런 말 하지 마세요. 들으시겠어요. 쉿! 그분은 항상 함께 하시는걸요.

욥 : (주위를 둘러보며) 쉿~?! 아니, 조용히 할 수가 없다. 외로워서.

아들 : 그러시면 안돼요. 웃으세요. 아빠!

딸 : 저희가 있다는 거 잊지 마세요. 그러면 덜 외로우실 거예요.

아들, 딸 : 사랑해요. 아빠! 파이팅~.

욥 : 얘들아 같이 가! 제발 나를 두고 가지 마라!

아이들은 사라지고 그들을 잡으려는 욥의 몸짓은 의미 없이 허공에서 무너진다. 울음을 토해내던 그는 어느새 신께 화를 내고 있다.

욥 : 왜 이러십니까? 내가 무슨 괴물입니까? 내가 무슨 사고를 쳤습니까? 왜 나를 괴롭히십니까? 왜 나를 원수 취급하시죠? 나는 바람에 날리는 낙엽과 같고 마른 풀과 같은데, 당신은 내 죄를 모두 기록하고 계신가요? 어렸을 때 한 잘못까지 모두 계산했나요? 이 꼴로 사느니 차라리 숨통이라도 막혀 죽었으면 좋겠습니다. 사는 게 싫으니 데려가시던지 아니면 내버려 두시라구요. 내가 무엇을 잘못했습니까? 아이고 하나님 나한테 왜 이러시는 겁니까? 내가 몸부림을 치는데 어째서 아무런 대답을 하지 않으십니까? 이렇게 도움을 구하는데 도대체 무엇을 하고 계십니까? 주무십니까? 당신은 정녕 계시기는 한 겁니까? 세상을 온통 어둠으로 덮으셨으면 그 이유를 말씀해주셔야죠. 내 온 몸을 때리고 쳐서 내가 죽게 되었는데 아무 말도 안하시깁니까? 나에게 뭐 화나신 거 있습니까? 내가 당신의 원수입니까? (점차 울음이 된다.) 제발 내 죄를 용서하시고 내 잘못을 없애

주십시오. 이제 저는 갈 집도 없습니다. 흙 속에서 잠들게 해주십시오. 쉬고 싶습니다. 내 죄가 많은가요? 내가 무슨 죄를 지었나요? 잘못이 있다 하더라도 화내지 마십시오. 아니 화내시면 안 됩니다! 저도 화낼 겁니다! 나중에 저를 찾으셔도 더 이상 거기 없을거라구요.

어느 샌가 나타나서 구석에서 그 모습을 보고 있던 엘리바스가 어둠 속에서 천천히 모습을 드러낸다.

엘리바스 : (억지로 누른 목소리지만 화가 나 있다.) 하나님을 떠나겠다는 거야? 응? 그런 거야? 왜 이렇게 교만한 거야? 친구의 충고를 그렇게 무시하다니. 지혜로운 사람이라고 생각했었는데 왜 쓸데없는 소리나 늘어놓고 있는 거냐고?! 이제 신이 두렵지 않고, 그분을 경외하는 마음도 없어진 거야? 죄로 가득 차서 간사한 말만 하고 있잖아?! 너는 죄인인 게 분명하구나. 네가 죄인이라 말하는 것은 내가 아니라 너의 입술이라구. 너의 입이 그렇게 말하고 있다고.

욥 : (놀라 엘리바스를 바라보다가, 이미 영혼이 사라진 듯 멍하니 혼잣말처럼) 적어도 나무는 소망이 있지. 나무

는 도끼에 찍히더라도 다시 움이 돋고 그 연한 가지들이 계속 다시 나니까. 비록 그 뿌리가 땅 속에서 늙고 그 그루터기가 땅에서 죽는다 해도, 물기운만 있으면 새 나무처럼 다시 싹을 낸다. 그렇지만 사람은 마지막 호흡이 끊어지면, 바닷물이 증발하여 사라지듯, 강물이 말라 없어지듯 다시 일어나지 못한다. 한번 죽으면 그만이다. 신은 그저 넘어가 주었어야 했다.

엘리바스 : 위로도 의미가 없고 조용히 타일러도 소용이 없군. 똑똑한 척은 혼자 다 하면서. 왜 이렇게 어리석어.

엘리바스가 정신을 차리라는 듯 욥을 흔든다. 그러나 욥은 그의 손길에 따라 그저 흔들릴 뿐 아무런 의지도 보이지 않는다.

엘리바스 : 좀 침착해. 다시 생각해 보라구. 너의 눈은 지금 분노로 가득해. 아무리 힘이 든다고 그런 말을 해서야 되겠어? 하나님께 물어야지. 내 죄가 무엇이냐고. 사람이 어찌 완벽할 수 있어? 너가 지은 죄가 분명히 있을 거 아냐? 신께 항복하라구!

욥 : (여전히 혼잣말처럼) 신의 진노가 지나갈 때까지 무

덤에 숨어 있고 싶다. 사람이 죽었다가 다시 살아날 수 있다면, 다시 살아날 그때까지 아무리 어려워도 기다리겠다. 신이 나를 부른다면 대답하겠다. 신은 아마도 자신의 손으로 만든 나를 보고 불쌍히 여길 것이다. 나의 죄를 추궁하지 말고 나의 허물을 주머니에 넣고 묶어서 덮어 주어야 한다. 산사태가 나서 무너져 내리고, 바위가 옮겨지듯, 물이 돌을 닳게 하여 없애고, 물살이 흙을 씻어 내리듯, 사람의 소망은 꺾여 버린다. 신은 인간을 덮어 누르고 멀리 보내 버린다. 인간은 자신의 자손이 잘 되어도 알 길이 없고 혹시 잘못되더라도 알 수 없다. 다만 자기 몸의 고통만을 알고, 자기 자신을 위해서 탄식할 뿐이다.

엘리바스 : (달래듯이) 욥, 정신을 차리라구.

욥 : (마음을 가라앉히고, 천천히 말한다.) 이제 나는 지쳤어. 가족은 모두 떠나고 혼자 남아 무엇을 할 수 있지. 사람들은 모두 나를 조롱하고 내 뺨을 후려치는데. 한 때 내 삶은 평안했는데, 하하. 이제 모든 것이 박살나 버렸어!

엘리바스 : 그래, 지금은 아무 것도 생각하지 말자구. 상태가 너무 나빠. 이게 뭔가? 물이라도 마신거야? 밥도 먹고 정신을 차려야지.

욥 : 총을 맞은 것 같아. 총알이 내 심장을 뚫었어. 내 내장은 모두 땅에 쏟아지고 피를 흘리는 것 같아.

엘리바스 : 그만 울어. 이러다 정말 너도 죽겠어.

욥 : 난 이미 무덤에 있으니까.

엘리바스 : 옛말 틀린 거 하나 없잖아. 힘든 때가 있으면 좋은 때가 오는 거지.

욥 : 좋은 때? 나에게 다시 좋은 때가 올 수 있을까?

엘리바스 : 그럼 당연하지. 괴로움은 곧 끝나. 그러면 웃을 날이 오지. 지금 웃고 있는 나쁜 인간들은 곧 고통을 당하게 되고. 비록 지금 배부르고 부유하다고 해도 곧 망해서 무너져 내릴 거야. 선한 사람은 행복해지고 나쁜 놈은 결국 멸망하는 거니까.

욥 : (엘리바스를 뚫어지게 바라보며) 자네는 위로는 커녕 괴로움만 더해 주는군. 그런 헛소리 이제 그만 하지 못하겠어?

엘리바스 : 뭐가? 내가 무슨 틀린 말을 했어? 악인은 결국 멸망할 것이다. 맞지 않나?

욥 : (다시 혼잣말처럼) 난 폭력을 쓴 일이 없었는데 한번 쓰고 싶군. 하하. 웃어야 하나, 울어야 하나. 세상이 나를 조롱하는구나. 나는 이제 눈물을 쏟아내는 것밖에 할 일이 없다. 울자, 울어!

엘리바스 : 정말 너, 너는 어쩔 수가 없구나!

어둠

4 장 살아있는 사람은 여전히 말한다.

다음날, 영안실은 정신없이 시끄럽고 어수선하다. 욥이 친구들과 큰 소리로 싸움을 하고 있다. 주위의 사람들은 맞장구를 치기도 하고 함께 고함을 지르기도 한다. 모두들 제정신이 아니다.

욥 : 너희들 잘났다! 그래 안다 알아! 내 앞에서 잘난 체 좀 그만해! 친구를 팔아먹는 놈들 같으니라구. 그런 놈들 자식 잘 되겠다!

소발 : 무슨 말을 그렇게 해, 임마! 우리 자식들을 저주하는 거야?

욥 : 나를 웃음거리로 삼으니 재밌니? 내 얼굴에 침도 뱉지 그래. 하하.

빌닷 : 제발 그만 하라구. 그게 아니잖아.

욥 : 그래? 그런 뜻이 아니었어? 내 귀가 어떻게 됐나? 자, 그럼 다시 와서 해 보지. 그 잘난 입으로 다시 말해봐. 허허.

빌닷 : 언제까지 말장난만 할 건데? 생각을 하고 말해. 어째서 우리를 나쁜 놈 취급하는 건데? 우리가 그렇게 바보야? 나쁜 놈이 벌 받는다고 말한 게 이상한 거냐구? 당연한 말 아니야? 원칙이잖아!

욥 : 그래 그 원칙? 진리!

빌닷 : 왜 화를 내? 화를 내서 무슨 소용이 있어? 화를 낸다구 시간이 거꾸로 가는 것도 아니고.

욥 : 그러게, 내 말이 그 말이야. (체념한 듯 크게 한숨을 쉬며) 이제 무덤으로 들어가야 할 때가 되었나 봐. 무덤에 가서 아이고 아버지, 벌레에게 아이고 어머니 해야겠네. 지금 나한테 무슨 희망이 있겠어? 누가 나한테 희망을 줄 수 있겠어? 희망아, 나와 함께 무덤에나 가자. 희망아, 나와 함께 흙 속으로 가자꾸나!

소발 : (여전히 씩씩거리며 빌닷에게) 저 봐, 저 보라구. 욥이 하는 짓을 봐 봐! 아니, 내 말이 틀렸냐구? 나쁜 놈이 마지막에는 망한다는 얘기를 한 건데 말이야. 나쁜 놈한테 언제까지 좋은 일만 있겠어? 그런 놈들한테도 언젠가는 좋은 날이 사라진다

고 믿지 않나? 나쁜 놈들은 점점 기운이 빠지고, 병이 들고, 죽음이 그 몸뚱아리를 삼켜 버려야지. 집에서도 쫓겨나서 마침내는 모두 유황불에 죽고, 이 세상에서 추방을 당해야지. 그래야 우리 같은 인간들이 살 거 아니냐구. 어디 그 놈뿐인가. 그 자식들까지 없어져야지. 나쁜 놈들은 뿌리를 말리고, 가지를 잘라내야 한다구. 젊은 사람들이 그런 결과를 봐야 깨달음을 얻지. 나쁜 놈들은 이 세상에서 몰락한다고 믿는 것이 잘못이냐고? 그랬더니 우리 자식들을 저주하잖아. 저 자식이! 빌닷, 말해봐. 내가 틀린 말 했어?

욥 : 그래, 계속 나를 모욕해라. (소발에게) 한마디로, 지금 그 나쁜 놈이 나라는 거 아니야?

소발 : 그럴지도 모르지.

빌닷 : 아니, 절대 아니야! 소발의 말은 너가 나쁜 놈이라는 게 아니야. 그저 역사에는 정의가 있다고 믿는 거잖아. 소발 성격을 너도 알지?

욥 : (여전히 소발에게) 설령 내가 나쁜 놈이라고 하자. 그래 난 나쁜 놈이다. 그러면 나만 나쁜 놈이냐? 그래서 나를 짓밟고 잘난 체 하면서 나를 심판하려 하는 거야?

소발 : 저 봐, 저 봐! 같이 죽자, 이거지. 이 자식아!

욥 : (다시 혼잣말처럼) 형제들도 모두 떠나고 친구들 까지 나를 버리는구나. 내 친구도, 이웃도, 아무리 불러도 대꾸조차 하지 않으니. 사정을 해도 소용없지. (소발에게) 친구야, 제발, 제발, 나를 불쌍히 여겨주라. 왜 너희들마저도 나를 괴롭히는데? 내 살을 먹고 싶어? 떼어주리?

소발 : 그래, 먹자. 한 입 줄래?!

욥 : 흥. 그래도 조심해 너희들. 여기가 끝은 아니니까.

소발 : (단호하게) 누가 뭐라 해도, 나쁜 놈들은 끔직한 최후를 맞는 거고. 그 결과는 스스로 자초한 것이라고 나는 믿는다.

욥 : 운명의 칼이 다음엔 누구를 겨눌지 몰라.

빌닷 : 욥! 아, 너무하네. 우리를 모욕하지 마! 니가 나쁜 놈이라는 게 아니지. 너에게 한 말이 아니라. 그저 진리라구. 인과응보! 세상이 생긴 처음부터 이미 모두가 인정한 것이란 말이야. 나쁜 놈들은 잠시 잘되는 듯 하지만 그것은 잠시 뿐! 기쁨도 행복도 잠시 뿐이지. 마지막에 나쁜 놈들은 똥을 싸듯이 질펀하게 바닥으로 퍼질러진다구. 그 앞에서 아첨하던 사람들이 그러지. "걔? 어디 있는데? 나두 몰라."

욥 : 니가 반복 안 해도 다 알아들었어. 그만하라고. 지겨워.

빌닷 : '나쁜 놈들이 행복하게 살았습니다!' 이렇게 끝나면 안되잖아. 가진 것 다 뺏기고 비참하게 죽어야지. 사실 그게 어디 자기 노력으로 얻은 것이기나 한가?

소발 : (말을 가로채며) 약한 사람들에게서 빼앗은 거지. 강제로, 악랄하게!

빌닷 : 그런데도 만족할 줄 모르고 끝없이 집어 삼키다가 폭발하는 거지. 하늘이 무심하겠나? 우리는 그렇게 믿는다구. 그런데 뭐가 틀린 건가?

욥 : 지독한 놈들! 나를 좀 위로해 주면 안 되겠니? 그냥 들어주면 안되겠어? 돌아서서 조롱할지라도 내가 말하는 동안만은 그냥 참아주면 안돼?

빌닷 : 그러게, 위로하려고 왔지. 우리가 왜 여기 있겠어?

소발 : (빌닷의 말을 자르며) 그래 니가 말해봐라. 들어보자!

욥 : (차분하게) 소발. 정말 나쁜 놈들이 비참해지나? 그런 일을 보기는 했어? 나쁜 놈들이 망하고 착한 사람들이 잘되는 꼴을 본 적은 있어? 난 없는데. 내가 본 바에 의하면 말이야 나쁜 놈이 잘 살

더라고. 끝까지 잘 살더라고. 오래 살고, 권세를 누리고. 그 자식들도 번창하고, 그 손주에, 손주까지 잘 사는 것을 많이 봤거든. 그 놈의 집에는 음악이 흐르고, 음식을 먹고 마시고, 웃고 즐거워하지. 나쁜 놈들이 행복하게 살다가 평안히 죽는 것을 수없이 봐 왔다구. 그게 진실이야!

빌닷 : 누가 아니래? 하지만 …….

욥 : (빌닷의 말을 막으며 단호하게) 그래도 말이야. 나는 그렇게 살지 않으려고 했어. 나도 너희처럼 믿었어. 마침내는 착한 놈이 승리한다구. 저 나쁜 놈들이 지금은 행복한 거 같아도 오래 가지 않을 거다. 그래서 나쁜 짓을 하지 않았어. 나쁜 생각조차도 멀리했지. 그런데 이게 뭐지? 정말 착하게 살았다고 난 믿는데 말이야. 지금 난 뭐야? 난 모르겠다구. 지금 내가 생각하는 건, 그저, '왜 이 세상은 이유 없이 잘 나가는 사람이 있고, 이유 없이 고통을 당하는 사람이 있나?' 하는 거야. 난 알 수가 없어. 나도 답을 모르겠어서 그저 이리 부르짖는 거라구. 그런데 너희들은 나를 비난만 하는 거야?

소발 : 그러니까. 너의 잘못을 생각해보라는 거지. 모르겠으니까!

빌닷 : 너가 정말로 착하게 살았다면 보상이 있겠지. 조금 더 기다려보면 말이야.

욥 : 죽은 뒤에? 나쁜 놈이나 좋은 놈이나 죽어서 뭐가 달라지는데? (한숨을 쉬며) 결론은 이래. 우리가 아는 것은 절대적인 진리가 아니다! 절대적인 진리는 없다! 허울 좋은 거짓말! 그런데도 너희들은 그 알량한 지식을 가지고 법칙이라고 주장하면서 나를 비난하는 거야? 너희들의 위로는 위로가 아니고! 위로인척하는 거고! 모두 거짓말이야!

그때까지 묵묵히 듣고 있던 엘리바스가 참을 수 없다는 듯이 말한다.

엘리바스 : 언제까지 같은 얘기를 반복할 건데? 언제까지 그럴 건데? 여기는 상가고, 너는 상주야. 마음을 편히 하라구. 너희들도 너무 다그치지 말구.

빌닷 : 그러게, 아무리 말려도 진정을 못하네.

소발 : (여전히 화를 내며) 너도 들었지? 우리가 위로하는 척 하는 거라잖아. 우리 말은 모두 거짓말이라잖아.

엘리바스 : (욥에게) 그건 니가 너무 심했어. 우리 말이 거

짓말은 아니지. 니가 받아들이지 못할 뿐이야.

욥 : 내가 왜 받아들이지 못하는 걸까?

소발 : 그동안 우리를 친구로 생각하지 않았던 거야.

엘리바스 : 아니, 욥의 말도 틀린 것은 아니야. 정말 억울할거야.

소발 : 세상에 억울하지 않은 놈 있으면 나오라고 해.

엘리바스 : 그런데 말이야. 욥. 정말 너는 지혜롭고 경건하고 착하게 살았는데, 아무 죄도 짓지 않았는데 하나님이 심심해서 너에게 벌을 주고 있는 걸까?

욥 : 그래, 난 죄를 짓지 않았어. 내가 기억하는 한 절대로 죄를 짓지 않았어.

엘리바스 : (화가 나는 것을 참는 듯 눌린 목소리로) 이런 일이 생기면 한 번 겸손하게 생각해봐야 하는 게 아닐까?

욥 : 아니, 아무리 생각해봐도 나는 죄를 짓지 않았다고!

엘리바스 : 그럼 하나 하나 따져볼까? 혹시 어렸을 때 물건을 훔친 적은 없나?

욥 : 나를 정말 어린애 취급하는 군.

엘리바스 : 어릴 때 한 번쯤은 도둑질을 하잖아.

욥 : 흥, 어릴 때 한 짓을 문제 삼자는 거야?

엘리바스 : 그래, 좋아. 아이들에게는 면책권이 있다고

하자. 아이들이 나쁜 짓을 하면 얼마나 하겠어?

욥 : (한 마디 한 마디에 힘을 주면서) 그때도 나는 나쁜 짓을 하지 않았어!

엘리바스 : 그럼 말이야, 욥. 너는 목마른 사람에게 물을 준 적이 있어? 배고픈 사람에게 음식을 주었어? 혹은 주었다 치고, 그렇게 했다고 생색을 내지는 않았을까?

욥 : 모든 사람을, 모든 가난을 구제할 능력은 없지만 내가 도와줄 수 있는 한은 열심히 했어. 그리고 그것으로 상을 받거나 칭찬을 들으려 하지도 않았어.

엘리바스 : 좋아, 그렇다면 힘없는 사람을 멸시하거나 무시한 적은 없는가?

욥 : 나는 사람들에게 최선을 다하려고 했고, 항상 상냥하려고 애썼어.

엘리바스 : 젊었을 때는 어땠어? 지금 같았나?

욥 : 그거야. 철없고 열정으로 가득했으니, 실수도 하고 …….

소발 : 거봐, 털어서 먼지 안 나는 사람이 어딨어?

엘리바스 : 그러니 너가 덫에 빠진 이유가 무엇인지 생각해봐야지. 감히 하나님에게 삿대질을 하면서 '당신 왜 그러시오?' 하고 따질 일이 아니라.

욥 : 꼼짝없이 당했군. 하하. 그래 난 죄인이었군.

엘리바스 : 너를 탓하려는 건 아니야. 우리 모두 잘못을 하는 거니까. 죄를 고백하고 하나님께 굴복하면 좋은 일이 기다릴 거야. 전능자에게 돌아가면 살 것이고 그 반대는 죽음뿐이라고.

욥 : 아니, 너는 아직 모르는구나? 그분은 내 죄를 탓하시지 않아. 나를 누구보다 불쌍히 여기시니까. 그분은 내가 말하는 것을 들어주실 분이야. 그저 지금 내가 찾아도 만나지 못하고 있을 뿐이지.

소발 : 하나님하고 아주 친하시구먼.

빌닷 : 아주 비논리적이기도 하고.

엘리바스 : 하나님은 우리가 원하는 때에 만나 주지 않아. 우리 기도에 타협하지도 않고.

욥 : 그래서 나는 지금 원망을 하는 거야. 화가 나고 슬퍼서 매달리고 싶은데 세상 어디에도 쉴 곳은 없군. 친구도, 가족도, 이웃도. 나를 사랑한다고 믿었던 모든 사람에게서 ……. 바로 그걸 알려주시려 했나보네. 세상에는 사랑이 없다는 것을. 그게 그분의 뜻이었나 보네.

엘리바스 : 너가 사랑을 모르는 거지.

욥 : 옛날이 그립다. 내가 한창 힘이 넘칠 때, 그때 엘리바스 너는 나에게 아주 달콤한 말들을 쏟아냈

지.

엘리바스 : 지금도 나의 말은 역시 사랑의 말이야.

욥 : 사랑, 얼어 죽을 사랑. 좋아하시네. 비겁한 놈.

빌닷 : 그만 하라구. 정신 나갔어?

엘리바스 : 아무리 힘든 일을 당했다지만. 참기가 힘드네.

욥 : 나를 보면 일어나서 인사하고, 하던 말도 멈추고 손으로 입을 가렸는데. 하하.

소발 : 이 자식이 정말.

5 장 젊은이의 열정은 무죄? 무지?!

사람들 사이에서 지금까지 이야기를 듣고 있던 엘리후가 벌떡 일어난다. 엘리후는 마르고 조금은 신경질적으로 생긴 청년이다.

엘리후 : 진짜 유치해서 못 보겠네. 이게 무슨 추한 꼴입니까?

욥과 친구들은 깜짝 놀라 그를 쳐다본다. 다들 머쓱하기도 하고 난처하기도 하여 입을 다문다.

엘리후 : 듣다 듣다 화가 나서 참을 수가 없네. 선생님들, 그것밖에 안되십니까? 도대체 지금 이 모습은 뭡니까? 제가 알고 있던 분이 맞습니까? (욥의

친구들을 돌아보며) 선생님들은 뭐하는 분들입니까? 제대로 대답도 못하고 말이야. 저분이 분명히 잘못됐다는 것을 안다면 제대로 따져 물어야 되는 거 아닙니까?

욥 : 너, 엘리후구나. 왜 그렇게 화를 내지?

엘리후 : 그동안 선생님이 저를 도와준 일도 있고, 항상 존경하고 있었습니다. 그래서 좋게 문상을 하려고 했는데 참을 수가 없어서요. 선생님은 훨씬 더 멋진 분인줄 알았습니다. 그런데 이 정도란 말입니까? 선생님도 별 수 없군요.

욥 : 그런가? 내가 그리 부족했나?

빌닷 : 자네가 나설 자리는 아니지. 욥이 힘들어서 그런 건데.

소발 : 말하게 나둬. 젊은이들 의견을 들어야 한다구. 세상이 바뀌었어.

욥 : 자네 눈에도 내가 잘못된 것으로 보이나 보군. 부끄럽네.

엘리후 : 제 말을 들어 보세요. 다른 선생님들은 차마 할 말을 못하고 있습니다. 그러니 제가 말을 해야겠습니다. 지금 제 속은 부글부글 끓고 있거든요. 말하지 않으면 속이 터질 것 같아서 답답해 미치겠다구요.

엘리바스 : 그래도 말을 조심해서 하게.

소발 : 요즘 세대가 다 그렇지 뭐.

엘리후 : 저는 누구의 눈치도 보지 않고, 어떤 사람에게도 아첨하지 않는 사람입니다. 비굴하지 않죠. 솔직히 말하고 싶습니다.

욥 : (혼잣말처럼) 결국 자네까지 나를 비난하는군.

엘리후 : (욥에게) 제가 하는 말에 귀를 기울여 주세요. 내 양심에 걸고 말 할 테니까요. 그리고 내 말을 다 듣고 반박하십시오.

욥 : (고개를 끄덕이며) 음. 말씀하시게. 듣겠네. 들어야지.

엘리후 : 지금까지 선생님이 하신 말씀을 정리해 보면 이렇습니다. '나는 깨끗하고 죄가 없다. 나는 정직하고 아무런 잘못이 없다. 그런데도 이런 고통을 당하고 있다. 이유를 알 수가 없다. 그래서 신에게 물어보고 있다.' 아닙니까?

욥 : 그렇게 말하니 그런 것도 같네.

엘리후 : 그러면 들어 보십시오. 선생님의 주장은 옳지 않습니다. 신이 그러겠습니까? 어느 날 천둥처럼 "너, 욥아 니가 이런 거 이런 거 잘못했다. 알았니? 그래서 내가 이런 이런 벌을 주겠다."

욥 : (웃으며) 재밌네.

엘리후 : 웃으십니까? 유치하다구요?

욥 : 아니, 그런 게 아니라. 그저 그런 말씀이라도 해 주시면 좋겠다고 생각했었거든. 이 나이에 말이야. 그런데 자네가 대신해 주는군. 흐흐

엘리후 : 아니지요! 제 말은, 선생님이 그 소리를 듣지 못했다는 겁니다. 우리의 이성과 양심으로 깨달았어야 하는 것을 두 귀로만 들으려 하니 알지 못하는 겁니다. 우리가 양심의 귀를 살짝만 열고 있어도 충분히 알고 반성할 수 있는데 당신은 그 귀를 닫아버린 것입니다. 그리고는 모르겠다고, 안 들린다고 항의를 하는 겁니다. 왜 그런지 아십니까? (어느새 그의 말투는 몹시 힐난하는 투로 바뀐다.) 당신이 지금까지 너무나 잘 사셨기 때문에 교만해진 탓이죠. 오랜 시간 너무나 잘 먹고, 잘 살았기 때문에 영혼에 살이 찐 겁니다. 영혼에 기름이 껴 버린 거죠.

욥의 얼굴이 심하게 일그러진다. 다른 사람들은 그저 먼 곳을 바라보거나 고개를 숙이고 있을 뿐이다.

엘리후 : 그래서 인생의 뼈마디 쑤시는 아픔과 고통을 잊어버린 겁니다. 당신이 가난한 이들에게 음식

을 주고 그들을 돌봤다고 해서 당신이 가난을 아는 것은 아닙니다. 그들의 고통을 아는 것은 더더욱 아닙니다.

욥 : 내가 살찐 돼지가 되었군. 흐흐흐.

엘리후 : 아십니까? 고통을 알지 못하면 자유로움이 없습니다. 왜냐고요? 고통이 없으면 기쁨도 알지 못하는 거니까요. 그러니 지금 당신처럼 원망만 커지는 거예요. 안 그렇습니까? 당신이 그리 대단한 존재입니까?

욥 : 아니지. 난 아무 것도 아니지. 그래, 그냥 돼지지. 흐흐흐.

엘리후 : 당신은 좋은 일을 많이 했다고 자부하셨겠죠. 그러나 그저 당신이 가진 것의 극히 일부만을 내놓았을 뿐입니다. 옳은 일을 하려고 했었다고요? 그러나 진정한 밑바닥에서 나온 것이 아니기 때문에 조금 시련이 오고 조금 힘들어지면 그럽니다. '쳇, 좋은 일을 해도 별 소용없어!' 그리고는 자신이 저지른 일들을 합리화합니다. '세상은 원래 그렇고 그런 거야. 알아서 돌아가는 거지. 내가 뭘 어쩌겠어' (잠시 숨을 고른다.) 그러나 하늘이 보고 있습니다. 땅이, 사람들이 보고 있습니다. 악한 자들은 언젠가 처벌당합니다. 악인들이 가

난한 사람들을 울리면 그 울부짖음이 세상을 울립니다. 들리십니까?

욥 : 역시 나는 나쁜 놈이군. 죽어야지. 죽어도 싸지! 흐흐흐흐.

엘리후 : (흥분하여 듣지 못한다.) 그 결과가 오늘 아닐까요? 당신은 교만하기도 하지만 무지하기도 합니다. 나는 당신이 자기의 죄를 인정할 때까지 벌을 받아야 한다고 생각합니다. 당신이 잘난 체하며 지은 죄가 무엇인지 곧 알게 될 것입니다.

욥 : 더 벌을 받아야 한다?! 소발이랑 같은 생각이군.

엘리후 : 그럼요. 보십시오. 증거가 바로 당신이지요. 지금 당신은 악인이 받아야 할 그 심판을 받고 있지 않습니까? 당신은 심판을 받고 있는 중입니다.

욥 : 아, 다들 똑같아. 다들 그런 생각을 하고 있었는지 몰랐어. 정말 몰랐어. 하하하하.

엘리후 : 화를 낼지언정 조소하지는 마십시오. 가난하고 약한 이들을 비웃지 말라구요. 더 이상 죄를 짓지 마십시오!

욥 : 오해하지 말게. 절대로 비웃는 게 아니네. 너무나 놀라워서 그러네. 진심이네.

엘리후 : 당신의 잘난 척은 정말 끝도 없군요. 당신이 비를 만듭니까? 구름을 만듭니까? 아니, 요 조그만

개미새끼 한 마리 만들 수 없습니다. 그저 흙으로 빚어져서 흙으로 돌아가는 아무 것도 아닌 존재입니다. 당신이나 나나 똑같단 말입니다. 당신이 특별하다고 생각하지 말라구요.

욥 : (혼잣말처럼) 그러게, 아무 것도 아닌 존재지. 그래서 흙으로 돌아가고 싶을 뿐인데 …….

엘리후 : (단호하게) 역사 앞에서, 그리고 약하지만 순수한 사람들 앞에서 사과하십시오.

욥 : 그러지. 고개를 숙이고 이렇게? 겸손하게? (고개를 숙이며) 이러면 되겠나? 잘못했습니다! 정말 잘못했습니다!

욥은 식탁에 머리를 친다. 다시 친다. 그리고는 짐승의 울음 같은 소리를 낸다. 사람들 당황하여 엘리후를 나무라는 행동을 하고 엘리후도 당황하는 기색이다.

에필로그 국밥 한 그릇.

갑자기 주방문을 걷어차는 소리가 나더니 아줌마가 커다란 국 냄비를 들고 나온다.

아줌마 : 국이 다 됐습니다. 오래 기다리셨죠? 맛난 국이 드디어 왔어요~. (주위를 둘러보며) 다들 식사 안 해요? 식사해야죠. 에이그. 그만큼 싸웠으면 배도 고플 텐데 어서 밥 드시우.

그녀는 욥에게 와서 국을 떠준다. 욥이 가만히 있자 물끄러미 바라보다가 그의 머리를 만져보고 앞치마로 쓱 닦아 준다.

아줌마 : 쯧쯧. 다행히 상처는 괜찮아요. 이제 밥 드시유. 국 식어요, 어서 드셔. 왜 가만히 있어요? 어

서 한 술 떠요. 어제도 한 끼도 안 했잖우. 어서 드셔~. 일단 배는 채우고 생각하는 거 아니유?

욥 : (힘없는 목소리로) 국밥이요?

아줌마 : 그래요. 국밥 먹어요. 당신을 위한 특별한 국밥이예요.

욥 : (여전히 멍 하다.) 국밥이요?

아줌마 : 당신을 위해서 끓였어요. 어제 밤새 고았다구요.

욥 : 아, 나를 위해서? 국밥?

아줌마 : 그래요. 먹어야 살죠. 사람들 말 신경 쓰지 말구요. 다 헛소리예요. (사람들을 둘러보며) 참 다들 말 잘하시네. 교수신가 봐? 아니면 목사님?

엘리바스 : (머쓱해하며) 그러게요. 분위기가 이상해졌네요.

아줌마 : 댁의 말이 틀린 건 아니지. 말인 즉 옳은지는 모르겠는데, 힘든 사람을 그렇게 다그치는 건 아닌 것 같네요. 명색이 친구라면서. 쯧쯧.

빌닷 : 이러려고 한 게 아닌데 말이예요.

아줌마 : 말리는 시누이가 더 밉다고, 당신이 제일 밉상이야.

빌닷 : 그래요? 제가요? 왜요? 전 그저.

아줌마 : 예를 들어가며 찬찬히 설명하는 데, 그게 더 속

뒤집어지더만. (소발을 돌아보며) 그리고 당신은 말이야…….

소발 : 제가 좀 욱하는 성질이 있어서. 정말 미안해 욥!

아줌마 : 그래도 눈치는 있네.

욥은 눈을 국에 고정시킨 채 살짝 고개를 끄덕인다. 다들 조심스럽게 미안하다는 표시를 한다.

아줌마 : (엘리후의 등짝을 한 대 갈기며) 자네는 왜 가만히 있나? 응? 잘못했다고 말씀드려야지.

엘리후 : 왜 그러세요. 제가 뭘 잘못했다고.

아줌마 : 에끼, 그러면 쓰나? 젊은이가 배운 게 없어. 어디서 운동 좀 했나봐? 그래도 어른한테 그리 함부로 말을 하면 돼?! 뭐 나이는 화투해서 땄는지 알아?

엘리후 : 그러니까, 어른스러우시라는 말이죠 …….

아줌마 : 아직도 못 알아듣지. 젊은 게 죄다, 죄야. 쯧쯧. 아무튼 일단 다들 먹어요. 배가 고파서 정신이 오락가락 하는 모양인데. 그냥 위로해주기만 해도 될 것을 뭘 그리 따져. 참 나.

아직도 멍하니 국그릇을 들여다보고 있는 욥의 손에 숟가락을

억지로 쥐어 준다. 마지못해 욥은 국 한 수저를 입에 넣는다.

욥 : 근데, 국이 왜 이래요? 맛이 없는데요. 흐.

아줌마 : 말도 안 되는 소리 하지 마슈. 그건 당신 입이 써서 그런 거지요. 누가 뭐라 해도 내가 국 하나는 기가 막히게 끓이는 사람이유. 우리 시어머니한테서 전수받은 비법으로 끓인 거라구요. 내가 우리 시어머니 수제자거든. 그런 내가 끓인 국이란 말이유. 당신들은 절대 알지 못하는 비법으로 끓인 국! 아~ 물론, 이제 나이가 들어서 가끔 짜지기도 하지만. 뭐니 뭐니 해도 내가 끓인 국은 몸에 좋아. 인공조미료가 전혀 안 들어갔다구. 아주 좋은 재료로 좋은 것만 넣고 끓인 국이라우. 특히 이건 내가 당신을 위해서 끓인 거예요. 다른 때 보다 고기도 듬뿍 넣어 끓였으니 맛나게 드시유.

욥 : 사실 무지 맛있습니다. 세상 어떤 음식보다 귀하고 맛있습니다.

아줌마 : 그렇지요? 하하. (큰소리로 욥에게) 힘내요. 선생님도 무지 힘들겠지만. 인생이 다 그렇지 뭐. 사실, 내 인생을 말하자면 말도 못해. 글쎄 난 말이유 …….

아줌마가 지난 추억에 감정이 복받치며 자리에 앉으려 하자 여러 사람들이 그녀의 말을 막으며 일으켜 세운다.

욥의 친구들 : 아, 아. 고맙습니다. 잘 먹겠습니다. 주방에 가보셔야죠. 어, 저쪽에는 국이 없네요.

아줌마 : (아쉬운 듯 일어서며 욥에게 한 마디 한다.) 그래도 모두 이해해주구려, 다들 못나서 그렇지 뭐. 선생님은 보통 분이 아니구만 뭐. 인물도 좋고. 내가 사람 보는 눈이 있어요. 하하.

욥 : 감사합니다. 이렇게 마음을 써 주셔서 고맙습니다.

아줌마 : 그렇죠? 당연하지. 아무튼 일단은 살고 보는 거라우. 시간이 지나면 조금씩 잊어지고 이겨낼 수 있는 거요.

욥 : 예, 살아봐야죠.

아줌마 : 그래, 그래야지. 착하우. (그런 그들의 모습을 친구들이 보고 있다.) 뭘 봐요? 왜? 달라구요? 당신들도 먹게? 먹지 말지. 주기 싫은데.

욥 : 아주머니. 그러지 마세요. 제 친구 녀석들입니다.

아줌마 : 그래도 친구라고 편들기는. 하긴 그리 못된 말들을 해대느라 배도 고플 거요. 내 인심 쓰리다. (각자의 그릇에 듬뿍 넘치도록 부어준다.) 자, 먹어요!

국밥을 받아 드는 사람들은 머쓱하다. 누군가 먹자고 외치고 다들 조용히 수저를 든다.

아줌마 : 이렇게 국밥 한 그릇 나눠 먹으면 될 것을 말이야……. (관객을 보며) 여기 이 국밥 한 그릇에 모든 게 담겨 있다구요~! 알아요? 하하.

끝

"역경은 달콤하구나.
두꺼비처럼 보기에 추하고 독이 있지만
그 머리에는 귀한 보석을 감추고 있구나."

–

셰익스피어

욥 그리고 친구들

처음 인쇄 2015년 5월 8일
처음 발행 2015년 5월15일

원 작 구약성경
지은이 장 미 진
펴낸이 이 승 한
편 집 이 수 미
펴낸곳 도서출판 엠-애드
등 록 제2-2554
주 소 100-863 서울 중구 충무로 4가 36-7 2층
전 화 02)2278-8063.4
팩 스 02)2275-8064
E-mail madd1@hanmail.net

정가: 9,000 원

ISBN 978-89-6575-073-4 03810